인사 노무 실무

인사 노무 실무

직장인과 취업준비생에게
바로 도움을 주는

1판 1쇄 인쇄 | 2022년 12월 05일
1판 1쇄 발행 | 2022년 12월 15일

지은이 | 정봉수
펴낸이 | 김경배
펴낸곳 | 시간여행
그　림 | 정하은
디자인 | 디자인[연:우]
등　록 | 제313-210-125호 (2010년 4월 28일)
주　소 | 경기도 고양시 덕양구 지도로 84, 5층 506호(토당동, 영빌딩)
전　화 | 070-4350-2269
이메일 | jisubala@hanmail.net

종　이 | 화인페이퍼
인　쇄 | 한영문화사

ISBN 79-11-90301-22-0 (13360)

* 이 도서의 국립중앙도서관 출판예정 도서목록(CIP)은 서지정보유통지원시스템 홈페이지(http://seoji.nl.go.kr)와 국가자료 공동목록시스템(http://www.nl.go.kr/kolisnet)에서 이용하실 수 있습니다.

A PRACTICAL GUIDE FOR EMPLOYMENT AND LABOR ISSUES

직장인과 취업준비생에게 바로 도움을 주는

인사노무실무

정봉수 지음

시간여행

| 머리말 |

자신의 권리를 알고 자기 소리를 낼 줄 아는 사람으로…

2019년 6월, 일본 교토 관광을 하면서 대형서점을 들렀다. 일본은 노동법 부문에 꽂혀있는 노무관리 책들이 참으로 다양하다는 것과 실무서와 연구 서적을 구분하여 저술 활동이 이루어지고 있다는 것을 보고 느낀 바가 많았다. 한국의 경우 노무관리 책들이 많지 않을 뿐만 아니라, 그나마 나와 있는 책도 학술서적이 대부분이다.

그동안 내가 저술해왔던 기고문이나 서적 등이 실생활과 동떨어져 있던 것이 사실인지라 이번에는 일반 직장인이나 취업준비생들에게 바로 도움이 될 수 있는《인사노무실무》를 만들고자 하였다. 이 책의 특징은 독자가 읽기 쉽게 하였고, 그래서 내용도 모두 실무 사례를 기준으로 삼았다. 이《인사노무실무》에서는 독자들이 꼭 알아야 할 노동법 · 근로기준법 · 근로계약 · 취업규칙 · 임금 · 근로시간과 휴식 · 근로환경 · 산업재해 보상 · 집단적 노사관계를 9개 장으로 분류하여, 총 70여 개의 사례를 통하여 이야기한다.

현대의 직장생활 문화는 의리나 인간관계에서 정해지는 것이 아니라 일정한 노동법의 제도 내에서 자리 잡고 있다. 상하 간 위계질서가 뚜렷한 직장생활에서 선배 사원의 가혹행위를 직장생활에 필요한 통과의례라고 여기면서 묵묵히 참고 지내던 시대는 지났다.

지금의 직장생활은 선후배 간에 대등한 인격체로서 각자의 업무 내용과 실적에 따라 대우하는 시대로 전환하고 있다. 직장상사가 후배 사원에게 직장예절을 가르친다는 명목으로 원치 않는 술자리를 갖는다면 이는 '직장 내 괴롭힘'으로 이어질 수 있다. 기존에는 묵묵히 인내하고 참아내는 의리 있는 직장인을 선호했지만, 이제는 자기의 권리를 알고 자신의 목소리를 낼 수 있는 직원을 더 알아주는 시대가 되었다.

여기서 실린 내용은 저자가 지난 17년간 월간 노동법률에 기고하였던 200여 개의 기고문 중에서 특별히 흥미롭고 시사성 있는 내용으로 발췌하였다. 여기서 인용된 내용은 실제 있었던 사건이나 사실관계를 가지고 있으며, 관련 행정해석, 판례 등의 명확한 근거가 있다.

이 책을 출판하는 데 있어 기획, 디자인, 감수까지 해주신 시간여행 출판사 김경배 사장님의 노고에 깊이 고개 숙여 감사드린다. 그리고 사례별 70여 개의 삽화를 직접 그려주어 이 책의 완성도를 높여준 딸, 정하은에게 고맙다는 감사의 마음을 전한다.

2022년 11월 15일 선릉에서

저자 정봉수 씀

목차

PART 1 노동법의 이해

PART 2 근로기준법

PART 3 근로 계약

PART 4 취업규칙 _복무규정, 징계, 해고, 정리해고

PART 5 임금

PART 6 근로시간과 휴식

PART 7 근로 환경 _중대 재해 처벌, 직장 내 괴롭힘 방지

PART 8 산업재해 보상

PART 9 집단적 노사관계

PART 1

노동법의 이해

01

근로자에 대한 사업주의 보호 의무

근로 계약에 따른 주된 당사자의 의무로 근로자는 근로 제공과 사용자는 임금 지급의무를 진다. 이러한 주된 의무 외에도 당사자는 근로 계약에 신의칙 의무에 따른 부수적 의무를 진다. 이 부수적 의무로 근로자는 비밀유지 의무, 충실 의무, 사규 준수 의무 등이 있다. 이를 위반하는 경우 근로자는 해고 등의 징계를 받을 수 있다. 이에 반해 사용자도 근로 계약의 당사자인 근로자에 대해 안전한 사업장을 제공해야 하는 안전 배려 의무, 성희롱 방지 의무 등을 진다. 이를 위반한 경우에 사용자는 채무불이행 또는 관련 노동법령 위반에 따른 불법행위에 관해 책임을 진다.

1. 안전을 배려할 의무

사용자는 근로 계약에 수반되는 신의성실 원칙에 따라 근로자가 노무를 제공하는 과정에서 생명, 신체, 건강을 해치는 일이 없도록 필요한 조치를 마련하여야 할 보호 의무를 부담한다. 이러한 의무를 위반하여 근로자가 손해를 입으면 채무불이행으로 인한 손해배상책임을 진다.

사례 1 이 사건 근로자가 사다리에 올라가 작업하다가 떨어져 상처를 입었다. 당시 근로자가 사다리 위에 올라가서 작업하고 있을 때, 사용자는 근로자에게 사다리에서 미끄러지지 않도록 지상에서 고정하여 줄 다른 근로자와 공동작업을 할 수 있도록 조치하여 안전을 배려할 의무가 있다. 사용자는 근로자가 안전하게 작업할 수 있도록 조처하여야 할 의무가 있음에도 이를 게을리한 과실이 있다. 따라서 사용자는 근로자가 입은 손해를 배상할 책임이 있다. 근로자도 스스로 사고를 방지하려는 노력을 소홀히 한 과실이 있으므로 회사의 과실 책임은 70%로 제한한다. (춘천지방법원 2016.8.10. 선고 2014가단11050 판결)

사례 2 근로자가 철근 제거작업 중 휘어진 철근에 눈을 가격당하여 왼쪽 눈이 실명된 사고가 발생하였다. 이 산재 사건에 대해 사용자는 안전교육을 하고 안전장비를 지급하고 착용하도록 해야 하는 의무가 있었다. 그러나 사용자는 필요한 안전교육을 하지 않았고, 안전장비를 갖추지 않았고, 장비를 착용하게 하여 사고를 미리 방지해야 함에도 이를 게을리하였다. (중략) 이에 회사가 배상해야 할 손해액 산정에 있어 회사의 책임을 80%로 제한한다. (대구지방법원 2019.4.19. 선고 2018가단115280 판결)

2. 직장 내 성희롱 예방 의무

사용자는 직장 내 성희롱이 없는 직장 생활을 보장해야 한다. 직장 내 성희롱이 발생한 경우, 필요한 조치를 통해 성희롱 가해자에게 적합한 징계 등을 통해 징계와 재발 방지를 위해 노력해야 하고, 피해자에게도 구제 노력과 제2의 피해가 가지 않도록 노력해야 한다. 이를 위반한 경우에는 사용자는 남녀고용평등법을 위반한 처벌 뿐만 아니라 불법행위에 따른 손해배상 책임을 진다.

관련사례 피고(회사)는 근로자인 원고가 이 사건 직장 내 성희롱으로 인한 피해를 호소하며 신속하고 적절한 구제조치를 취해 달라고 요청하는데도 이를 무시하고 오히려 성희롱 피해를 본 원고에게 근거 없는 혐의를 씌워 부당한 징계처분을 하거나 대기발령 등의 불리한 조치를 하였다. 더구나 피고는 원고를 도와준 동료근로자에게까지 차별적이고 부당한 징계처분을 함으로써 원고가 직장 내에서 우호적인 동료들의 도움을 받을 수 없도록 하였고, 다른 동료들로부터 고립되는 처지에 놓이게 하였다.

피고의 이러한 행위로 인해 원고는 직장 내 성희롱 피해 사실을 알리고 문제로 삼는 과정에서 오히려 부정적 반응이나 여론, 불이익한 처우 또는 그로 인한 정신적 피해에 노출되는 이른바 '2차 피해'를 입었다. 그로 인해 원고가 입은 정신적 고통은 상당할 것으로 판단된다.

따라서 피고는 원고에 대하여 남녀고용평등법 제14조(직장 내 성희롱 발생시 사업주의 조치사항)를 위반하였고, 또한 사용자로서 보호 의무를 위반하였기에 원고가 입은 정신적 손해를 배상할 책임이 있다. (서울고등법원

2018.4.20. 선고 2017나2076631 판결)

3. 파견 근로자에 대한 사용사업주의 의무

근로자파견 관계에 있어 근로 계약이 없는 파견 근로자가 사용사업주 업무를 수행하다가 업무상 사고를 당하면 사용사업주는 그 재해를 당한 파견 근로자에 대해 사용자 책임을 진다.

관련사례 근로자가 파견회사와 근로 계약을 체결한 후 사용사업주에게 파견되어 업무를 시작한 지 6일째 되는 날, 산재 사고가 발생하였다. 근로자는 2005년 11월 15일 03시 35분경 플라스틱 사출기에서 이물질을 제거하던 중 오른쪽 손과 팔 부분이 눌어붙어 절단되는 사고가 발생하였다. 재해자는 파견회사의 산재보험으로 치료 및 장해 보상 일시금을 모두 받은 후, 2010년경 사용사업주에게 민사상 손해배상을 청구한 사건이다. 이에 대해 사용사업주는 파견 근로자와 근로 계약 관계가 없고, 불법행위에 따른 소멸시효도 3년이므로 시효가 지났다고 주장하였다. 이에 대해 대법원은 "사용사업주와 원고 사이에 직접적인 고용계약은 존재하지 않지만, 근로자파견계약 때문에 원고의 노무를 지배 · 관리할 수 있었고, 이러한 양자의 관계는 고용계약 및 근로자파견계약을 매개로 한 실질적인 사용자와 근로자 관계라고 본다. 따라서 사용사업주는 원고에 대해 사용자로서 안전 배려의무가 있다고 할 것이다."라고 판단하였다. 사용자의 보호 의무는 채무불이행에 따른 손해배상(민법 제390조) 규정으로 인정하고 그 소멸시효도 3년이 아닌 5년으로 판단하였다. (대법원 2013.11.28. 선고 2011다60247 판결)

02

근로기준법에서 근로자 판단 기준

다양한 직업이 만들어지면서 일반 근로자가 아닌 용역계약이나 프리랜서 계약을 통해 일하지만, 노동법상 근로자로 인정받지 못하는 경우가 많이 발생하고 있다. 일례로, 대형학원에서는 강사와 강의서비스 계약을 체결하여 프리랜서 형태의 독립사업자로 업무를 수행하게 하는 경향이 있다. 이에 대해 노동법적 다툼이 되는 경우가 있다. 강사가 근로자가 아닌 독립사업자가 될 때는 노동법에서 보호하고 있는 임금 및 휴가와 관련된 규정, 부당해고로부터의 신분상 보장, 산업재해 등의 사회보험 보호를 전혀 받을 수 없다. 하지만 강사를 근로자로 인정하는 경우에는 노동법의 전면적인 보호를 받을 수 있다. 따라서 강사 측면에서는 근로자성을 인정받아 각종 노동법의 보호를 받으려고 하지만, 학원 측면에서는 근로자성 인정으로 지출할 비용의 부담과 강사의 집단적 행동 우려 때문에 근로자성을 인정하지 않으려 한다.

이러한 이유로 근로자성을 정확히 판단하는 것은 노동 관련 분쟁 해결에 큰 의미가 있다.

근로기준법상 근로자성

근로기준법 제2조 제1항은 "'근로자'란 직업의 종류와 관계없이 임금을 목적으로 사업이나 사업장에 근로를 제공하는 자를 말한다."라고 정의한다. 근로자 개념 요소를 '직업의 종류를 불문하고', '사업 또는 사업장에', '임금을 목적으로 근로를 제공하는 자'라고 설명하고 있다. 근로자의 개념 설정에서 임금을 그 중심 개념으로 두고 있으며, 또한 노무 제공자와 노무 이용자 사이에 사용종속관계를 근로자의 핵심적인 요소로 파악하고 있다. 즉, 근로자란 "사용종속관계에서 임금을 목적으로 근로를 제공하는 자"라고 할 수 있다.

사용종속관계란 근로자가 사용자에게 고용되어 근로를 제공한다는 것으로 사용자의 지휘·명령을 받는 근로자가 그 사용자가 원하는 내용의 일을 하는 것을 말한다. 근로자는 근로의 대가로 임금을 받고 노동력을 제공하는 것이므로 '사용종속관계 아래서 근로를 제공하는 자'로 이해할 수 있다.

우리나라의 경우 근로기준법 제2조 제1항에 근로자에 대한 정의규정을 두고 있으므로, 근로자성 판단은 이러한 정의 규정에서 출발하여야 한다.

'근로자' 정의에 포함된 항목으로 ①"직업의 종류와 관계없이" ②"임금을 목적으로" ③"사업이나 사업장에" ④"근로를 제공하는 자"여야 한다는 네 가지 요소가 있다. 위의 네 가지 기준 중 "직업의 종류와 관계없이"는 근로자성과는 무관하므로 이를 제외한 세 가지를 가지고 판단할 수 있다.

첫째, 임금을 목적으로 근로를 제공한다는 것이다. 여기서 "임금이란 사용자가 근로의 대가로 근로자에게 임금, 봉급, 그 밖의 어떠한 명칭으로든지 지급하는 일체의 금품을 말한다."(근로기준법 제2조 제5항). 따라서 임금으로 인정되기 위해서는 근로의 대가성만 갖춰지면 충분하며, 그 형태에는 제한이 없다고 할 수 있다. 그렇기에 임금이 근로시간 단위 별로 책정되지 않고 일의 성과 단위로 책정되더라도 그것이 근로의 대가로 인정되는 한, 임금으로 인정될 수 있다.

둘째, '사업 또는 사업장'에 대해서는 사용자의 사업 또는 사업장에서 근로 제공이 이루어지는 것을 의미한다. 근로시간, 장소, 방법 등에 관한 별도의 지시권 행사가 없음에도 노동조직 자체에서 요구하는 방식에 따라 근로 제공의 구체적인 내용이 결정되기도 한다.

셋째, '근로를 제공'은 근로자가 사용자에게 근로를 제공하는 것이므로 이는 사용자의 지시권에 의한 구속이라고 할 수 있다. 사용자의 지시권에 대한 구속은 시간적 측면, 장소적 측면 그리고 방법상 측면으로 나누어 접근할 수 있다. 이러한 세 가지 측면은 모두 갖추어야 하는 것은 아니고, 전체적으로 고려하여 지시권에 구속이 존재하는지를 가지고 판단하여야 한다.

판례의 구체적 판단 기준

종합반 강사에 관한 근로자성 판단 사례에 있어서 대법원은 근로자 여부를 판단하는 명확한 기준을 제시하고 있다. 첫째, 계약 형식과 무관하다. 둘째, 사용종속관계 기준을 12가지로 나열하고 있다. 셋째, 사용종속관계 판단 기준으로 제시된 항목에 있어 사용자가 일방적으로 결정할 수 있는 부분인지 아닌지까지 판단하여야 한다고 설명하고 있다. 이 판례는 근로자성 판단에 대한 기준으로 사용하고 있으며, 그 판단 기준은 다음과 같다 (대법원 2004다29736).

판례는 "근로기준법상의 근로자에 해당하는지는 계약 형식이 고용계약인지 도급계약인지보다 그 실질에 있어 근로자가 사업 또는 사업장에 임금을 목적으로 종속적인 관계에서 사용자에게 근로를 제공하였는지에 따라 판단하여야 한다.

여기서 말하는 종속적인 관계가 있는지는 ①업무 내용을 사용자가 정하고, ②취업규칙 또는 복무(인사)규정 등의 적용을 받으며, ③업무수행 과정에서 사용자가 상당한 지휘·감독을 하는지, ④사용자가 근무시간과 근무 장소를 지정하고 근로자가 이에 구속받는지, ⑤노무 제공자가 스스로 비품·원자재나 작업 도구 등을 소유하거나, ⑥제삼자를 고용하여 업무를 대행하게 하는 등 독립하여 자신의 재산으로 사업을 영위할 수 있는지, ⑦노무 제공을 통한 이윤의 창출과 손실의 초래 등 위험을 스스로 안고 있는지, ⑧보수의 성격이 근로 자체의 대상적(對價的) 성격인지, ⑨기본급이나 고정급이 정하여졌는지, ⑩근로소득세의 원천징수 여부 등 보수에 관한 사항, ⑪근로 제공 관계의 계속성과 사용자에 대한 전속성(專屬性) 유무와 그 정도, ⑫사회보장제도에 관한 법령에서 근로자로서 지위를 인정받는지 등의 경제적·사회적 여러 조건을 종합하여 판단하여야 한다.

다만, 기본급이나 고정급이 정하여졌는지, 근로소득세를 원천징수하였는지, 사회보장제도에 관하여 근로자로 인정받는지 등의 사정은 사용자가 경제적으로 우월한 지위를 이용하여 임의로 정할 여지가 크기 때문에 그러한 점들이 인정하지 않는다는 것만으로 근로자성을 쉽게 부정하여서는 안 된다."

"상기 기준은 형식적·획일적으로 적용되는 것이 아니라, 상기 기준에 부합하는 사실관계가 존재하는 경우에 이것이 사용자의 우월한 지위에 기인하는 것인지 아니면 업무의 특수성 상 당연히 존재하는 것인지 아닌지를 판단하여야 할 것이다."

판례의 근로자성의 판단 기준에 대해 구체적으로 살펴볼 때, 다음의 세 가지의 주요 핵심적인 내용을 가지고 있다는 볼 수 있다.

첫째, 근로기준법상 근로자를 판단할 때 판례는 근로기준법 제2조 제1항의 규정을 가지고 판단하고 있다. "근로기준법상 근로자에 해당하는 여부를 판단함에서는 근로자가 사업 또는 사업장에 임금을 목적으로 종속적인 관계에서 사용자에게 근로를 제공하였는지에 따라 판단하여야 할 것"이라고 하여 '근로자' 정의 규정을 포함하고 있다. 즉, 이는 근로자가 사용자와의 사용종속관계에서 임금을 목적으로 근로를 제공한다는 것을 의미한다.

둘째, 판례는 "근로기준법상 근로자에 해당하는지를 판단함에서는 그 계약이 민법상의 고용계약이든 또는 도급계약이든 그 계약의 형식과 관계없이 그 실질에 따라 판단하여야 한다."고 보고 있다. 이러한 판례의 입장이 근로자 판단은 당사자 사이에 체결된 계약의 형식적인 관점에서 판단하는 것이 아니라 실제 이루어진 구체적인 관계에 따라 판단하여야 한다는 의미이다.

셋째, 판례는 근로기준법상 근로자 인정을 실질적으로 '종속적 관계'에서 '근로를 제공'하는지 아닌지에 따라 판단한다. 그 종속관계 여부를 판단하기 위해 여러 기준을 제시하면서 이들을 종합적으로 고려하여 판단한다는 구도를 취하고 있다. 특히, 이 종속 관계 징표를 12가지 항목으로 나누고 있으며, 이러한 항목 중 근로자성이 강한 점과 사용자성이 강한 점을 비교·분석하여, 그 상대적 우위를 가늠해서 대상자의 근로자 여부를 판단하고 있다.

고용 관계에 있어 ①사용종속관계의 존재 여부에 따라 근로자성을 인정할 수 있고(종속성에 의한 판단), ②사용종속관계의 존재 여부는 계약의 형식이나 명칭이 아니라 노무공급 관계의 실질적 사실관계에 따라 판단하며(실질적 판단), 또한 ③노무공급 관계의 실질적 사실관계는 그것을 둘러싼 제반 요소를 종합적으로 고려하여 판단한다(종합적 고려). 따라서 사용종속관계에 의한 판단 기준은 근로관계의 실질적 관계를 맺고 종합적으로 판단하여야 할 것이다.

판례는 근로자성 판단 기준에서 고용계약의 형식에 구애됨이 없이 판단하여야 하고, 사용자의 경제적 우위에 의하여 쉽게 결정될 수 있는 사업소득세 납부 여부, 4대 보험 가입 여부 등은 근로자성 판단에서 중요한 부분이 될 수 없다고 보고 있다. 이는 실질적인 근로관계를 파악하여 근로자성 여부를 판단한다는 점을 강조하고 있는 부분이라 할 수 있다.

03

학원 강사
-근로자성 판단 기준과 사례

제4차 산업혁명의 도래로 직업의 종류가 다양해지고, 그중에는 근로자성과 사용자성을 동시에 가지고 있는 직업이 존재함에 따라 점점 근로기준법상 '근로자성' 판단이 모호해지고 있다. 기업은 더 많은 이윤 창출과 서비스 전문성 등을 이유로 근로자를 직접 고용하는 대신 외주화와 같이 간접고용을 선호하고 있다.

이러한 예로 지입차주, 서비스 기사, 배달 기사, 매점 운영자, 콜센터 직원, 채권 추심원, 도급운송 기사, 카 마스터, 프리랜서 등이 등장하였다. 원칙적으로 상기 직업은 각자의 업무를 자신의 책임하에 자율적으로 수행해야 함에도 기업은 업무의 효율성 증대를 위하여 이들의 업무 수행에 직접적, 간접적으로 관여한다. 즉, 도급 업무나 개인사업자 업무의 특징은 독립적으로 업무를 완수하는 것이다. 사업주가 이들을 직접 관리 감독하면 그 시점부터 진정 도급의 형태가 아닌 불법 파견의 위험을 갖는다. 이러면 기업은 당장 이들에 대한 고용의무와 퇴직금, 사회보험료 등 추가 인건비를 부담해야 한다.

관련사례 서울의 강남의 한 유명 어학원에서 외국인 강사 24여 명을 퇴직금을 받지 못했다고 고용노동부에 진정을 제기하였다. 사실 어학원은 다른 어학원보다 급여를 매월 100만 원 더 지급하면서 퇴직금을 지급하지 않기로 약정하고 근로 계약서가 아닌 영어강의 서비스 계약을 체결하였다. 어학원은 외국인 강사들과 시간급 금액을 약정하고 매월 근무시간을 곱하여 얻은 금액을 지급하였다.

어학원은 이들 강사가 근로자가 아닌 개별 사업자라고 주장하면서 다음과 같이 주장하였다. 첫째, 어학원은 강사들과 근로 계약서를 작성하지 않고 강의 제공 서비스 계약을 체결하였다. 둘째, 어학원은 이들 외국인에게 퇴직금을 받지 않겠다는 사전 각서를 받았다. 셋째, 외국인 강사들은 4대 보험이나 근로소득세를 내지 않았다.

이에 대해 외국인 강사들은 다음과 같이 반박하였다. 첫째, 회사와 근로 계약이 아닌 서비스 계약을 체결한 것은 취업을 위해 어쩔 수 없었다. 둘째, 외국인 강사들은 회사의 지시 사항에 따라 일을 하였고, 회사의 취업규칙이나 사규를 철저히 준수해야 했다. 셋째, 임금도 회사가 정한 시간급 기본급에 실제 근무한 시간이 계산된 임금을 받았다.

이에 본 사건에 대해 법원은 다음과 같이 판단하였다. 첫째, 근로관계에 있어 어떠한 도급계약, 서비스 계약, 근로 계약 등의 계약 종류가 중요한 것이라 아니라 실질적인 근로관계가 중요하다고 판단하였다. 둘째, 근로자가 회사의 지시와 감독을 받고 일하는지 아닌지를 판단하였다. 셋째, 근로자의 보수가 근로의 대가성인지 아니면 성과보수 성격인지에 대해 사실관계를 통해 구체적으로 판단하여야 한다고 설명하였다.

특히 퇴직금 미지급 부분에 대해서는 "근로기준법을 위반하는 근로계약 부분은 무효가 되고, 무효가 된 근로 계약 부분은 근로기준법에 따른다."라고 근로기준법 제15조를 인용하였다. 법원은 어학원과 외국인 강사 사이에 체결한 서비스 계약에 퇴직금을 임금에 포함하였다는 주장은 근로기준법 강행규정의 특성을 반영하지 않아 위법하다고 판단하였다.

근로자성에 대한 법원의 판단 기준은 형식적인 계약의 명칭이 아니라 사실관계가 어떻게 되는지에 대해 판단하였다. 위에 언급한 사건에서 외국인 강사들이 근로자로 인정받는 이상은 노사합의로 근로기준법의 일부 규정을 배제하기로 하였다고 하더라도 이는 무효라고 판단하였다. 따라서 어학원의 외국인 강사들은 그동안 받지 못했던 퇴직금, 주휴수당, 연차수당을 소급해서 받았고 특히, 지체된 임금에 대하여 연 20%의 가산 이자까지 받을 수 있었다.

04

지입차주는 근로자인가?

용역을 고용하여 사용하면서 근로자인지 아닌지가 중요해지고 있다. 말만 용역이고 도급이지만, 실제 근로자로 사용하는 경우, 용역계약이나 도급계약 여부와 상관없이 근로기준법에서 보장하는 산재보상, 퇴직금, 연차유급휴가, 주휴수당 등을 지급해야 한다.

근로자가 근로 계약을 작성하고 근무를 제공한 경우, 프리랜서가 전문성을 가지고 독립적으로 용역을 제공한 경우에는 문제가 없다. 일반적으로 근로자성의 다툼 문제가 되는 것이 근로자와 프리랜서 사이의 직군들에서 문제가 많이 발생하고 있다. 특히, 지입차주와 같이 운송

차량을 소유하고 근로를 제공하는 경우 근로기준법상 근로자로 볼 수 있는지 따져볼 일이다. 본인 소유의 차량을 가지고 물품 납품에 종사하는 운전기사의 경우 운송용역을 제공하고 용역비를 받기 때문에 근로자가 아닌 자영업자이다.

그러나 최근에는 특정 업체에 전속되어 지입차주로 등록하고 운전기사로 해당 회사의 상당한 업무지시를 받으면서 일해 온 경우에는 근로자로 인정받는 경우가 많다. 이에 비해 물류회사 소속으로 운송 건수에 따라 용역비를 받을 때는 전속성과 계속성이 있더라도 근로자로 인정받지 못한다.

즉, 이는 사용자와 용역제공자 간 인적종속성이 강하면 근로자로 인정받고, 인적종속성 없이 경제적 종속성만 인정되는 경우에는 근로자로 인정받지 못하고 있다.

지입차주에 대한 근로자성 판단에 있어 그 업무의 특성이 일반 근로자와 다르므로 일반적인 기준과 차이가 나는 점은 다음의 4가지가 핵심 요소를 이루고 있다. 특히, 다음 사항을 개별적으로 고려하여 종합적으로 판단하고 있다.

첫째, 사용자가 지입차주에 대해 지휘, 감독을 할 수 있는지다. 사용자가 지입차주에 대해 업무지시, 출퇴근, 업무할당 등을 직접 지시하는 경우에는 근로자성이 강하다고 판단하고 있다.

둘째, 지입차주의 보수 결정방식이다. 운송횟수나 그 내용에 따라 보수를 결정하는지, 아니면 월 일정한 고정된 보수를 받고 일하는지에 따라 그 판단을 달리하고 있다. 일반적으로 고정된 보수를 받을 때는 사업에 대한 위험이 없고, 본인의 노력 여부와 상관없이 보수가 정해지기 때문에 근로자성이 강하다고 본다.

셋째, 지입차주가 자신의 계산으로 노무 제공 여부를 결정하는 경우가 아니라 사용자의 사업목적에 따라 노무를 제공하는 경우에는 종속성이 강하다고 보았다.

넷째, 근로 제공의 계속성과 사용자에 대한 전속성(專屬性) 여부에 따라 근로자성을 판단하는데 중요한 참고사항이 된다.

지입차주의 근로자성 판단에 있어 외형적 운송용역계약의 내용보다는 실질적인 운용 형태에 따라 근로자성을 판단하고 있다. 아직도 현장에서는 실질적인 지입차주가 근로자이면서도 운송용역계약에 따라 개인사업자로 간주하면서 근로자로서 보호받아야 할 근로기준법상 어떠한 혜택도 받지 못하는 경우가 많다. 따라서 이러한 지입차주에 대한 근로자성 판단 기준을 명확히 하여 노동법의 사각지대를 없애야 할 것이다.

05

외국인 회사의 대표이사
-근로자인가 사용자인가?

일반적으로 대표이사는 회사와 위임계약 관계를 맺으므로 노동법을 적용하지 않는다. 대표이사를 노동법에 적용하지 않는다는 것은 일반 근로자가 누리는 부당해고 구제, 퇴직금, 산업재해 보상, 실업급여 등을 받을 수 없다는 것이다.

대표이사는 회사를 대외적으로 대표하고, 대내적으로 인사·운영·자금의 결정권을 가지는 최종 결정권자이므로 근로자가 될 수 없다. 그러나 대표이사가 실제 사용자에 고용되어 형식상 등기되어 있고, 대외적 활동을 위한 대표자이지 실제로는 사용자로부터 상당한 지휘 감독을 받아 업무를 수행하는 경우, 사용자로 보지 않고 근로기준법상 근로자로서 인정하여 노동법의 보호를 받을 수 있다.

특히, 다국적 기업이 한국 내 외국인 회사를 설립한 경우, 업무의 효율적 운영을 위하여 고용된 현지인을 대표이사로 내세우는 경우가 많다. 이 경우에 한국의 대표이사나 지사장은 등기 여부와 상관없이 실질적으로 사업주의 권한이 없는 경우가 많아 근로자성에 대해 다툼이 발생하는 경우가 많다. 이에 대해 근로자와 사용자의 구분, 외국인 회사 특징과 대표이사의 근로자성 판단 기준에 대해 구체적으로 살펴보고자 한다.

사용자라고 하면 사업주 또는 사업경영 담당자 기타 근로자에 대한 사항에 대하여 사업주를 위하여 행위를 하는 자를 말한다. 여기서 '사업주'라고 하면 근로자를 사용하여 사업을 하는 자를 말한다(임금채권보장법 제2조). '사업경영 담당자'는 사업경영 전반에 관하여 책임을 지는 자로서 사업주로부터 사업경영의 전부 또는 일부에 대하여 포괄적인 위임을 받고 대외적으로 사업을 대표하거나 대리하는 자를 말한다. 즉, 대표이사, 등기이사 등을 여기에 포함하고, 대표이사나 이사의 직을 가지고 있지 않더라도 실질적으로 회사 경영권을 행사하는 자는 경영 담당자에 해당한다.

대표이사나 임원은 회사 정관에 의하여 대표권과 업무 집행권을 가진 자로서 회사로부터 일정한 사무처리 위임을 받는 것이므로 근로기준법상 근로자가 아니다. 그러나 형식상 등기된 대표이사나 임원이라도 실제로 사용자로부터 상당한 지휘, 감독을 받아 노무를 수행하고 그 노무의 대가로 일정한 보수를 받아 왔다면 근로기준법에 정한 근로자라 할 수 있다.

근로자라고 하면 직업의 종류와 관계없이 임금을 목적으로 사업이나 사업장에 근로를 제공하는 자이다. 근로자에 해당하는지는 계약의 형식과 관계없이 실질적으로 임금을 목적으로 종속적인 관계에서 사용자에게 근로를 제공하였는지에 따라 판단하여야 한다. 주식회사의 대표이사는 대외적으로 회사를 대표하고 대내적으로는 회사의 업무를 집행할 권한을 가지므로 사용자에 속한다. 다만, 대표이사의 지위가 형식적·명목적인 것에 불과하여 실제 경영자로부터 상당한 지휘·감독을 받아 근로를 제공하고 근로 대가로 임금을 받으면 근로기준법상 근로자에 해당한다.

다국적 기업이 설립한 국내의 외국인 회사가 일정한 전결 권한 내에서 자율적으로 경영을 할 때는 외국인 회사의 대표이사는 일정한 범위에서 독립적 경영을 위임받은 사용자로서 역할을 하므로 근로자가 아닌 사용자로서의 신분을 유지한다.

이와 관련하여 판례는 "일반적으로 다국적 기업은 국적이 다르고 법적으로 분리된 여러 기업으로 구성된 기업집단으로서의 특성을 보인다. 기업집단으로서의 다국적 기업은 구성기업들의 대등한 연합체가 아니라 지배기업인 모기업이 기업집단의 정점에 위치하여 다국적 기업에 대한 모든 사항을 총괄해서 결정한다.

종속기업은 지배기업인 모기업의 통제하에 놓이게 되어 지배기업인 모기업과 종속기업 사이에 지배종속 관계가 존재하게 된다. 이에 따라 지배기업인 모기업의 대표이사 등 임원들과 종속기업의 대표이사 등 업무 집행권을 가진 임원들 사이에도 지배기업과 종속기업의 지배종속 관계가 투영되어 일정한 수준의 지휘 · 감독 관계가 발생한다.

이는 하나의 기업 내에서의 사용자와 근로자 사이의 지배종속 관계와 유사한 면이 있으나 어디까지나 지배기업과 종속기업 사이의 기업 간 관계에서 발생하는 지배종속 관계라는 점에서 구별된다. 따라서 비록 종속기업의 대표이사 등 업무 집행권을 가진 임원들과 모기업 임원들 사이에 일정한 지휘·감독 관계가 존재한다고 하여 그러한 사정만으로 종속기업의 업무 집행권을 가진 임원들을 종속기업의 근로자라고 볼 수 없다."라고 한다.

그런데도 외국인 회사의 대표이사가 업무수행 중에 본국의 지휘·감독을 상당히 받아 그 독립성이 거의 없이 하나의 중간 관리자 같은 역할을 할 때는 외국인 회사의 지사장은 사용자로서의 신분이 부인되고 근로자로 인정될 수 있다.

'근로기준법상의 근로자'에 해당하는지는 그 실질에 있어 그가 사업 또는 사업장에 임금을 목적으로 종속적인 관계에서 사용자에게 근로를 제공하였는지에 따라 판단하여야 할 것이지, 법인 등기부에 임원으로 등기되었는지에 따라 판단할 것은 아니다. 주식회사의 대표이사는 대외적으로는 회사를 대표하고 대내적으로는 회사의 업무를 집행할 권한을 가지는 것이므로 특별한 사정이 없으면 근로자에 해당하지 않는다.

그러나 주식회사의 대표이사로 등기된 자라고 하더라도 대표이사의 지위가 형식적·명목적인 것에 불과하여 회사의 대내적인 업무 집행권이 없을 뿐 아니라 대외적인 업무 집행에서도 등기 명의에 기인하여 그 명의로 집행되는 것일 뿐 그 의사 결정권자인 실제 경영자가 따로 있으며, 자신은 단지 실제 경영자로부터 구체적·개별적인 지휘·감독을 받아 근로를 제공하고 경영성과나 업무성적에 따른 것이 아니라 근로 자체의 대상적 성격으로 보수를 받을 때는 예외적으로 근로자에 해당한다.

따라서 외국인 회사 대표이사의 근로자성 관련하여 판단에 영향을 미치는 중요한 요소는 ①상당한 지휘 감독의 존재 여부와 ②대표이사의 등기 여부이다.

외국인 회사의 대표이사가 본사의 상당한 지휘 · 감독을 받으면 근로자성을 인정하고 있다. 그리고 외국인 회사의 대표이사가 회사의 등기부 등본에 등기 여부이다. 일반적으로 등기된 이사의 경우에는 근로자성을 부인하며, 상당한 지휘 감독을 받고 있다는 사실이 있는 경우에만 근로자성을 인정하고 있다. 반면에 비등기 이사의 경우에는 원칙적으로 근로자성을 인정하나 독자적인 의사 결정권이나 업무 집행권이 강하게 인정되는 때에만 근로자성을 부인한다.

외국인 회사 대표이사의 근로자성을 판단하면서 그 대표이사의 등기 이사 여부, 임원의 위임 계약 작성 여부, 대표이사의 호칭 등을 가지고 쉽게 근로자성을 부정하는 경향이 있다. 특히, 다국적 기업의 특징으로 외국인 회사 사업 목적상 모기업과 한국의 종속기업과의 관계에서 업무 보고나 지시를 받을 때 이를 개인적 관계에서의 지배종속 관계와 구분하여야 한다는 판례가 있으나, 그러한 구분이 명확히 이루어질 수 있는지 의문이다.

적지 않은 외국인 회사 대표이사는 인사권, 업무 집행권, 그리고 자금사용 결정권 없이, 회사 운영 전반에 대해 일일이 본사 상급자의 지시를 받아야 하고, 또한 모기업의 부서별로 보고체계를 통해 각 부서장에게 이중 삼중으로 보고를 해야 하는 경우가 많다.

이러면 외국인 회사의 대표이사도 근로자 신분을 유지한다고 할 수 있다. 따라서 외국인 회사의 대표이사 신분을 판단할 때에는 형식적인 등기 여부, 대외적 호칭, 임원계약서 작성 여부에 따라 판단할 것이 아니라 대표이사로서의 실질적인 권한인 업무 집행권, 인사권 행사 여부, 자금집행 결정권 등을 종합적으로 판단하여야 할 것이다.

06

전직금지 약정을 한 경우 퇴사자는 경쟁 회사에 취업을 못 하는가?

최근 중소기업의 핵심기술을 보유한 우수 인력이 대기업으로 이직하여 중소기업이 수년 동안 개발한 기술영업 정보를 누출하는 사례가 많이 발생하고 있다. 이러한 경우에 중소기업은 전문기술인력에 대해 전직금지 약정을 체결하고 경쟁업체로 전직을 제한할 수 있지만, 근로자에게도 더 좋은 작업환경과 보수를 받는 직장으로 전직할 수 있는 직장선택의 자유가 있다.

전직금지 약정은 사용자가 근로자를 채용하여 사용 중에 근로자가 회사에서 배운 회사의 고유한 영업비밀이나 영업에 관련된 중요한 내용을 가지고 경쟁회사로 전직하여 회사에 피해를 주는 것을 사전에 방비하기 위한 약정이다. 이 전직금지 약정은 근로자가 헌법상 가지는 국민의 기본권인 직업 선택의 자유와 근로의 권리를 위반할 수 있으므로 제한적으로 효력을 가진다.

사용자의 보호 가치가 있는 고유한 영업비밀은 회사의 소유권으로 보호의 대상이기 때문에 전직금지 약정은 일정한 요건을 갖추면 그 효력을 가진다. 사용자가 근로자와 체결한 전직(경쟁영업) 금지약정이 효력을 갖기 위해서는 회사의 전문기술이나 생산방식, 영업활동이 보호 가치가 있는 영업비밀이어야 하고, 이 영업비밀을 지키기 위해 회사가 충분히 노력하였다는 내용을 입증해야 한다.

이러한 조건이 충족될 때 비로소 영업비밀로 인정되고, 근로자와 체결한 전직금지 약정은 정당한 효력을 가진다. 그러면, 전직금지 약정이 실제 사례에서 어떻게 적용되는지에 대하여 구체적으로 살펴보고자 한다.

「부정경쟁방지 및 영업비밀보호에 관한 법률」에 따라, 회사는 전직한 근로자가 회사의 영업비밀을 침해한 경우나 침해할 우려가 있는 경우 법원에 전직 근로자의 취업 금지나 예방을 청구할 수 있고(제10조), 회사가 전직 근로자의 영업비밀 침해로 인해 손해를 입으면 배상을 청구할 수 있다. (제11조). 실무에서 퇴직 근로자가 경쟁업체로 전직하는 경우, 전직금지 의무 위반에 대한 임시처분이나 손해배상소송의 형태로 이루어진다.

법원은 근로자의 전직금지 약정에 대해 헌법상 보장된 근로자의 기본권을 침해할 수 있으므로 엄격하게 해석하여야 하고, 일정한 요건을 갖추었을 때 효력을 가진다. 따라서 전직금지 약정의 효력 여부 판단은 영업비밀을 보호하는 사용자의 보호 가치가 있는 이익과 전직할 수 없는 근로자의 불이익을 비교하여 어떤 가치가 더 중요한지에 따라 결정한다. 이러한 두 개의 권리 이익 형량의 비교를 위해 판례가 제시한 다음의 6가지 판단 기준을 가지고, 종합적이고 구체적으로 판단하여야 한다.

1. 보호할 가치가 있는 영업비밀

대법원은 보호할 만한 사용자의 이익에 해당하기 위해서는 그 내용이 ①동종업계에 널리 알려지지 않고 독립된 경제적 가치를 가지고 있어야 하며, ②보안서약서 등을 통해 이를 제삼자에게 알리지 않도록 근로자와 약정한 것이어야 한다. 고객 정보, 거래처 정보, 노하우 등도 위 요건에 해당한다면 보호할 가치가 있는 사용자의 이익에 해당한다. 그러나 근로자가 고용 기간에 습득한 기술상 또는 경영상의 정보 등을 사용하여 영업하였다고 하더라도 그 정보가 동종업계 전반에 어느 정도 알려져 있던 것이고, 일부 구체적인 내용이 알려지지 않은 정보가 있었다고 하더라도 이를 입수하는 데 그다지 큰 비용과 노력이 필요하지 않았던 경우 보호할 가치가 있는 이익에 해당하지 않는다고 판시하고 있다.

2. 근로자의 퇴직 전 지위와 직무 내용

근로자가 퇴직 전 직장에서 영업비밀이나 보호할 가치가 있는 이익과 관련한 업무에 종사하여 그러한 정보를 습득한 것을 요건으로 한다. 따라서 연구개발직의 경우에는 전직금지 의무에 연관성이 많다. 이에 반해 단순 반복적인 생산 업무만 수행한 경우라면 회사의 영업비밀을 취득하였다고 보기 어렵다.

근로자가 1998년 반도체 관련 연구원으로 입사한 이후, 연구개발업무에 종사하던 중 2017년 건강상 사정으로 퇴직한 후, 3개월 뒤 경쟁회사에 더 높은 연봉과 직급으로 이직한 경우, 전직금지 의무 위반으로 보았다.

근로자는 제약회사의 영업 관리사원으로 복막투석액을 수입하여 판매하는 업무를 수행하였다. 근로자가 업무 중 취득한 제품의 원가 분석 자료 및 대리점 마진율, 할인율, 가격, 신제품 개발 계획 등은 중요한 영업비밀에 해당한다. 이러한 영업비밀을 가지고 동종 제품을 판매하는 경쟁 제약회사에 취업한 경우에는 전직금지 의무 위반에 해당한다.

3. 전직 제한의 기간과 장소

전직 제한 기간은 전직 제한약정의 효력에 있어 중요한 판단요소가 된다. 경쟁업체로의 전직금지 기간은 근로자의 생존권과 직업 선택의 자유와 직결될 수 있고, 사용자의 영업비밀 보호를 위하여 필요하므로 합리적인 기간 내에서 결정해야 한다. 보통 단기적으로 설정한 경우에 그 효력을 인정하고, 장기적으로 설정한 경우에는 권리남용이 될 수 있다. 법원은 약정한 전직금지 기간이 과도하게 장기라고 인정할 때, 적당한 범위로 전직금지 기간을 제한할 수 있다.

소프트웨어 개발회사에 취업한 근로자가 1년간 근무한 후, 경쟁업체로 이직하였다. 근로자는 사용자와 근로 계약 체결 시에 퇴직 후 1년은 경쟁회사로 전직금지 약정을 체결하였다. 법원은 근로자가 퇴직 후 1년간의 경업(競業)금지 의무를 둔 약정은 타당하다고 판결하였다.

신청인 회사의 보호 가치가 있는 이익의 중요성을 고려하더라도, 핸드폰 시장의 기술이 급변하여 1년 이상 된 기술은 쓸모없다. 이러한 현실에서 근로자의 경쟁업체로 전직을 장기간 금지하는 것은 직업 선택의 자유를 과도하게 제한할 여지가 있다. 이 사건의 전직금지 약정에서 정한 2년의 전직금지 기간은 피 신청인에게는 다소 과도한 제한이 된다. 따라서 '퇴직일로부터 2년'간의 전직을 금지한 경업금지 약정은 부당하다고 판시하였다.

4. 근로자에 대한 대가의 제공 여부

근로자에게 전직금지 의 대가가 지급되었는지는 전직금지 약정의 유효성 판단에 중요한 요소이다. 법원에서는 전직금지 약정의 대가로 금전을 지급하면, 동종업계로의 전직금지 의무가 있다고 한 판례가 많다. 그런데도 대가의 지급이 없었다고 하더라도 해당 업무가 회사의 영업비밀에 해당하는 경우에는 전직금지 의무가 발생한다.

반도체 회사에서 근무하다가 경쟁 반도체 회사로 전직한 근로자에 대한 전직금지 약정 위반에 대한 사건에서 회사가 전직금지 의무의 대가로 특별 인센티브를 지급하였다. 이러한 전직금지 의무에 대한 대가로 지급한 대가가 있으므로 2년간의 동종 유사업체로의 취업을 금지하는 것을 타당하게 보았다.

피고는 손톱깎이 등을 제조 판매하는 회사에 무역부장으로 근무하였는데, 회사에서는 근로 계약서에 2년간 경쟁업체에 취업을 금지하는 경업금지 약정 규정을 두고 있었다. 피고가 경쟁회사를 설립하여 원고와 경쟁 관계가 되어 진행된 소송에서, 법원은 피고가 이 사건 경업금지 약정 체결로 인해 특별한 대가를 받은 것으로 보이지 않는데도 퇴직 후 2년이라는 긴 시간 동안 경쟁영업이 금지되는 규정을 두었기 때문에 경업금지 약정을 인정하지 않았다.

5. 근로자의 퇴직 경위

경쟁업체로의 전직금지 약정은 근로자 스스로 회사를 그만두고 경쟁회사로 이직하는 경우에 사용자의 영업비밀 보호를 위하여 취하는 조치이다. 그러나 근로 계약의 종료 사유가 임금 체납, 부당해고, 정리해고 등과 같이 사용자의 귀책 사유가 있는 경우로 퇴직하는 경우에는 근로자가 경쟁업체로 이직하더라도, 전직금지 의무를 강제할 수 없다. 따라서 퇴직 사유가 근로자의 자발적인 사직에 해당하는 경우에만 전직금지 약정은 효력을 가진다.

6. 구체적이고 종합적인 판단

전직금지 약정이 효력을 갖기 위해서는 앞서 언급한 5가지의 세부 판단 기준을 구체적이고, 종합적으로 판단하여야 할 것이다. 특히, 전직금지 약정에서 근로자의 직업 선택의 자유와 사용자의 영업비밀 보호 중에 어떤 권리가 우선 보호 가치가 있는지 구체적인 사례를 검토하여 이익 형량을 평가하여야 할 것이다. 특히 주목해야 할 점은, 회사 영업비밀의 보호 대상 여부, 근로자가 보유한 영업비밀의 정도, 경쟁영업 제한 기간, 영업비밀 보호에 대한 회사의 대가 지급 여부, 그리고 근로자의 퇴직 경위 등을 구체적으로 살펴서 판단하여야 할 것이다.

회사의 영업비밀을 보유한 근로자가 자발적으로 퇴직하여 경쟁업체로 이직하는 경우, 사용자는 회사의 영업비밀 보호를 위해 해당 근로자에 대해 전직(경업)금지를 청구를 할 수 있으며, 회사가 이로 인하여 손해를 입으면 손해배상을 청구할 수 있다. 이와 함께 경쟁회사가 당해 회사의 앞선 기술을 획득하기 위해 해당 근로자를 스카우트하는 채용방식의 전직이 이루어지면 경쟁업체에 대해 손해배상을 청구할 수 있다.

그러나, 근로자에게도 직업 선택의 자유와 더 나은 환경에서 근로할 권리와 행복 추구권을 가지고 있으므로, 근로자가 회사의 고유한 영업비밀을 보유한 것도 없고, 전직금지 약정의 대가로 일정한 보수를 받은 것도 없는 경우에는 사용자의 영업비밀 보호 의무에 앞서 근로자의 권리가 우선해야 할 것이다.

07

우수 인재확보를 위한 특별보너스(사이닝 보너스)의 구속력

회사는 우수한 인력을 장기간 확보하려는 방법으로 여러 방법을 사용하고 있다. 그 대표적인 것이 2가지가 있는데, 바로 취업규칙이나 근로 계약서에 경업금지조항을 두어 경쟁사로의 전직을 방지하거나 사이닝 보너스를 이용하여 금전적으로 근로자를 구속하여 전직을 제한하는 것이다. 경업금지조항은 근로 계약서에 경쟁회사로의 이직을 하지 않겠다고 서약하는 것으로, 차후 이를 위반한 경우에 회사는 근로자에게 손해배상을 청구할 수 있다.

이 경업금지조항은 근로자의 직업 선택의 자유를 제한할 수 있으므로 그 효력을 인정받기가 쉽지 않다. 대법원은 "사용자와 근로자 사이에 경업금지 약정이 존재한다고 하더라도, 그와 같은 약정이 헌법상 보장된 근로자의 직업 선택의 자유와 근로권 등을 과도하게 제한하거나 자유로운 경쟁을 지나치게 제한하는 경우에는 민법 제103조에 정한 선량한 풍속 기타 사회질서에 반하는 법률행위로서 무효라고 보아야 한다."고 판시하고 있다 (대법 2009다82244).

따라서 기업에서는 우수한 인력에 대해 직접적인 효력이 있는 사이닝 보너스를 이용하여 이직을 방지하는 경우가 많다. 사이닝 보너스는 인재를 채용하기 위하여 기업이 근로자와 근로 계약을 체결함과 동시에 근로자에게 일시금으로 지급하는 특별보너스를 말한다.

최근 사이닝 보너스 조항의 효력에 대하여 기업으로부터 문의가 들어왔다. 연봉의 30%를 사이닝 보너스로 정하고, 첫해의 1월 급여일에 보너스의 50%를 지급하고, 다음 해의 1월에 나머지 보너스 50%를 지급한다. 그 대가로 근로자는 3년 차까지 근무해야 한다. 회사에서는 "사이닝 보너스의 효력 기간 중인 근로자가 3년 이내에 퇴직하는 경우에는 받은 금액 일체를 반납하여야 한다."는 규정을 설정하려고 하였을 때 그러한 보너스 반환 규정의 법적 효력 여부에 대해 검토를 요구하였다.

이에 대해 필자는 관련된 임금의 속성, 강제근로 금지, 위약예정의 금지 등 법적 판단하에 유사한 판례를 비교·검토하여 3년간 사이닝 보너스 설정이 가능하다는 법적 의견을 최종적으로 제시하였다.

위의 사례에 대해 구체적으로 살펴보고 ①특별보너스의 근로기준법 위반 여부, ②사이닝 보너스 관련 사례, ③사이닝 보너스의 구속력 판단 기준에 대해서도 검토하고자 한다.

특별 보너스의 근로기준법 위반 여부

고용노동부는 '계약 상여금(signing bonus)'의 법적 성질에 대해 그 지급이 단체협약, 취업규칙 등에 전혀 정한 바가 없고, 그 지급 사유 등이 연장하는 근무 기간만 발생하는 등 사용자가 일시적으로 또는 임의로 지급하는 경우라면 근로기준법상 임금으로 볼 수 없다고 판단하고 있다. 따라서 그러한 보너스는 퇴직금 계산 등을 위한 평균임금에도 포함하지 않는다.

근로기준법 제20조에 규정한 '위약금 예정의 금지' 조항은 "사용자는 ①근로 계약 불이행에 대한 ②위약금 또는 손해배상액을 예정하는 ③계약을 체결하지 못한다."라고 명시하고 있다. 이는 근로자의 계약 불이행을 이유로 사용자에게 실제로 발생한 손해 종류나 정도를 묻지 않고 일정 금액을 배상하도록 미리 약정함으로써 근로자의 의사에 반하여 근로의 계속을 강제하는 것을 방지하려는 취지이다(대법 2001다53875).

위약예정을 금지하는 조항에 대해 기존의 임금에 대한 위약금 형식으로 배상금을 예정하는 근로 계약은 허용하지 않지만, 연수비 상환, 계약 상여금의 경우에는 의무재직 기간 설정에 있어 합리적이고 타당성이 있는 내용이면 퇴직의 자유를 부당하게 제한하지 않으므로 허용하고 있다(대법 2006다37274).

계약 상여금 관련 사례

1. 계약 상여금의 반환 약정이 유효한 경우

①입사 당시 회사로부터 전속계약금 조로 금 1억 5,000만 원을 받기로 하고 3년간 회사를 위해 전속으로 근무하기로 하되, 위 기간 중 회사와 동종 사업목적을 가진 다른 회사로 전직할 때는 전속계약금 전액을 회사에 반환하기로 하는 계약을 체결했다. 직원이 입사 후, 7개월 만에 경쟁업체로 전직할 경우, 이러한 전속계약금 반환 약정의 유효성이 문제 된 사안이다.

법원은 이 사건에서 전속계약금은 회사가 직원이 근무하는 동안 받는 근로 계약상의 임금과는 별도로 지급한 금액이라는 이유로 근로기준법 제20조의 적용을 배제하고, 직원은 회사에 전속계약금을 반환해야 한다고 판단하였다 (수원지법 2002가합12355).

②근로자는 회사로부터 계약 상여금 5,000만 원을 받고, 수령일로부터 2년 이내 퇴사 시 받은 계약 상여금을 반환하기로 하는 약정을 체결하고, 7개월 만에 퇴사한 사안이다. 이 사건에서 법원은 회사가 근로자에 대해 별도의 상여금을 지급하면서 일정 기간 이내 퇴직하는 경우 이를 반환하기로 하는 약정은 근로자의 의사에 반하는 계속 근로를 부

당하게 강제하는 것이라고 보기 어려우므로, 근로기준법 제20조에 위반하여 무효라고 보기 어렵다고 판단했다 (서울지법 2013카합231).

③ 회사와 근로자 간에 근속연수에 따라 통상임금의 12개월 분에서 41개월까지 차등하여 회사가 근로자에게 특별상여금을 지급하기로 하되, 근로자가 이를 받은 날로부터 2년 이내에 회사의 의사에 반하여 사직하고자 할 때는 이 특별상여금은 2년을 채우지 못한 기간에 해당하는 비율의 금 원을 회사에 반환한다.'라는 취지의 노사합의서가 체결되었다.

이에 따라 회사로부터 보상금을 받은 근로자가 보상금 수령일 다음 날에 회사에 사직원을 제출한 사안이다. 이에 법원은 노사 간에 2년간 의무근무를 조건으로 보상금을 지급하는 내용이고, 근무시간이 1년에 불과한 근로자가 종전에 받은 임금을 반환하는 것이 아니고, 직장 선택의 자유나 퇴직 자유를 제한하는 규정으로 볼 수 없다고 하여, 회사의 반환청구를 긍정하였다 (창원지법 2007나9102).

2. 계약 상여금 반환 약정이 무효인 경우

①근로자가 입사하면서 회사로부터 5억 원을 받으며, 영업비밀을 침해하지 않고 약정한 10년 동안 근무하겠다고 약속하면서 만약 이를 이행하지 않을 때는 10억 원을 지급하기로 하는 약정을 한 사안에서, 대법원은 위 약정은 피고가 약정 근무 기간 이전에 퇴직하는 등 위 약속을 위반하기만 하면 그로 인해 사용자에게 어떤 손해가 어느 정도 발생했는지 묻지 않고 바로 미리 정한 10억 원을 사용자에게 손해배상

액으로 지급하기로 하는 것이므로 근로기준법 제20조가 금지하는 전형적인 위약금 또는 손해배상액의 예정에 해당하여 그 효력을 인정할 수 없다고 보았다 (대법 2006다37274).

②근로자는 최소 5년간 근무하는 조건으로 입사하고, 금 5,000만 원을 받으면서 계약을 이행하지 못하면 계약금 성격의 지급금액에 대한 3배를 배상한다는 취지의 약정을 했다. 입사 후, 5개월 만에 퇴사했고, 이에 회사가 1억 5,000만 원을 청구한 사안이다. 위 협약서는 직원이 약정 근무 기간 이전에 퇴직하기만 하면 사용자의 손해를 묻지 않고 바로 1억5,000만 원을 사용자에게 손해배상액으로 지급해야 하는 약정이므로, 근로기준법 제20조에 위반된다고 법원은 판단했다 (인천지법 2007가합3994).

계약 상여금의 구속력 판단 기준

타 업체로 전직을 막기 위한 특별한 목적으로 전직을 제한하면서 사용자가 근로자에게 임금과는 별도로 제공하는 계약 상여금에 대해 기간만료 전의 전직 등 근로자의 특약 불이행을 이유로 반환 약정을 하는 것은 유효하다. 그러나 이러한 반환 약정은 원칙적으로 ①제공하는 계약 상여금의 액수와 근로 계약 기간 및 전직 제한의 정도가 적정하게 균형을 이뤄야 하고, ②근로자의 전직 자유의 본질적인 내용을 침해 해서는 아니 되며, ③제공된 계약 상여금이 임금으로서 성격이어서는 안 되며, ④근로자의 전직에 사용자의 귀책 사유가 없어야 한다(서울지법 2004가단128716).

다시 말해서, 계약 상여금이 일정 의무복무 기간을 근무할 것을 조건으로 지급되는 것이라는 점을 분명히 하여야 하고, 그러한 의무복무 기간이 될 수 있는 대로 단 기간이어야 하며, 근로자가 의무복무 기간 내에 전직하는 경우 그 배상액이 받은 금액 이내여야 하고, 근로자가 자발적으로 퇴직하는 경우에만 계약 상여금 반환 약정이 효력을 갖는다 할 수 있다.

08

노동법 소멸시효 제도

법은 권리 위에 잠자는 자를 보호하지 않는다는 원칙을 적용한다. 일정한 기간 권리행사를 하지 않을 때 시효의 완료로 인하여 더 권리행사를 할 수 없다. 이러한 소멸시효를 두는 이유는 행사하지 않는 권리를 제한하여 법적 안정을 꾀하고 신속한 권리관계 설정을 촉진하기 위함이다. 노동법의 소멸시효는 3년을 기준으로 한다. 이와 관련된 노동법의 전반적인 시효에 대해 구체적으로 살펴보고자 한다.

1. 소멸시효의 기산점

임금채권은 월 급여, 퇴직금, 미사용 연차수당 등으로 분류할 수 있으며 유형별 소멸시효 기산점이 다르다. 매월 지급하는 월 임금(기본급, 연장근로 수당, 휴일근로수당 등)은 임금 지급일에 지급의무가 발생하고 이때부터 권리를 행사할 수 있으므로 기산점은 정기 지급일부터 진행한다. 상여금은 상여금에 관한 권리가 발생한 때 지급의무가 발생하며, 퇴직금은 근로자가 퇴직한 날 지급의무가 발생하므로 퇴직일로부터 계산을 시작한다. 연차유급휴가는 휴가사용 기간인 1년 완료 후 15일이 임금청구권으로 전환하는 시점부터 기산한다.

2. 소멸시효와 공소시효의 관계

소멸시효는 돈 받을 권리가 있는 근로자가 사용자를 상대로 임금이나 퇴직금의 체납이 있는 경우에 청구권을 행사할 수 있는 기간을 말한다. 이에 대해 공소시효는 임금 체납 등 노동법을 위반한 사용자를 법 위반행위가 있는 날 또는 법 위반행위가 계속되는 경우 종료일로부터 형벌권을 행사할 수 있는 기간을 말한다.

임금 체납으로 인한 노동관계법령 위반 범죄의 공소시효 기간은 2007년에 기존 3년에서 5년으로 연장되었다(형사소송법 제249조). 이에 반해 임금채권의 소멸시효는 3년이다. 임금채권의 소멸시효 3년이 완성되었다 하더라도 공소시효가 아직 남아 있으므로 임금체납사업주에 대한 형사처분이 가능하다. 따라서 공소시효를 근거로 하여 근로자는 체납된 임금에 대해 5년간 청구할 수 있다.

3. 소멸시효 중단

임금채권은 3년간 소멸시효를 가지므로, 이를 근로자가 3년 동안 청구하지 않으면 소멸시효 만료로 인해 더는 다툴 수 없다. 다만, 재판상 청구, 임금채권에 대한 압류 또는 임시 압류한 경우, 사용자가 임금채무에 대해 동의한 경우 소멸시효는 중단된다.

사용자가 임금 체납에 대해 각서를 써주고 체납금 일부를 갚는 경우, 소멸시효는 중단된다. 또한, 업무상 재해보상 청구가 행정관청에 제기한 경우에는 재판상 청구로 인정하여 소멸시효를 중단한다.

임금채권에 대해 미지급한 부분에 대해 사용자에게 내용증명으로 상대편에게 일정한 행위를 하도록 독촉 통지(催告)하면 6개월간 소멸시효의 중단 사유가 된다(민법 제174조). 다만, 최고는 시효 중단의 효과가 있으나 6개월 이내에 재판상의 청구, 압류 또는 임시처분하지 않으면, 소급하여 시효 중단의 효력이 없어진다.

①근로자가 체불임금 진정 제기가 시효 중단 사유가 되는지 여부.

근로감독관 등 사법당국에 형사고발이나 고소하면 재판상 청구로 인정되지 않아 시효중단효력이 없다.

②근로감독관의 임금체납확인서 발급이 시효의 중단에 해당하는지 여부.

임금 체납이 된 근로자가 회사를 상대로 고용노동부에 진정하여 임금 체납을 확정하는 과정에서 사용자의 임금 체납에 관해 확인하는 경우 소멸시효의 중단으로 볼 수 없으나, 사용자가 임금 체납에 대해 갚겠다는 확인서를 작성해 주었을 때 소멸시효의 중단으로 볼 수 있다.

소멸시효 제도는 법적 안정성과 신속한 권리구제를 촉진하기 위한 제도이다. 임금 체납의 경우에는 임금 체납 진정이나 고소사건의 제기가 소멸시효의 중단으로 인정받을 수 없으므로 반드시 민사적 재판청구를 하여야 한다. 즉, 소멸시효로 인하여 더 이상의 권리구제를 받지 못하거나 임금 청구에서 보호하는 임금이 기간의 지남에 따라 작아진다. 따라서 임금 체납에 대한 소멸시효 제도는 개선이 필요하다.

우선, 임금 체납 진정이나 고소에 대해 재판상 청구로 봐서 소멸시효 중단이 이루어져야 할 것이다. 둘째로 공소시효가 2007년 이후 3년에서 5년으로 연장하여 실무적으로 임금 체납 신청에 있어 혼란이 일어나고 있다. 근로자 보호 입장에서 임금채권 소멸시효는 3년에서 5년으로 연장하는 것이 바람직하다 할 것이다.

PART 2

근로기준법

01

차별 금지에 관련한 노동 사례

최근 화제가 된 판결이 무기계약직으로 전환된 근로자에게 일반 정규직과 다른 별도의 직군을 만들어 차별한 사안에서, 이를 사회적 신분에 따른 차별이라 판결하였다.

이 판결로 인하여 균등처우에 관한 관심이 높아지고 있다. 우리나라 헌법 제11조 1항은 "…누구든지 성별·종교 또는 사회적 신분에 의하여…. 모든 영역에서 차별을 아니 한다."라고 규정하고 있다.

이와 관련하여 근로기준법도 균등처우 규정을 두고 '국적'을 추가하여 "성별, 국적, 신앙과 사회적 신분을 이유로 근로 조건에 대한 차별적 처우를 하지 못한다."라고 규정하고 있다. 근로기준법 외에도 사회적 변화에 따른 차별 금지 조항이 계속해서 추가하여 현재는 비정규직, 나이, 장애인, 외국인 등에 관한 차별 금지 규정을 개별 법률로써 도입하고 있다.

그러면 차별 금지에 대한 판단 기준을 어떻게 보아야 하는가에 있어 법원은 차별적 처우란 '같은 것을 다르게, 다른 것을 같게 취급하는 것'이라 정의하면서 다음의 두 가지 원칙을 제시하고 있다.

첫째, 차별적 처우에 해당하기 위해서는 우선 그 전제로서 차별을 받았다고 주장하는 사람과 그가 비교 대상자로 지목하는 사람이 본질에서 같은 업무집단에 속해 있어야 한다.

둘째, 같은 사업장에서 같은 직종에 근무하는 근로자 집단이라고 하더라도 근로의 내용, 근무 형태 등 모든 여건을 고려하여 합리적인 기준을 정하여 차별하는 경우에는 정당한 차별로 인정하고 있다.

이와 관련된 판단 기준과 관련 사례를 다음과 같이 살펴보고자 한다.

성별

1. 판단 기준

성차별 금지는 헌법 제11조 1항에 명시하고 있으며, 헌법 제32조 4항에서 "여자의 근로는 특별한 보호를 받으며, 고용·임금 및 근로 조건에 있어서 부당한 차별을 받지 아니한다."라고 구체적으로 기술하고 있다. 이를 현실적으로 반영하는 근로기준법 제6조에서 성차별을 금지하고, 위반한 자에 관해 벌칙조항을 두고 있다. 특히, 1987년에 제정된 남녀고용평등법에서는 성차별(제2조)을 아래와 같이 규정하고 있다.

첫째, '차별'이란 사업주가 근로자에게 성별, 혼인, 가족 안에서의 지위, 임신 또는 출산 등의 사유로 합리적인 이유 없이 채용 또는 근로 조건을 다르게 하거나 그 밖의 불리한 조치를 하는 경우이다.

둘째, 사업주가 채용조건이나 근로 조건은 같이 적용하더라도 그 조건을 충족할 수 있는 남성 또는 여성이 다른 한 성(性)에 비하여 현저히 적고 그에 따라 특정 성에게 불리한 결과를 초래하며 그 조건이 정당한 것임을 증명할 수 없는 경우를 포함한다. 즉, 기업문화에서 간접적인 차별도 성차별로 인정할 수 있다.

셋째, 차별에 대한 예외로서 ①직무의 성격에 비추어 특정 성이 불가피하게 요구되는 경우, ②여성 근로자의 임신·출산·수유 등 모성보호를 위한 조치를 하는 경우, ③그 밖에 이 법 또는 다른 법률에 따라 적극적 고용 개선조치를 하는 경우를 두고 있다. 이는 다른 성에 대한 역차별 문제를 사전에 배제하기 위한 것이다.

2. 성차별 금지의 내용

남녀 고용평등법에서 성차별에 관한 구체적인 규정은 다음과 같이 요약할 수 있다.

①모집과 채용에서 차별을 금지하고(제7조), 특히 사업주가 여성 근로자의 모집과 채용에서 그 직무에 필요하지 아니한 용모, 키, 체중 등

의 신체적 조건, 미혼 조건 등을 제시하거나 요구하여서는 아니 된다.

②임금에서 같은 사업 내의 동일 가치 노동에 대하여는 같은 임금을 지급하여야 한다(제8조). 동일 가치 노동의 기준은 직무수행에서 요구하는 기술, 노력, 책임 및 작업조건 등으로 한다. 여기서 판례가 말하는 '동일 가치 노동'이란 해당 사업 내 서로 비교되는 남녀의 노동이 같거나 실질적으로 거의 같은 성질의 노동 또는 그 직무가 다소 다르더라도 객관적인 직무평가 등을 통하여 본질에서 같은 가치가 있다고 인정되는 노동에 해당하는 것을 말하고 동일 가치의 노동인지 여부는 직무수행에서 요구하는 기술, 작업조건, 학력·경력·근속기간 등의 기준을 종합적으로 고려하여 판단하여야 한다(대법원 2013. 3. 14. 선고 2010다101011 판결).

③임금 외의 금품으로 근로자 생활을 보조하기 위한 금품 지급 또는 자금 융자 등 복리후생에서 남녀를 차별하여서는 아니 된다(제9조).

④교육·배치 및 승진에서 남녀를 차별하여서는 아니 된다(제10조).

⑤정년·퇴직 및 해고에서 남녀의 차별을 하여서는 아니 된다. 특히 여성 근로자는 혼인, 임신 또는 출산을 퇴직 사유로 예정하는 근로 계약을 체결하여서는 아니 된다(제11조).

국적

1. 판단 기준

국적은 국적법상 지위를 말하며, 대한민국의 국적을 소유하지 않은 외국인 근로자, 재외동포, 불법체류자 등을 대상으로 한 차별이 발생할 수 있다. 최근에 외국인 근로자가 증가하면서 국적에 의한 차별이 주요 사회적 논쟁거리가 되고 있다.

2003년도 8월에 제정한 '외국인 근로자고용법'에서 "사용자는 외국인 근로자라는 이유로 부당하게 차별하여 처우하여서는 아니 된다."라고 규정하고 있지만(제22조), 이에 관해 처벌규정이 없고, 적용 범위도 고용허가제와 관련된 비전문직 외국인 근로자에게만 적용하여 한계가 있다. 따라서 국적에 의한 차별은 근로기준법 제6조 "…국적을 이유로 근로 조건에 대한 차별적 처우를 하지 못한다."라는 규정과 위반 시 관련 벌칙규정에 따른다고 할 수 있다.

다만, 차별에 합리적인 이유가 있는 경우에는 그 예외가 인정된다. 관련 행정해석은 "국적을 이유로 근로 조건을 차별하는 것에 해당하는지 판단은 근로 조건에 대한 차별이 단순히 국적만을 이유로 한 것인지 아닌지와 차별 대상인 근로 조건에 대하여 임금, 근로시간 등 근로자 대우에 관한 일체의 요소를 전반적으로 고려하여 합리적인 기준에서 벗어난 차별이 있었는지 여부를 종합적으로 판단하여야 한다."는 입장이다.

2. 차별 사례

①헌법재판소는 "산업연수생이 연수라는 명목하에 사업주의 지시·감독을 받으면서 사실상 노무를 제공하고 수당 명목의 금품을 받는 등 실질적인 근로관계에 있는 경우에는, 근로기준법이 보장한 근로 기준

중 주요사항을 외국인 산업연수생에게 적용되지 않도록 하는 것은 합리적인 근거를 찾기 어렵다"라고 하여 근로기준법을 일부 적용하지 않는 것은 위헌이라고 판단하였다 (헌재 2004헌마670).

②A는 태국 국적 외국인으로 산업연수 체류자격으로 입국하였으나, 체류 기간을 초과하여 불법체류자로 근무하던 중에 상처를 입었다. A는 요양 신청을 하였으나 공단은 A가 불법 취업한 외국인이라는 이유로 산재 불승인을 하였다. 그러나 대법원은 불법체류는 단속의 대상임을 명백히 밝히고 있으나, 이미 제공된 사실적 행위의 노동에 대해서는 노동법의 보호가 있어야 한다는 취지에서 불법체류자도 산재보험이 적용된다고 판결하였다 (대법원 1995. 9. 15. 선고 94누12067 판결).

③서울과 경기도의 불법체류자로 구성된 외국인 근로자들이 2005년 5월 3일 서울지방노동청에 노동조합 설립 신고를 제출하였으나 불법체류자라는 이유로 거부당하였다. 이 노동조합 인정 여부에 대해 장기간 법원에서 다툼이 있었으나 2015년 6월 25일 결국 대법원 합의체 판결에서 불법체류자들로 구성한 노동조합의 설립을 인정하였다(대법원 2015. 6. 25. 선고 2007두4995 전원합의체 판결).

신앙

1. 판단 기준

근로기준법은 신앙을 이유로 근로 조건에 대한 차별적 처우를 하지 못한다고 규정하고 있다. 신앙을 이유로 한 차별은 특정의 종교, 종교적 신념, 정치적 세계관, 사회주의적 신조, 특정 정당의 정치 노선 등을 이유로 해당 근로자를 차별하는 것이다. 다만, 특정의 사상과 직접 연결할 목적으로 수행하는 사업인 경향사업에서는 그 사업 목적에 반하여 행동하는 경우에는 차별적 처우를 허용하고 있다.

2. 차별 사례

관련 사례로 헌법재판소는 경향사업에 저촉되는 경우를 정당한 해고의 사유로 인정하고 있다.

①"사용자가 근로자를 해고하면서 정당한 이유의 여부는 개별적 사안에 따라 구체적으로 결정될 일이지만 그 일반적 내용은 해당 근로자와 사용자 사이의 근로관계를 계속 유지할 수 없을 정도의 이유, 즉 해당 근로자와의 근로관계 유지를 사용자에게 더 기대할 수 없을 정도의 것이다. 여기에는 업무에 대한 적성에 흠이 있거나 직무능력이 부족한 경우, 계약상의 노무 급부를 곤란하게 하는 질병…. 특정 신조나 사상과 밀접히 연관된 소위 경향사업(傾向事業)에 있어서 근로자가 이러한 경향성을 상실한 경우 등이 일반적으로 이러한 정당한 이유에 해당하는 것으로 인정하고 있다" (헌재 2003헌바12 선고).

대법원도 경향사업에 반하는 근로자의 행위에 대해 정당한 해고로 인정하고 있다.

②"근로자에 대한 징계 사유인 부동산투기행위가 근로자의 사생활에서의 비행에 불과하다고 할지라도, 택지의 개발과 공급, 주택의 건

설 등을 통하여 시민의 주거생활 안정과 복지향상을 목적으로 설립한 도시개발공사의 설립목적, 부동산보상 관련 업무를 담당하는 근로자의 업무 내용 등 여러 사정을 종합적으로 고려하면, 도시개발공사 소속 근로자의 부동산 투기행위는 객관적으로 그 공사의 사회적 평가에 심히 중대한 악영향을 미치는 것으로 평가할 수 있는 경우라고 할 것이다." (대법원 1994. 12. 13. 선고 93누23275)

사회적 신분

1. 판단 기준

'사회적 신분'이란 상당한 기간이 지나면서 형성된 지위로서 사회적 평가를 수반하고, 자신의 의사나 능력으로 피할 수 없는 사회적 위치를 말한다. 판례는 "사회적 신분이란 사회에서 장기간 점하는 지위로서 일정한 사회적 평가를 수반하는 것으로서, 사업장 내에서 근로자 자신의 의사나 능력 발휘로 회피할 수 없는 사회적 분류를 말한다." (서울남부지법 2016. 6. 10. 선고 2014가합3505 판결) 라고 판시하고 있다.

2. 차별 사례

최근에 사회적 신분으로 인한 차별 사건에 대한 판결이 나와 화제가 되고 있다. 그 내용은 다음과 같다.

해당 근로자들은 계약직 근로자로 입사해 업무직(무기계약직) 근로자로 전환이 됐다. 이들은 회사에서 일반직 근로자들과 달리 직급 승진을 적용받지 못했다. 또 일반직 근로자들과 보수 규정도 다르게 적용받으며 주택수당, 가족수당, 식대 등의 수당도 받지 못했다.

이에 근로자들은 이러한 차별은 근로기준법 제6조의 균등처우 규정을 위반해 차별적 대우는 무효'라며 수당 지급을 청구했다. 이에 법원은 "직업뿐 아니라 사업장 내의 직종, 직위도 사회적 평가를 수반하거나, 근로자 스스로 의사나 능력으로 벗어날 수 없는 사회적 분류라면 사회적 신분이라 할 수 있다"라고 판단하며 무기계약직을 '사회적 신분'으로 판단했다.

법원은 "보수 규정만 달리 적용하고 있을 뿐, 무기계약직 근로자와 일반직 근로자들은 같은 취업규칙, 인사규정을 적용받고 있으며…. 업무의 양과 질, 난이도나 회사에 대한 기여도가 무기계약직 근로자가 적다고 보기 어려운 점 등을 들어…. 근로기준법 제6조를 위반했다."라고 판단했다.

근로기준법에서 언급한 성별, 국적, 신앙, 사회적 신분에 의한 차별은 벌칙규정이 있고, 근로자는 고용노동부에 진정이나 고소를 통해 차별시정을 구할 수 있다. 근로자는 차별에 의한 불이익으로 인해 발생한 임금손실에 대해 소급해서 청구할 수 있다. 한편, 성별에 대한 차별금지에서 특히 주목해야 할 점은 모집과 채용 단계에서도 차별 금지 규정을 적용한다는 것이다.

또한, 간접차별로 인해서 입사할 때 같은 직급의 남녀 사원 숫자가 고위 직책에서는 여성이 극 소수를 차지하는 경우에는 간접차별로 간주할 수 있다. 국적에서도 차별 금지조항은 근래 외국인의 증가로 인하여 사회적 논쟁거리가 되고 있으며, 신앙을 이유로 한 차별에서는 특정 종교보다는 경향사업과 관련한 사례가 다수 발생하고 있다.

마지막으로, 사회적 신분을 이유로 한 차별에 있어서 최근 판례와 같이 비정규직을 무기계약직으로 전환하면서 별도의 직종을 두어 차별하면 사회적 신분에 의한 차별에 해당한다.

02

상시 5인 미만 사업장의 근로 조건

근로자이지만 노동법의 적용을 받지 못하거나 노동법의 보호를 제한적으로 받는 근로자들이 있다. 그 대표적 사례가 5인 미만 사업장의 근로자이다. "근로기준법은 상시 5명 이상의 근로자를 사용하는 모든 사업 또는 사업장에 적용한다(제11조)."라고 명시하고 있다.

5인 미만 사업장에 근무하는 근로자에게는 근로기본권이 제대로 보장되지 않았으나 적용되지 않았던 퇴직금 조항이 적용되면서 5인 미만 사업장 근로자들이 자신들의 권리를 찾는 분쟁이 자주 발생하고 있다는 점이다. 2010년 12월부터 5인 미만 사업장의 근로자들도 퇴직금

규정을 적용함에 따라 이들 취약 근로자들에 대해 사회적 관심이 쏠리고 있다.

1. 적용하는 규정

5인 미만 사업장에 적용하는 주요 규정으로는 ①근로 계약의 서면 작성, ②주휴일, ③휴게, ④재해보상, ⑤임금청산, ⑥임금 지급, ⑦해고 시기 제한, ⑧해고예고, ⑨출산휴가 등 관련 조항을 적용한다.

해고의 제한 규정을 적용하지 않지만, 근로자를 해고하고자 할 때 적어도 30일 전에 해고예고를 하여야 하고 이를 하지 못한 경우 1개월의 해고 예고수당을 지급해야 한다. 그리고 근로의 대가인 임금은 대부분 적용한다. 즉, 최저임금을 적용하고, 임금 지급 시기를 준수해야 하고, 임금 체납에 관한 벌칙조항을 적용한다.

특히, 퇴직금의 경우에는 2010.12.1부터 적용하여 최초 2년이 되는 2012.12.1까지는 법정 퇴직금의 50%, 그 이후부터는 100% 지급해야 한다. 근로 연수가 많은 경우라도 이 퇴직금 규정 시행시기부터 계산하여 지급해야 한다. 그뿐만 아니라 업무상 재해를 당하였을 때 일반 근로자와 같이 산업재해보상보험법에 따른 요양 보상, 휴업 보상, 장해 보상 등 보상 규정 일체를 적용받는다.

2. 적용하지 않는 규정

5인 미만의 사업장에 근로하는 근로자에게 아래의 규정을 적용하지 않기 때문에 근로기본권의 보호를 받지 못하고 열악한 근로환경에 처해 있다고 할 수 있다.

3. 해고 등의 제한

①정당한 이유가 없어도 근로자들을 마음대로 해고하거나 징계할 수 있다. ②근로자가 부당한 해고를 당했어도 노동위원회에 의한 구제를 받을 수 없다. ③사용자의 일방적인 해고에 대한 서면통지 의무가 없다. ④경영상 해고 제한 규정에도 적용되지 않으므로 회사 사정이 좋지 않을 때는 언제든지 해고할 수 있다. ⑤파견근로나 단기간 근로자를 사용할 경우 자유롭게 언제든지 해고할 수 있으므로 2년의 사용기간 제한 규정 적용 없이 계속 사용할 수 있다.

4. 휴업수당

회사가 휴업하면 휴업수당을 받을 수 없다. 따라서 회사가 필요하면 임의로 휴업을 하더라도 특별히 휴업수당을 지급하지 않기 때문에 사용자의 귀책 사유로 휴업을 하여도 근로자들에게 휴업 기간 임금을 지급하지 않는다.

5. 근로시간 제한

5인 미만의 사업장은 주 40시간 근로자나 주5일제도 해당이 없고 하루 8시간을 초과해 무제한으로 연장근로를 시킬 수 있다. 연장근로도 주 12시간 한도에 대한 제한이 없고, 연장근로나 야간근로(22시~06)에 근무하거나 휴일에 근무해도 50%의 할증임금을 받지 못한다.

6. 연차 유급 휴가

일반 근로자가 1년 근무에 15일의 연차휴가를 유급으로 사용할 수 있으나, 5인 미만 사업장 근로자들은 유급휴가가 발생하지 않는다. 따라서 휴가를 사용하고자 하면 사용자의 승인을 얻어 무급으로 휴가를 사용할 수 있다.

5인 미만의 사업장 근로자는 근로자로서 보장받아야 할 해고 등 제한 규정, 근로시간 제한 규정 등의 적용이 배제됨으로써 노동기본권이 제한을 받고 있다. 이 영세 사업장에 근무하는 근로자들도 최소한의 노동기본권 보장을 위해서는 근로시간 제한, 사업주의 귀책 사유에 대한 휴업수당 및 연장/야간/휴일근로에 대한 가산임금 규정이 확대적용 되어야 할 것이다.

03

온라인 업무전환에 따른 오프라인 근로자 해고

2020년 초부터 코로나 전염병이 전 세계를 휩쓸면서 기업의 업무가 온라인으로 전환하고 있는데 이로 인하여 기존의 오프라인 업무가 축소하여 기업의 인력 구조조정이 불가피하다. 이와 관련한 대표적인 해고 사건이 있어 이를 소개하고자 한다.

영국에 본사를 둔 한국지사(이하 "A회사")는 기업체의 ERP 프로그램인 오라클과 SAP 운영에 대한 유지보수와 기술지원을 하는 회사다. A회사는 2017년 4월에 설립되어 지속적으로 영업을 확대하면서 6명의 직원을 고용하여 사업을 수행하였다. 그러나 코로나 전염병으로 인해 업무를 온라인으로 전환하면서 오프라인 근로자를 계속 줄여나갔다. 그러다가 2022년 2월에는 최종 남아 있던 근로자 2명을 모두 해고했다.

A회사는 근로자들을 모두 해고한 후, 한국에는 공유 사무실에 주소만 두고, 세금계산서 등 회계 처리는 회계사무실에 맡기고 영업은 외주업체에 맡겨서 처리하였다. A회사는 본업인 ERP 프로그램 유지보수와 기술지원만 영국 본사에서 온라인으로 업무를 하고 있다.

이 해고 사건은 일반적인 해고와 다른 몇 가지 쟁점이 있다.

첫째, 한국에 직원이 아무도 없이 온라인으로 업무를 처리하는데, 부당해고구제신청 대상이 되는지.

둘째, 부당해고구제신청과 관련하여 근로기준법 제11조는 상시근로자 5인 이상의 사업장 근로자만 청구할 수 있다. 그런데 A회사는 외국계 기업의 한국지점으로 근로자가 2명뿐인데 부당해고 구제를 받을 수 있는지.

셋째, 오프라인 업무를 모두 폐지하고 온라인으로만 사업을 하는데 이것을 사업의 종료로 보아 근로자들을 해고할 수 있는지다.

위의 3가지 쟁점에 대해 당사자의 주장을 확인해보고 이 사건이 어떻게 해결되었는지 살펴보고자 한다.

1. 사건 개요

A회사는 2022년 1월 중순 한국에 남아 있던 2명의 근로자에게 계속

적자가 나기 때문에 사업을 철수할 수밖에 없다고 통보하였다. 2022년 1월 말에 회사는 근로자 2명에게 퇴직금과 1개월 치의 성과상여금, 그리고 해고예고수당을 지급할 예정임을 통보하면서 사직서에 서명을 요청하였다. 이에 두 근로자가 모두 서명을 거부하자, 회사는 2월 15일에 퇴직금과 해고예고수당만 지급하고 모두 해고하였다.

이 사건을 맡은 본 노무사는 2022년 3월 10일에 부당해고구제신청을 작성하여 노동위원회에 제출하였다. 노동위원회는 부당해고구제신청 서류를 A 회사의 주소지로 발송하였다. 그러나 A 회사의 주소지에는 근로자가 한 명도 없었기 때문에 노동위원회의 서류가 반송되었다. 노동위원회는 사건 관련 공문이 두 번이나 반송되자, 주소지 수정(보정)을 요구하면서, 받을 사람이 없으면 이 사건이 각하될 수 있다고 알려왔다.

이에 본 노무사는 부당해고 서류를 공시송달로 요청하는 서류를 발송하면서, A회사의 본사 대표이사, 아시아 담당 이사, 인사 총괄 이사의 이메일을 알려주었다. 이에 노동위원회의 조사관은 관련 사건공문을 위 3인에게 발송하였다. 다행히 A회사의 본사는 국내에 법무법인의 변호사를 대리인으로 선임하여 2022년 4월 1일에 답변서를 제출하였다.

2. 당사자의 주장

① 회사의 주장

근로자의 부당해고구제신청에 대해 회사는 세 가지 논리를 앞세워 정당한 해고라고 주장하였다.

첫째, 신청인들은 재무이사와 영업이사로 재무와 영업사무의 책임자로서 독자적인 권한을 행사해 온 자들로 독립적인 권한을 가진 이사임으로 근로자에 해당하지 않는다.

이와 관련 "비등기 관리 이사로서 소속 직원들에 대한 교육 및 관리 업무를 담당하여 온 전임 이사에 대하여, 근로시간과 근로 내용 등에 있어 임금을 목적으로 회사에서 지배와 관리되는 종속적인 관계에서 근로를 제공한 것으로 보이지 않는 경우, 근로기준법상 근로자에 해당하지 않는다"라는 판례를 근거를 인용하였다.

둘째, A회사는 대한민국의 상법에 따라 설립된 독립된 회사이고, 상시근로자 4인 이하의 사업장에 해당하여 근로기준법의 부당해고구제 신청 대상이 되지 않는다고 주장하였다. 이와 관련, "다국적 기업의 국내 지사가 외국의 본사와 독립된 법인으로 국내에 주소를 두고 있는 점, 본사와 별도로 재무제표를 작성하고 있는 점, 법인세, 부가세, 소속 직원들의 소득세 신고 및 납부를 스스로 수행하고 있는 점들이 본사와의 관계에서 독립성이 인정되고 5인 미만이므로, 부당해고에 관하여는 근로기준법이 적용되지 않는다."라는 유사한 판례를 인용하였다.

셋째, 이 사건 근로계약 종료는 사용자의 사업 전부 폐지를 전제로 하는 통상해고에 해당함으로 정당한 해고에 해당한다. 사용자가 한국의 직원들을 모두 해고한 것은 한국지점을 조만간 폐지하려는 이유이다고 한다고 주장하였다. 관련 판례도 "사업의 폐지를 위하여 해산한 기업이 그 청산과정에서 근로자를 해고하는 것은 기업 경영의 자유에 속하는 것으로 이는 정리해고에 해당하지 않으며, 해고에 정당한 이유가 있다."라는 판례를 인용하였다.

따라서 사용자가 근로자를 해고한 것은 위의 3가지 중 하나에 해당하기 때문에 정당하다고 주장하였다.

② 근로자의 주장

사용자 해고의 정당한 주장에 대해 근로자들은 실제 내용을 가지고 답변하였다.

첫째, 사용자는 신청인들의 직급이 이사임으로 근로자가 아니라고 주장한다. 그러나 신청인들은 직급만 이사이지 실제로는 그에 합당한 권한을 가지지 않았다. 신청인들의 근로계약서를 작성할 때 수습 기간, 본사에 지정된 직속 상급자, 근로 장소와 근로시간이 기재되어 있었다. 임금은 확정된 급여와 업무 성과에 따른 보너스로 구성되어 있었다. 그리고 최근 비용지출에 있어 경조 화환 30만 원, 통신비 5만 원 등 지출승인을 받고 지출하였다. 또한, 회사의 등기부에도 이사로 등재되어 있지 않았으며, 업무 수행에서는 지정한 상급자에게 업무보고를 하고 지시를 받으면서 일을 수행하였다.

둘째, A회사는 5인 미만 사업장이라고 주장한다. 한국지사는 2017년 4월에 설립 이후 2019년 5명, 2020년 6명, 2021년 4인에서 2022년 해고 당시 총 2명으로 줄었다. 한국지사의 두 명의 근로자는 상급자의 지시를 받고 일하였으며, 회사 설립 이후 사업장 내 부하직원이 없었기 때문에 업무지시를 한 적이 없었다. 재무담당자와 영업담당자(신청인들)는 자신의 상급자 관리 감독하에서 업무를 수행하였다. 따라서 한국 내 사업장에서 신청인들은 업무집행권, 인사권, 재무집행권 등을 독립적으로 경영할 수 있는 권한을 갖고 있지 않았다.

셋째, 이 사건 근로계약의 종료는 사용자의 사업 철수를 전제로 하는 통상해고에 해당하므로 정당한 해고에 해당한다고 주장한다. 그러나 회사는 새로운 고객과 ERP 기술지원 서비스계약을 계속 체결하고 있었다. 2022년 1월에는 4개의 업체와 새로운 장기 기술보수 서비스계약을 체결하고 선수금을 받았다. 이는 회사가 앞으로 오프라인 업무는 하지 않지만, 온라인으로 기술지원 서비스를 계속한다는 것을 방증하고 있다.

이 사건 주요쟁점에 관한 판단

1. 한국의 재무이사와 영업이사는 근로자인가?

일반적으로 등기된 이사의 경우에는 근로자성을 부인하며, 상당한 지휘 감독을 받고 있다는 사실이 있는 경우에만 근로자성을 인정하고 있다. 비등기 이사의 경우에는 원칙적으로 근로자성을 인정하나 독자적인 의사결정권이나 업무집행권이 강하게 인정하는 때에만 근로자성을 부인한다."

본 사안에 있어 사실상 재무이사, 영업이사라는 명칭을 사용하고 있지만, 실제로 근로계약서에서도 아무런 권한을 가지지 않은 일반 근로자로 기술되고 있다. 회사의 등기부 등본에 이사로 등재되어 있지 않았고, 실무에서도 어떠한 독자적인 권한을 가지지 못했다. 실제 업무에서도 아시아를 관할하는 직속 상사에게 직접 보고하고 업무지시를 받고 일을 해왔다. 따라서, 재무이사와 영업이사는 근로자라고 볼 수 없다.

2. A회사가 5인 미만 사업장인 경우에도 부당해고구제신청이 가능한가?

근로기준법 제11조에 따라 부당해고구제신청은 5인 이상의 사업장에 근무하는 근로자만이 제기할 수 있다. 다만, 5인 미만 외국계 기업의 사업장이 한국에서 독립성이 없이 본사의 지사나 지점 정도의 역할을 하면 그 인원수 산정에 있어 본사의 인원과 함께 산정되므로, 부당해고구제신청의 보호 대상이 된다. 여기서 쟁점은 한국지점에 대한 독립성이 있는가를 가지고 판단한다.

본 사안에서는 한국 상법에 따라 독립적인 법인 설립등기를 하고 회계 등의 독자적 결산을 하고 있지만, 실질적으로 본사의 업무지시를 받으며 운영되고 있고, 모든 회계 등을 본사가 직접 관리하고 있으므로 한국지점에 대한 독립성이 없다고 할 것이다.

3. 사업 폐지를 전제로 근로자를 해고하는 경우 정당한 해고인가?

근로기준법 제23조를 보면, 사업을 계속할 수 없게 된 경우에는 정당한 해고로 보고 있다. 관련 판례도 "근로자를 해고한 사용자가 사업장을 실질적으로 폐업하여 근로자들이 복귀할 사업장이 없어졌다면 사업체의 존속을 전제로 하는 근로계약 관계는 유효하게 종료된다."라고 보고 있다. 사용자는 이 사건 근로계약 종료는 사업의 폐지를 전제로 하는 통상해고에 해당하므로 정당한 해고에 해당한다고 주장한다.

그러나 본 사안에 있어, 실제 사실관계를 볼 때 이 사건의 사용자는 온라인으로 사업을 계속 영위하고 있으므로 사업 폐지로 볼 수 없으므로 이를 정당한 해고로 볼 수 없다.

이 사건 사용자는 사실관계가 명확히 확인되면서, 이번 부당해고구제신청 사건에서 불리하다는 전제하에, 근로자들에게 6개월 급여를 추가로 지급하는 조건으로 합의를 제안하였다. 이에 대해 근로자들은 취업 시장의 어려움을 얘기하면서 12개월 치를 요구하였다. 이에 대해 사용자와 근로자들은 서로 일부 양보하여 8개월 치 급여로 퇴직 합의에 도달하였다. 2022년 6월 10일 두 당사자는 노동위원회에서 화해합의서를 작성하고 합의로 이 사건을 원활히 마무리하였다.

이번 사건은 최근에 많은 사업이 온라인 사업으로 전환되면서 근로자들을 해고하는 경우가 많이 발생할 수 있어 참고할 수 있는 의미 있는 사건이었다고 볼 수 있다. 오프라인에서 온라인 사업으로의 전환은 회사의 재량으로 가능하지만, 회사에 소속된 근로자들에 대한 고용 관계는 사업의 폐지와 무관하게 계속 유효하게 살아 있다는 점을 사용자는 상기해야 할 것이다.

04

부당해고구제신청, 각하 사유와 관련 사건 사례

근로자가 부당하게 해고당했다고 생각할 때, 근로자는 노동위원회에 부당해고구제신청을 할 수 있다. 노동위원회에서는 부당해고면 구제신청을 인용 판정하고, 그 사유가 부당해고가 아닌 경우에는 기각 판정한다. 그러나 부당해고구제신청에 하자가 있는 경우에는 각하 판정을 한다. 각하의 사유로는 몇 가지가 있는데, 대표적인 경우가 5인 미만 사업장에서 근로한 경우이다.

실제로 5인 이상이지만, 그 근로자 중의 근로자가 아닌 독립사업자가 포함하고 있는 경우에는 그 근로자 숫자에서 제외하고 판단한다.

근로자의 인원수 판단은 근로자의 해고 발생일 전 1개월 동안 상시 근로자 수로 판단한다. 다음의 해고 사건은 근로자가 부당하게 해고당한 것은 확실하나, 근로자 인원이 5인이 부족하여 각하한 사례이다.

사건 개요

2020년 8월 20일 태권도 도복을 판매하는 회사에 근무하던 근로자는 업무처리가 미숙하고 업무에 열의가 없다는 이유로 해고되었다. 해고 당한 근로자 자신은 열심히 일했고, 업무상 잘못을 범한 것이 없으므로 부당해고라 주장하면서, 서울지방노동위원회에 부당해고구제신청하였다. 이에 회사는 근로자의 근무 태만에 대해 여러 차례 주의를 주었으나 개선의 여지가 없었으며, 특히 회사는 고용한 인원이 3명밖에 되지 않으므로 근로기준법상 부당해고 구제의 대상이 되지 않는다고 주장하였다.

노동위원회는 이 사건의 부당해고 여부를 판단함에 앞서 부당해고 구제신청 적격 여부를 판단해야 한다.

근로자는 본인이 일하던 당시 임원을 포함하여 총 6명이 근무하였다고 주장했지만, 회사에서는 그 인원 중 마케팅 이사와 관리 이사가 업무위탁계약서를 작성하고 근무하였기 때문에 근로자라 볼 수 없다고 주장하였다. 따라서 이 사건의 논점은 해고의 정당성을 판단하기에 앞서 노동위원회 구제신청이 적격한 사건이었는지에 대한 판단을 먼저 해야 했다.

근로자의 주장

근로자는 2019년 11월 9일 회사에 입사하여 마케팅 및 영업 지원업무를 수행하면서 회사가 지시하는 것이라면 시간과 장소를 가리지 않고 열심히 일했다. 주말이 낀 출장, 야근, 휴일에도 일했으며, 휴가도 없이 회사를 위해 일하면서 수당을 받은 적이 없다.

근로자는 2020년 8월 초 사장으로부터 직무 수행능력 부족 및 지시사항 불이행 등의 이유로 억울하게 해고되었다.

회사가 해고 사유로 내세운 직무 수행능력 부족이나 지시사항 불이행은 전혀 사실과 다르며, 회사의 매출액 저하를 말단 사원인 근로자에게 전가하기 위해 해고를 한 것이다. 만약에 근로자가 회사가 주장하는 사유로 해고되었다면, 회사는 사전에 충분한 기회를 주어야 했지만, 회사는 어떠한 사전 조치도 취하지 않았다.

퇴직 시에 근무하였던 직원은 마케팅 이사, 관리 이사, 사장, 근로자(신청인), 주임(백00), 그리고 사원(정00)으로 근로자가 총 6명이므로 근로기준법상 구제신청 대상이 되는 5인 이상 사업장이다.

회사의 주장

2019년 5월에 설립된 회사로 마케팅 지원을 위해 본 근로자를 채용하였으나, 전직이 요리사 출신으로 마케팅에 적절치 않아 영업 지원업무를 담당하게 했다. 사업을 시작하는 회사는 적극적이고 공격적인 영업활동이 필요하지만, 근로자는 아침에 출근하여 9시부터 10시 30분까지 신문을 읽고, 오전에는 개인적인 은행업무차 자리를 비웠으며,

오후에는 영업에 관심 없이 지인과 전화를 하면서 시간을 보내는 경우가 많았다. 회사에서 지시한 영업일지 작성도 이루어지지 않았으며, 사장과 나이가 같다는 이유로 상사의 지시를 잘 따르지 않았다. 이러한 이유로 근로자를 해고했다.

회사는 본 근로자를 포함하여 3명밖에 고용하고 있지 않기 때문에 부당해고 구제에 관한 근로기준법을 적용하지 않으므로 부당해고 구제를 신청할 수 없는 사업장이다. 마케팅 이사와 관리 이사는 근로 계약서를 작성한 근로자가 아니라 업무대행 계약서를 작성하여 근무 중인 업무 위탁자이고, 매출액의 각각 10%씩 업무 대행료를 지급했다.

노동위원회의 결정

이 해고 사건에서 해고 사유에 관한 주장이 상반되는 견해에서 노동위원회는 이 사건의 주요 쟁점은 회사에서 일했던 마케팅 이사와 관리 이사가 근로기준법상 근로자에 해당하여 이 사건 사업장이 상시 5인 이상의 근로자를 사용하는 사업장인지 여부라 할 것이다.

마케팅 이사와 관리 이사는 이 사건 사용자와 업무대행계약을 체결하여 이에 따라 근무하였다. 특히 관리 이사는 다른 사업장에 재직하는 등 이들 이사는 이 사건 사용자에 대한 전속성(專屬性)이 희박하며 출퇴근에 엄격한 통제를 받지 않은 점, 이들은 이 사건 사용자로부터 구체적이고 직접적인 지휘명령을 받기보다는 그 위임 받은 업무를 독자적 판단하에 추진하되 그 진행 상황을 보고한 정도로 업무를 수행하였던 점, 따라서 이 사건 근로자를 포함한 회사의 근로자들에 대해서도 일정한 업무명령 또는 지휘·감독 권한을 이 사건 사용자로부터 위임받아 행사한 것으로 보이는 점, 업무대행계약서상 마케팅 이사와 관리 이사는 매출액의 10%를 받는 있는 점 등에 비추어 보면 이들이 받았거나 받기로 한 판매대행비는 근로 제공의 대가인 임금으로 보기 어려운 점, 이들은 4대 사회보험에 가입되어 있지 않은 사정 등을 종합해 볼 때 마케팅 이사와 관리 이사는 이 사건 사용자와 근로 계약이 아닌 위임계약을 체결하였을 뿐 사용종속 관계 하에서 근로를 제공한 근로자로 볼 수 없다고 판단된다.

마케팅 이사와 관리 이사를 제외할 때 이 사건 사업장은 근로 기준 제23조 제1항의 적용이 배제되는 상시 근로자 수 5인 미만의 사업장에 해당하여 해고의 정당성 여부 등에 대하여는 더 살펴볼 필요가 없다. 따라서 부당해고의 구제를 신청한 이 사건은 부 적법하여 각하한다.

05

여성보호, 근로기준법상 주요 내용

우리나라는 모성과 관련하여 헌법에 따른 명시적 보호 규정과 노동법에 따른 실천적 보호 규정을 두고 엄격하게 모성을 보호하고 있다. 이러한 법률적 보호 규정에도 불구하고 출산율이 계속 떨어져 2020년에는 0.84명에까지 하락함에 따라 여성 근로를 장려하고 출산율을 높이기 위한 노력을 노동법에 반영하고 있다.

이제 출산율 하락은 기혼 여성의 문제가 아니라 우리나라의 사회적 문제로 인식하고 있다. 노동법에서 모성 보호가 필요한 여성 근로자 보호를 위해 여성의 출산과 육아 기간에 대해 특별하게 보호하고 있다.

구체적으로 여성의 모성 보호를 위해 임신 중이고 출산 후, 1년 이내의 여성보호와 육아 휴직에 갈음한 육아기 근로시간 단축에 대해 구체적으로 설명하고자 한다.

임산부 보호

임산부는 임신 중이거나 산후 1년이 지나지 아니한 여성을 말하며, 이 기간에 모성 보호를 위한 각종 보호 규정을 통해 특별하게 보호 받는다.

1. 유해 · 위험한 사업에 사용 금지

사용자는 임산부를 도덕상 또는 보건상 유해 · 위험한 사업에 사용하지 못한다. 특히, 임산부가 아닌 18세 이상의 여성을 보건상 유해 · 위험한 사업 중 임신 또는 출산에 관한 기능에 유해 · 위험한 사업에 사용하지 못한다. 이와 관련 임산부의 금지 직종은 근로기준법 시행령 별표 4호에 명시하고 있다(근로기준법 제65조).

2. 연장근로, 야간근로, 휴일근로의 제한

사용자는 임신 중의 여성 근로자에게 연장근로 및 탄력적 근로를 하게 하여서는 아니 되며, 그 근로자의 요구가 있는 경우에는 쉬운 종류의 근로로 전환하여야 한다. 사용자는 산후 1년이 지나지 아니한 여성에 대하여는 단체협약이 있는 경우라도 1일 8시간 근무에 2시간, 1주일 40시간 근무에 6시간을 초과하는 연장근로를 시키지 못한다.

사용자는 임산부를 야간근로(오후 10시부터 오전 6시까지)와 휴일 근무를 근로시키지 못한다. 다만, 예외적으로 사용자가 노동부 장관의 인가를 받고, ① 산후 1년이 지나지 아니한 여성의 동의가 있는 경우와 ② 임신 중의 여성이 명시적으로 청구하는 경우에는 야간근로와 휴일근로가 가능하다.

임산부의 보호 휴가

1. 출산휴가

사용자는 임신 중의 여성에게 출산 전과 출산 후를 통하여 90일(한 번에 둘 이상 자녀를 임신한 경우에는 120일)의 출산 전후 휴가를 주어야 한다. 이 경우 휴가 기간 배정은 출산 후에 45일(한 번에 둘 이상 자녀를 임신한 경우에는 60일) 이상을 주어야 한다. 사용자는 출산 전후 휴가 종료 후에는 휴가 전과 같은 업무 또는 동등한 수준의 임금을 지급하는 직무에 복귀시켜야 한다.

사용자는 출산휴가 중 최초 60일(한 번에 둘 이상 자녀를 임신한 경우에는 75일)은 통상임금을 지급해야 한다. 나머지 30일은 고용보험에서 최대 200만 원까지 통상임금을 보전해 준다. 다만, 우선지원 대상기업은 국가로부터 최초 60일에 대해서도 매월 200만 원을 지원받을 수 있는데, 이 경우에는 정부 지원금을 초과하는 통상임금에 대해서만 유급으로 지급한다(근로기준법 제74조).

출산 휴가는 해고 제한에 해당하여 사용자는 근로자가 산전·산후의 여성이 이 법에 따라 휴업한 기간과 그 후 30일 동안은 해고하지 못한다. 연차 유급휴가 계산에 있어 출산휴가는 출근한 것으로 본다. 퇴직금 계산을 위한 평균임금 산정에서도 출산휴가 기간과 그 기간에 지급한 임금은 평균임금 산정기준이 되는 기간과 임금의 총액에서 뺀다.

2. 조기 출산휴가

사용자는 임신 중인 여성 근로자가 유산의 경험 등 사유로 출산휴가를 청구하는 경우 출산 전 어느 때라도 휴가를 나누어 사용할 수 있도록 하여야 한다. 이 경우 출산 후의 휴가 기간은 연속하여 45일(한 번에 둘 이상 자녀를 임신한 경우에는 60일) 이상을 주어야 한다(근로기준법 제74조, 시행령 제43조).

여기서 조기 출산휴가 사유는 ① 임신한 근로자에게 유산·사산의 경험이 있는 경우, ② 임신한 근로자가 출산 전후 휴가를 청구할 당시 나이가 만 40세 이상인 경우, ③ 임신한 근로자가 유산·사산의 위험이 있다는 의료기관의 진단서를 제출한 경우이다.

3. 유산·사산휴가

사용자는 임신 중인 여성이 유산 또는 사산한 경우로서 그 근로자가 청구하면 유산·사산휴가를 주어야 한다. 다만, 인공 임신중절 수술에 따른 유산의 경우는 그러하지 아니한다. 이 경우, 유산 또는 사산한 근로자가 유산·사산휴가를 청구하는 경우에는 휴가 청구 사유, 유산·사산 발생일 및 임신 기간 등을 적은 유산·사산휴가 신청서에 의료기관의 진단서를 첨부하여 사용자에게 제출하여야 한다. 사용자는 유산·

사산휴가도 출산휴가와 같이 주어진 휴가 범위 내에서 통상임금을 지급해야 한다(근로기준법 제74조, 시행령 제43조).

ⓐ임신 기간이 11주 이내에서 유산 또는 사산한 날부터 5일까지이고, ⓑ임신 기간이 12주 이상 15주 이내에서 유산 또는 사산한 날부터 10일까지이며, ⓒ임신 기간이 16주 이상 21주 이내에서 유산 또는 사산한 날부터 30일까지, ⓓ임신 기간이 22주 이상 27주 이내에서 유산 또는 사산한 날부터 60일까지, ⓔ임신 기간이 28주 이상에서 유산 또는 사산한 날부터 90일까지이다.

4. 임신 기간에 단축 근로

사용자는 임신 후 12주 이내 또는 36주 이후에 있는 여성 근로자가 1일 2시간의 근로시간 단축을 신청하는 경우 이를 허용하여야 한다. 다만, 1일 근로시간이 8시간 미만인 근로자에 대하여는 1일 근로시간이 6시간이 되도록 근로시간 단축을 허용할 수 있다. 사용자는 근로시간 단축을 이유로 해당 근로자의 임금을 삭감하여서는 아니 된다(근로기준법 제74조 제7항, 제8항).

5. 태아 건강, 검진 시간 보장

사용자는 임신한 여성 근로자가 정기건강진단을 받는데 필요한 시간을 청구하는 경우 이를 허용하여 주어야 한다. 사용자는 건강진단 시간을 이유로 근로자의 임금을 삭감하여서는 아니 된다. 정기건강검진은 실시기준은 ①임신 7월까지는 매 2개월 단위로 1회 ②임신 8월에서 9월까지는 매일 개월 단위로 1회 ③임신 10월 이후에는 매 2주 단위로 1회이다(근로기준법 제74조의 2, 모자보건법 제10조).

• 배우자 출산휴가

사용자는 근로자가 배우자의 출산을 이유로 휴가를 청구하는 경우에 10일의 유급휴가를 주어야 한다. 배우자 출산휴가는 근로자의 배우자가 출산한 날부터 90일이 지나면 청구할 수 없다(남녀고용평등법 제18조의 2). 배우자 출산휴가는 1회에 한해서 나누어 사용할 수 있다.

휴가 기간 확대에 따른 중소기업의 부담을 덜어주기 위해 정부는 중소기업(우선지원 대상기업) 근로자의 유급 5일분에 대해서는 배우자 출산휴가급여(통상임금의 100%)를 지급한다.

• 육아 시간

생후 1년 미만의 유아를 가진 여성 근로자가 청구하면 1일 2회 각각 30분 이상의 유급 수유 시간을 주어야 한다(근로기준법 제75조).

육아 휴직과 육아기 근로시간 단축

1. 육아 휴직

사용자는 근로자가 만 8세 이하 또는 초등학교 2학년 이하의 자녀(입양한 자녀를 포함한다.)를 양육하기 위하여 육아 휴직을 신청하는 경우에 이를 허용하여야 한다. 다만, 육아 휴직을 시작하려는 날의 전날까지 해당 사업에서 계속 근로한 기간이 6월 미만인 근로자는 제외한다.

육아 휴직을 신청하려는 근로자는 휴직 개시 예정일의 30일 전까지 해당 자녀의 출생 등을 증명할 수 있는 서류를 첨부하여 육아 휴직신청서를 사용자에게 제출하여야 한다. 육아 휴직의 기간은 1년 이내로 하며, 1회에 1년간 사용하든지 총 사용 기간 1년 이내에서 1회에 한하여 분할 사용할 수 있다. 육아 휴직 기간은 근속기간에 포함한다.

사용자는 육아 휴직을 이유로 해고나 그 밖의 불리한 처우를 하지 않아야 하며 육아 휴직 기간에는 그 근로자를 해고하지 못한다. 다만, 사업을 계속할 수 없는 경우에는 그러하지 아니한다. 사용자는 육아 휴직을 마친 후에는 휴직 전과 같은 업무 또는 같은 수준의 임금을 지급하는 직무에 복귀시켜야 한다.

연차 유급휴가의 개근 여부 계산에 있어 육아 휴직 기간은 소정근로일수 계산에서 포함되기 때문에 육아 휴직 기간에 대해서 연차 유급휴가가 발생한다. 기간제 근로자 또는 파견 근로자의 육아 휴직은 사용기간 또는 근로자파견 기간에 산입하지 아니한다.

2. 육아기 근로시간 단축

①사용자는 육아 휴직을 신청할 수 있는 근로자가 육아 휴직 대신 육아기 근로시간 단축을 신청하는 경우에 이를 허용하여야 한다. 다만, 대체인력 채용이 불가능한 경우, 정상적인 사업 운영에 중대한 지장을 초래하는 경우 등의 경우에는 그러하지 아니하다.

사업주가 육아기 근로시간 단축을 허용하지 아니할 때는 해당 근로자에게 그 사유를 서면으로 통보하고 육아 휴직을 사용하게 하거나 그 밖의 조치를 통하여 지원할 수 있는지를 해당 근로자와 협의하여야 한다.

고용보험으로부터 근로자가 받는 육아기 근로시간 단축급여는 정상적인 육아 휴직 급여를 기준으로 단축한 근로시간에 비례한 금액으로 한다. 사업주는 육아기 근로시간 단축을 하는 근로자에 대하여 근로시간에 비례하여 적용하는 때 외에는 육아기 근로시간 단축을 이유로 그 근로 조건을 불리하게 하여서는 아니 된다(남녀고용평등법 제19조의 2, 고용보험법 제73조).

②육아기 근로시간 단축 기간은 2년 이내로 한다.

사용자가 해당 근로자에게 육아기 근로시간 단축을 허용하는 경우 단축 후 근로시간은 주당 15시간 이상이어야 하고 35시간을 넘어서는 아니 된다. 사용자는 육아기 근로시간 단축을 이유로 해당 근로자에게 해고나 그 밖의 불리한 처우를 하여서는 아니 된다. 사용자는 근로자의 육아기 근로시간 단축 기간이 끝난 후에 그 근로자를 육아기 근로시간 단축 전과 같은 업무 또는 같은 수준의 임금을 지급하는 직무에 복귀시켜야 한다.

06

근로감독관의 근로감독, 지적사항과 사업주의 대응조치 사례

근로감독관은 근로 기준을 제대로 준수하는지 확인하기 위하여 사업장을 방문하여 점검할 수 있고, 장부와 서류를 제출을 요구할 수 있으며 사용자와 근로자를 심문할 수 있다. 그리고 사용자 또는 근로자는 근로기준법 시행에 관하여 근로감독관의 요구가 있으면 바로 필요한 사항에 관해 보고하거나 출석하여야 한다.

근로감독관은 2019년 10월 17일 서울에 있는 T 회사에 사업장 방문 점검을 한다고 통보한 후, 실제로 2019년 10월 20일 사업장을 방문하여 근로 기준 준수 여부를 점검하였다. 근로감독관은 회사의 취업규칙과 급여 대장 등의 서류를 점검하면서, 연장근로 수당 및 연차휴가 미사용 수당 미지급, 퇴직금 평균임금 산정 오류, 취업규칙 일부 수정 사항, 노사협의회 규정 미비 및 성희롱 예방 교육 미실행 등의 사항을 지적하였다. 근로감독관은 2019년 11월 7일 시정 지시서를 회사에 발송하여 근로 기준 위반 사항에 관해 시정을 요구하였다.

회사는 근로감독의 시정 지시를 이행하기 위해 외부 전문가인 공인노무사에게 이 지적사항에 대한 보완을 의뢰하였다. 이에 이 사건을 담당한 노무사는 IT 업종의 특징과 파견 근로자들의 속성을 가지고 연장근로 수당 등을 재산정하였다. 시정 기간 내에 미비한 취업규칙, 노사협의회 규정 등을 보완하였고, 퇴직자에 대한 잘못 산정한 평균임금을 제대로 산정하여 그 차액을 지급하였다.

그리고 사용명세가 불명확한 연차휴가나 연장근로 수당에 대해서는 근로자의 확인서를 받아 대체하였다. 근로감독관이 시정 지시한 내용에 따라 계산한 결과 미지급 임금은 약 6,000만 원이었다. 그러나 근로자들의 실질 휴가 사용 및 연장근로 명세 확인을 통해서 미지급임금을 재조정했고, 근로감독관과 함께 최종적으로 미지급한 임금을 200만 원이라는 데에 대해 결론을 내렸다. 이에 사용자는 확정된 미지급임금을 해당 근로자에게 지급함으로써 근로감독관의 지적 내용을 바로잡을 수 있었다.

관련한 근로감독관 시정 지시 내용과 회사의 조치 상황에 대해 구체적으로 살펴본다.

회사의 근로 기준 위반 내용

근로감독관은 2019년 10월 20일 T 회사를 방문하여 근로 기준에 대해 점검한 결과 연차휴가 수당 미지급, 연장근로 수당 계산 오류, 평균임금산정 오류 등을 지적하였다. 2019년 11월 7일 에 근로감독관은 아래의 7가지 사항에 대해 시정 지시를 내렸다.

"2019년 10월 20일 실시한 근로 조건에 관한 근로감독 결과 지적된 근로기준법 위반사항에 대하여 위와 같이 시정 지시하니, 이 시정 지시서를 근로자가 잘 볼 수 있는 장소에 게시하고, 시정 결과와 게시 사실에 대한 증빙자료를 첨부하여 2019년 11월 25일까지 보고하시기 바랍니다."

〈회사의 업무형태와 사업주의 조치사항〉

위반 법 조항	시정 지시 내용
1. 근로기준법 제17조	근로 계약서상 근로기준법 제60조에 따른 연차 유급휴가 부여 사항을 추가로 기재하여 그 사본을 제출하시기 바랍니다.
2. 근로기준법 제56조	김○○ 등 30명에 대한 연장근로 수당 차액분을 지급하고 그 결과를 제출하여 주시기 바랍니다.6,845
3. 근로기준법 제36조	퇴직자 이○○ 등 9명에 대한 평균임금 산정 착오에 따른 퇴직금 차액을 지급하고 그 결과를 제출하시기 바랍니다.
4. 근로기준법 제60조	박○○ 등 28명에 대한 2018년도 연차휴가 미사용에 대한 수당을 지급하고 그 결과를 제출하시기 바랍니다.
5. 근로기준법 제94조	취업규칙 중 임산부 보호 조항에 대하여 근로기준법 제74조에 따른 임산부 보호 규정에 맞게 변경하여 취업규칙을 변경 신고 하시기 바랍니다.
6. 근로자 참여 및 협력 증진에 관한 법률 제4조	노사협의회를 설치하고 그 협의회 규정을 신고하시기 바랍니다.
7. 남녀 고용평등법 제13조	2019년도 직장 내 성희롱 예방 교육을 시행하고 그 결과를 제출하시기 바랍니다.

①근로기준법 제17조 (연차휴가 부여 내용 누락)

회사는 근로 계약서에 연차휴가 사용에 관한 내용을 추가하여 재작성하였고, 그 한 부를 시정내용에 제출하였다.

②근로기준법 제56조 (연장근로 수당 및 휴일근무수당 재정산)

T 회사는 소정 근로시간이 1일 8시간과 1주 40시간으로 정하고 있으며, 매일 2시간씩 고정 연장근로 수당을 지급하고 있다. 문제는 기본연봉에 포함하지 않은 토요 휴무나 주휴일근로에 대해 근로자가 근로한 날짜와 시간을 적어내면 1일 6만 원으로 연장근로 수당을 지급하였다는 점이다.

연장근로가 외부업체에서 이루어지는 것이므로, 사업주는 근로자가 적어낸 근로한 날짜와 시간은 전적으로 근로자들의 신청서에 따라 정액으로 지급하였는데, 이와 관련하여 연장근로시간에 대한 근로기준법상의 계산을 요구받았다.

T 회사는 외부업체에서 근무하는 직원들에게 연장근로 명세에 대해 자필로 받아 실제로 근무한 것에 대해 재산정하였다. T 회사가 외부업체에서 근무하고 있는 개발자들의 토요 휴무 또는 일요일 근무를 확인할 구체적인 방법이 없으므로, 해당 근로자들이 실제 근로를 하였는지에 대한 확인서를 작성하고 실제로 근로한 자들에 대해서는 법정 산정한 연장근로 수당에서 이미 지급하였던 연장근로 수당(1일 6만 원)을 제외한 나머지를 지급하였다.

③근로기준법 제36조 (평균임금 산정 착오로 인한 퇴직금 차액)

급여 담당자가 퇴직금 계산을 위한 임금 산정 시 기본급과 보너스만으로 하였고, 연장근로 수당과 각종 수당을 빠뜨렸다. 이로 인하여 퇴직금 계산에서 착오로 발생한, 미지급된 퇴직금을 모두 지급하였다. (약 60만 원)

④근로기준법 제60조 (미사용 연차휴가 수당으로 미지급)

외주업체에 파견한 팀원들의 리더가 재량으로 휴가를 결정하며, 보통 프로젝트를 하는 중간에 휴식이 필요하거나 프로젝트가 끝나는 경우 개발자들에게 10일 이상의 휴가를 부여한다. 팀 대표는 회사에 구두 보고 승인을 득하여 사용하였다. 이 때문에 휴가 사용 시, 휴가신청서를 제출하지 않아 휴가 일수 추적이 불가능했다.

이 미사용 연차 휴가 수당의 미지급 문제는 휴가 기록 등 관리가 철저하지 않아 발생한 것이므로, 실제 근로자들이 지난해에 사용하였던 연차휴가 일수를 서면으로 작성하게 하여 실제로 미사용 휴가 잔여 일수에 대해서만 수당으로 지급하였다. 이 부분에 있어 수당 지급 명세와 근로자들이 자필로 작성한 휴가 사용자 확인서를 제출하였다.

⑤근로기준법 제94조(임산부 보호 규정법 변경 내용 누락)

취업규칙에 임산부의 조산, 사산휴가 내용이 빠지어 이를 추가하여 취업규칙을 보완하였고, 근로자들의 과반수 의견을 첨부하여 관할 노동사무소에 신고하였다. 그리고 그 결과를 시정보고서에 첨부하였다.

⑥근로자 참여 및 협력 증진에 관한 법률 제4조 (노사협의회 규정 미신고)

상시 근로자 30인 이상을 사용하는 사용자는 노사협의회를 설립하고, 그 노사협의회 규정을 신고해야 하나, 회사에서는 아직 노사협의회를 설치하지 않았다. 이에 회사는 노사협의회를 구성하고 관련 규정을 작성하여 노동부에 신고하였다.

⑦남녀고용평등법 제13조 (성희롱 예방 교육 미시행)

직장 내 성희롱 예방 교육은 10인 이상 근로자를 사용하는 사업장은 의무적으로 1년 1회 이상 실시해야 한다. 이에 IT 회사는 노동부에서 제공한 성희롱 예방 교육 CD를 활용하여 교육을 시행하였고, 교육 참가자들의 서명이 적힌 교육일지를 시정보고에 첨부하였다.

PART 3

근로 계약

01

수습 근로자 해고 사례와 시사점

실무상 서면 해고통지 없이 수습 평가만으로 근로관계의 종료를 통지하는 경우가 많이 있다. 하지만, 이는 근로기준법 제27조에 명시한 해고의 서면통지 의무를 위반하여 부당해고가 된다.

2020년 3월 가구 도매업을 하는 X 회사(이하 '회사'라 한다)로부터 해고에 대한 문의가 들어왔다. 회사는 번역 업무를 담당할 Y근로자(이하 '근로자'라 한다)를 채용하여 번역 업무를 맡겼으나, 근로자가 업무를 제대로 수행하지 못하여 3개월 수습 기간을 마치는 시점에서 근로 계약을 종결한 사건이었다.

근로 계약의 해지를 통보하는 자리에서 회사는 근로자에게 '서면 해고 통지'를 하지 않았다. 다만, 수습평가서에 해고에 대한 근로자의 확인 서명만을 받았다. 그 후, 2개월이 지나면서 근로자는 서울지방노동위원회에 부당해고구제신청하였다. 근로자 자신은 엄격한 면접 과정을 통해 입사 했고, 수습 기간 성실하게 근무하였기 때문에 회사의 일방적인 근로 계약 종결은 부당해고라 주장하였다. 반면, 회사는 근로자의 번역 능력이 수준에 현저하게 미치지 못하였기 때문에 수습 평가를 통해 근로 계약을 종결하였다고 주장하였다.

이번 사건의 주요 쟁점은 ①수습 기간에, 근로 계약을 종결하면서 서면 해고통지를 하지 않은 것이 타당한지 아닌지, ②수습평가서에 받은 근로자의 확인 서명을 합의 퇴직으로 볼 수 있는지였다. 만약 이 확인 서명이 합의 퇴직으로 볼 수 없다면 해고 절차 위반으로 부당해고에 해당한다.

1. 근로자의 주장

근로자는 헤드 헌트를 통해 모집 공고를 보고 지원한 후, 3차례 면접과 3시간 동안 번역시험을 통하여 2020년 10월 초 최종 합격통보를 받았다. 2020년 10월 16일 회사는 이 근로자를 번역팀의 번역 담당으로 채용했다.

근로자는 입사한 후, 한 차례도 결근 및 지각을 한 바 없으며 다른 사람에게 모범을 보이며 맡은 업무를 수행했다. 근로자는 공인어학 성적(토플 104점, 토익 980점)과 미국의 명문대학원 석사학위를 취득하는 등

경력을 가졌으며, 번역업무도 방송 3개사 통/번역을 맡아 수행할 정도로 실력을 인정받았다.

근로자는 회사의 근로관계를 종료하는 것에 대하여 동의한 적이 없다. 회사가 수습 기간의 종료를 통보하였으나, 근로자는 수습 기간이라도 해고의 사유, 양정 및 절차에 있어 정당성이 없었으므로 부당해고라고 주장한다.

2. 회사의 주장

회사는 근로자의 번역 실력이 현저히 부족하고, 번역한 결과물이 기대 수준에 맞지 않아 수습 기간 종료에 따른 본채용을 거부하였다. 이는 사회 통념상 타당한 이유가 있으므로 사용자에게 '유보된 해약권'을 남용한 것이라 할 수 없다. 이와 별도로 근로자는 이를 인정하고, 근로관계를 종료하는 내용이 담긴 수습평가서에 자필로 서명하였기 때문에 근로 계약을 합의로 해지했다고 할 수 있다.

근로자는 2020년 10월 16일 입사한 후, 영문 자료를 한글로 번역하는 일을 담당하였으나, 번역물의 완성도가 떨어지고, 번역시간은 두 배나 더 걸렸다. 근로자의 번역에 오역이 많고 원문과 다른 의역, 맞춤법에 틀리는 경우가 많아서 번역 팀장이 재번역해야 하는 경우가 많이 발생했다.

2020년 12월 4일 번역 팀장은 근로자에 대한 중간 평가를 ①업무 지식, ②업무 품질, ③동료 근로자와 협력, ④의사소통의 4개 분야를 평가하였고, 동료 근로자와 협력 부분을 제외한 3개 부분에서 가장 낮은 점수(상당한 노력이 필요함)를 받았다. 이 평가서에 근로자도 확인 서명하였다.

2020월 1월 9일 번역 팀장은 수습 평가의 결과 및 근로관계의 종료 의사를 전달하기 위하여 이 근로자와 면담하였다. 수습평가서는 4개 분야에 대한 평가항목이 있고, 평가지의 뒷면에는 "①정식 근로자로 채용할 것을 확인한다, ②수습 기간을 연장한다, ③근로 계약을 종료한다."라고 기재되어 있다.

번역 팀장은 근로자에게 앞장의 평가 항목에 모두 불충분하다고 표시한 수습평가서를 설명하였고, 근로자는 수습평가서 뒷면에 표기한 "근로 계약을 종료한다."에 선택 표시를 하였고, 그 내용을 확인한 후 서명하였다. 이후 면담 자리에서 인사 팀장이 참여하자, 근로자는 "번역 업무보다는 마케팅 업무가 적성에 맞는 것 같다."라고 하였다.

이에 인사 팀장은 차후 회사에서 마케팅 업무에 채용 공고가 나가면 지원해 달라고 요청하면서 명함을 주었다. 이러한 최종 수습 평가시 면담 결과를 볼 때, 근로자는 근로 계약을 종결한다는 수습평가서 내용에 관하여 확인/서명하고, 또한 본인은 번역 업무보다는 마케팅 업무에 적성이 맞는다고 답변할 만큼 수습 평가의 결과를 수용한 합의 퇴직이었다.

3. 사건의 결과와 시사점

2020년 5월 9일 서울노동위원회는 이번 부당해고구제신청 사건에 대하여 근로자는 번역이라는 특수한 업무를 수행할 능력이 부족한 것이 사실이고, 수습 평가서의 결과에 적극적인 거부 없이 서명한 점을 볼 때, 이는 직접적 합의 퇴직은 아니지만, 수습 평가 결과를 수용한 간접적 합의 퇴직으로 볼 수 있다는 결론을 내리고, 기각하였다.

실무상 서면 해고 통지 없이 수습 평가만으로 근로관계 종료를 통지하는 경우가 많이 있다. 하지만, 이는 근로기준법에 제27조에 명시된 해고의 서면통지 의무를 위반하게 되어 부당해고가 된다. 이번 수습기간에 부당해고구제신청 사건도 사용자가 수습 평가를 통해 근로 관계 종료를 통보하면서 서면 해고 통보를 하지 않았다.

하지만, 사용자가 다행히도 수습 평가 시에 근로자에 대해 근로관계 종료 사유에 대해 정확하게 인지시키면서 수습 근로자로부터 확인/서명을 받아 두었다. 결국, 이 사건에 대하여 노동위원회는 수습 근로자에 대한 해고가 아닌 합의 종결이었다고 판정하였다.

만약 이 사건이 부당해고로 인정받았다면, 회사는 금전적, 업무적으로 엄청난 손해를 감수하여야 했을 것이다. 이에 이러한 실수를 하지 않도록 회사의 인사 담당자들은 수습 기간 중의 근로관계 종료도 근로기준법상 정당한 이유와 함께 해고의 서면 통지 절차 등 절차를 준수해야 함을 명심할 필요가 있다.

02

비정규직, 보호법이란 무엇인가?

우리나라의 비정규직 문제는 1998년 IMF 경제위기를 겪으면서 근로기준법의 '정리해고' 규정과 '근로자 파견법'을 도입하면서 시작되었다. 기업들은 인건비를 절감하려는 차원에서 인력 확보와 방출의 유연성을 가진 비정규직 근로자의 사용을 합법적으로 확대하였다. 이러한 비정규직 확산이 사회적 양극화 현상을 심화하는 등 심각한 사회문제로 대두하면서 2007년 7월부터 비정규직 근로자를 보호하고, 정규직 고용을 촉진하기 위해 비정규직 보호법을 시행했다.

비정규직법은 "기간제 및 단시간 근로자 보호 등에 관한 법률"(이하

'기간제법')과 "파견근로자보호 등에 관한 법률"(이하 '파견법')을 '비정규직보호법'으로 통칭하고 있다. 이 법의 핵심 내용은 비정규직 사용을 2년으로 제한하였고, 그 사용 기간에도 동일업무를 하는 정규직과 차별을 없애는 것이었다.

그러면 비정규직법의 보호 대상인 2년의 사용 기간 제한과 예외, 그리고 비정규직 차별 내용과 예외에 관한 내용에 관해 구체적으로 살펴보고자 한다.

1. 비정규직 사용 기간 제한

근로 계약에 있어 사용 기간을 가지고 분류할 때 세 가지로 분류할 수 있다. 즉, ①기간 정함이 없는 계약, ②사업 완료에 필요한 기간을 정한 계약, ③2년 이내 단기간 근로 계약이다.

비정규직 보호법을 시행한 2007년 7월 1일 이후부터 기간 정함이 없는 근로 계약을 제외하고, 그 계약 기간을 2년 이내로 근로 계약을 갱신 반복하여 2년을 초과할 때는 기간 정함이 없는 근로 계약으로 전환하는 것이다. 따라서 사용자는 2년을 초과하는 시점에서 정규직으로 전환하든지 아니면 근로관계를 해지해야 한다.

그러나 기간제 근로자의 사용 기간이 강행규정임에도 불구하고 사업의 특성, 업무의 특성, 다른 법과의 관계, 입법 정책 고려에 따라 사용 기간에 대한 예외를 설정하였다.

기간제법은 "사용자는 2년을 초과하지 아니하는 범위 안에서 기간제 근로를 사용할 수 있다."라고 규정하고 있다. 따라서 사용자는 2년을 초과하여 기간제 근로자를 사용할 수 없고, 2년을 초과할 시에는 정규직으로 고용한 것으로 간주한다. 즉 사용자는 근로자와 근로 계약 기간이 2년을 초과하는 만료 시에 그 근로자를 정규직이나 무기계약직으로 간주하여 해고할 수 없다.

다만, 다음의 경우에는 2년을 초과하여 사용할 수 있다.

첫째, 사업의 완료 또는 특정한 업무의 완성에 필요한 기간을 정한 경우이다. 건설공사 등의 일정한 시간이 걸리는 유기사업이라는 것이 객관적으로 명백하면, 비록 근로 계약 기간이 2년을 넘더라도 그 사업이 끝나는 때까지 기간을 정하여 근로 계약을 체결한다.

둘째, 고령자와 근로 계약을 체결하는 경우, 만 55세 이상자를 채용한 경우에는 고령자 고용을 촉진하기 위한 관련법에서 예외규정을 두고 있다.

셋째, 전문적 지식·기술의 활용이 필요한 경우이다. 박사학위 소지자, 기술사 소지자, 국가에서 발행하는 25개의 전문직 자격사의 경우, 일반적으로 해당 분야의 전문 지식과 기술을 갖춘 전문가로서 인식하고, 그 전문가 집단 소속의 특성을 고려한 것이라 볼 수 있다. 기술사는 「국가기술자격법」에 따른 기술사 자격을 소지한 경우를 말하고, 전문자격사는 관련 법에 따라 국가에서 인정하는 25개 분야에서 자격을 갖춘 자를 말한다. 그 외에 다른 법령에 정해져 있는 경우 등에서 예외를 두고 있다.

2. 비정규직 차별 시정과 예외

차별 시정제도는 사용자가 비정규직 근로자(기간제, 단시간, 파견 근로자)를 비교 대상 근로자(무기계약근로자, 통상근로자, 직접고용근로자)보다 임금 그 밖의 근로 조건 등에 있어서 합리적인 이유 없이 불리하게 처우하는 것을 금지하는 제도이다. 비정규직 근로자에 대한 차별적 처우에 대해서는 노동위원회를 통해 시정 절차를 마련하고 있다.

비정규직 근로자에 대한 차별 금지제도는 비정규직 근로자의 모든 근로 조건을 정규직 근로자의 근로 조건과 같게 대우하라는 것은 아니며, 합리적 이유 없이 불리하게 처우하는 것을 금지하는 것이다. 즉, 생산성, 숙련도 차이 등 합리적 이유가 있는 경우에는 비정규직 근로자에 대하여 차등 대우하는 것이 허용한다.

기간제 근로자, 단시간 근로자 및 파견 근로자가 차별적 처우를 받으면 동 차별적 처우가 있은 날(계속되는 차별적 처우는 그 종료일)부터 6월 이내에 노동위원회에 시정을 신청할 수 있다.

노동위원회는 차별 시정의 신청을 받으면 당사자의 주장을 확인한 후, 60일 이내에 심문 회의를 열어서 차별 여부를 판정한다. 노동위원회는 차별이 있었다고 인정하는 경우에는 차별에 대한 시정 명령을 내리고, 차별이 없다고 인정하는 경우에는 기각 판정을 한다. 차별적 처우를 한 경우 차별 행위 그 자체에 대해서는 벌칙이 부과되지 않는다.

그러나 차별적 처우로 판정한 노동위원회의 시정 명령을 확정한 후에 사용자가 정당한 이유 없이 이행하지 않을 때, 노동부 장관이 사용자에게 1억 원 이하의 과태료를 부과한다.

비정규직보호 법령이 시행한 이후 차별 시정에 엄격하게 적용하고 있지만, 사용 기간 제한의 예외에 대해서 그 범위와 대상을 점차 확대하고 있다. 근로 소득 상위 25% 근로자 제외, 학교의 임시직 교사나 대학교의 교원에 대한 특례 적용, 다른 법에 기재된 사용 기간에 대한 제외 등을 통해 점차 예외를 확대하므로 비정규직보호 대상자를 점차 축소하고 있다.

비정규직 보호법에서 2년의 사용제한 기간을 둔 것은 그 특정 보직에 기간제 근로자를 사용하는 경우 2년이 지나간 후에도 필요한 경우 정규직으로 고용을 유도하기 위해서였다. 그런데 기간제 사용 기간의 제한에 대한 예외가 점차 확대한다면 비정규직보호법의 도입 취지를 달성할 수 없을 뿐만 아니라 비정규직보호법으로 역할을 할 수 없을 것이다.

따라서 비정규직보호라는 취지를 변경하지 않는 상태에서 각 사업의 특수성과 직업의 특성을 고려하여 최소한 예외를 인정하는 선에서 기간제 근로자 사용 기간 제한에 대한 예외를 인정하여야 할 것이다.

03

기간제 근로자, 갱신 기대권

우리나라의 비정규직 문제는 1997년도 IMF의 금융 위기를 극복하고자 정리해고법과 파견근로법의 도입으로 무분별하게 비정규직 근로자를 사용하면서 발생했다. 기간제 비정규직 근로자 사용을 제한하고 될 수 있는 대로 정규직 사용을 유도하기 위하여 비정규직 보호법인 『기간제 및 단시간 근로자 보호 등에 관한 법률』(이하 "기간제법")을 제정했다.

비정규직보호를 위하여 2007년부터 시행된 기간제법은 기간제 근로자를 최대 2년 동안 사용할 수 있고, 이 기간을 초과할 경우 무기계약직으로 간주하도록 하고 있다(법 제4조). 이 규정은 기간제 근로자의 사용을 제한하고, 기간제 계약직원 법은 반복 갱신하여 2년 이상 근무할 경우, 정규직으로 전환하여 고용불안을 해소하기 위함이었다.

기간제법 제4조에는 분명히 2년 이내에서 기간제 근로자를 사용할 수 있다고 규정하고, 2년 제한 규정의 예외 대상을 별도로 정하고 있다. 갱신 기대권은 기간제 근로 계약에 갱신 조건을 가진 근로 계약 등이 있거나, 기간제 근로자에게 갱신할 수 있다는 확신을 하게 한 경우에는 기간제 2년 사용 제한의 예외 대상인 전문직종 근로자나 고령자의 경우에는 모두 인정하고 있다.

갱신 기대권은 기간제법에는 명시되어 있지 않으나, 판례에서 일관적으로 인정해온 권리로 기간제법 제4조 부속 조항과 같은 역할을 하고 있다. '갱신 기대권'이란 기간제 근로 계약을 체결하였으나 근로자에게 계약 갱신에 대한 정당한 기대권을 인정하는 경우, 사용자가 '합리적 이유' 없이 계약 갱신을 거절한다면 부당해고와 같이 아무런 효력이 없고, 이 경우 기간 만료 후 근로관계는 종전의 근로 계약을 갱신한 것과 같다는 판례 법리이다.

사례 1 계약 갱신 거절에 합리적 사유가 없어 부당해고.

근로자 A는 2년을 기간으로 한 근로 계약을 체결했다. A가 회사와 합의한 근로 계약에 따르면, 근로 계약 만료 1개월 전에 재계약할 수 있다는 내용을 포함하고 있다.

근로 계약 만료 1개월 전 회사는 A에게 근로 계약 만료일 근로관계를 종료한다고 통보했다. 회사는 근로 계약 해지 사유로 '인사 평가 결과가 좋지 않다'라고 A에게 통보했다. 그러나 당시 회사의 인사 평가 기준은 모호했고 객관성도 떨어졌다.

사례 2 2년 예외 업종에 종사하는 전문직

이 사건 원고(사내 변호사)의 경우 근로 계약 기간을 정하지 않는 것은 아니나, 원고가 5년간 4회에 걸쳐 근로 계약을 갱신하면서 근무하였고, 방송국 운영을 위하여 상시 지속하여 필요한 업무를 담당하였으며, 그동안 사내 변호사들이 스스로 계속 근무를 희망하는 한 근로 계약을 갱신했다는 등의 사정이 있다면 원고는 근로 계약 갱신에 대한 합리적 기대권을 가진다.

사례 3 2년 후 갱신을 거절한 계약 갱신

현대자동차는 기간제 근로자를 채용하면서 짧게는 2주에서 많게는 6개월 단위로 14회에 걸쳐 근로 계약을 반복하여 사용하다가 2년을 채우는 시점에서 계약 만료를 통보하고 2015년 1월31일에 계약 갱신을 하지 않았다. 이에 대해 법원은 기존의 다른 기간제 근로자를 정규직으로 변경한 전례가 없었고, 업무가 상시적 계속 필요하지만, 정규직 근로자의 업무 공백을 메우기 위한 한시적 업무로 판단하여 갱신 기대권을 인정하지 않았다.

기간제 근로 계약의 갱신에 대한 조건을 제시한 근로 계약의 문구 등이 있거나, 갱신할 수 있다는 신뢰 관계를 형성하는 경우, 상시 지속적 업무의 경우에는 기간제 근로 계약을 체결하였다고 하더라도 갱신 기대권을 인정한다.

특히, 기간제법의 예외 대상인 전문직 근로자, 정년 이후의 근로자 등도 갱신 기대권이 성립할 수 있으므로, 상시 지속하는 업무는 될 수 있으면 정규직으로 활용하고, 일시적인 업무나 갱신 기대권이 성립하지 않는 업무만 기간제 근로자를 고용하여야 할 것이다

04

아르바이트(단시간 근로자), 근로 조건

2014년 스웨덴 가구업체 A 회사는 한국에 진출했을 당시 현장직원 대부분을 1일 4시간의 정규직 단시간 근로자로 모집하면서 우리나라에 큰 충격을 주었는데, 이유는 이들을 사용하면서 더 나은 생산성을 유지할 수 있었기 때문이다.

그동안 우리나라는 단시간 근로자를 정규직 근로자로 사용하는 경우가 아주 드물며 주로 서비스업종의 영세한 사업체에서만 아르바이트, 임시직 또는 저임금의 근로자로 사용하고 있었다.

우리나라 전체 근로자 중 단시간 근로자 비율은 2014년 기준 0.8%지만, 네덜란드는 37.2%, 영국은 24.9%, 독일 22.1%이며, 일본도 27%였다. 시간제 근로자는 통상근로자보다 1주 근로시간이 짧다는 사실과 그 짧은 근로시간만큼 근로 조건이 비례적용 한다는 점에서 차이가 없다.

사실상 단시간 근로자에 대한 근로 조건만 제대로 지켜진다면 정규직 근로자의 일자리도 단시간 근로로 나눠 일을 공유하면, 더 많은 고용을 창출하면서 더 큰 생산성을 기대할 수 있다. 특히 경력을 단절한 여성 인력과 고령자를 노동 시장으로 끌어들일 수 있을 것이다.

단시간 근로자의 근로 조건은 사업장에서 같은 종류의 업무에 종사하는 통상 근로자의 근로시간을 기준으로 산정한 비율에 따라 결정한다(근로기준법 제18조). 즉, 단시간 근로자도 근로기준법상 제 규정을 모두 적용받지만, 법정 휴일이나 휴가에서 통상 근로자 근로시간 비례 원칙을 적용한다.

1. 근로 계약

단시간 근로자의 근로 계약은 서면으로 작성하고 내줘야 한다. 이를 위반하는 경우에는 과태료 500만 원을 부과한다. 근로 계약에 반드시 포함해야 하는 사항은 ①근로 계약 기간에 관한 사항, ②근로시간·휴게에 관한 사항, ③임금의 구성 항목·계산 방법 및 지급 방법에 관한 사항, ④휴일·휴가에 관한 사항, ⑤취업의 장소와 종사하여야 할 업무에 관한 사항, ⑥근로 일 및 근로 일별 근로시간이다. 근로 계약 작성 의무를 엄격하게 구속하는 이유는 장차 근로기준법 위반 분쟁을 예방하기 위함이다.

2. 임금

단시간 근로자의 임금은 ①시간급을 원칙으로 하며, 시간급 임금을 일급 통상임금으로 산정할 때는 1일 소정 근로시간 수에 시간급 임금을 곱하여 산정한다. ②임금은 통화로 직접 근로자에게 그 전액을 지급하여야 하고, 매월 1회 이상 일정한 날짜를 정하여 지급하여야 한다. ③단시간 근로자의 계속근로연수 1년에 대해 30일분 이상의 평균 임금을 퇴직금으로 지급해야 한다. ④최저임금법에 따른 최저 임금 이상을 지급해야 한다.

3. 근로시간

사용자는 단시간 근로자에 대하여 약속된 근로시간(소정 근로시간)을 초과하여 근로할 때는 당해 근로자의 동의를 얻어야 하며, 이 경우에도 1주 소정 근로시간에 12시간을 초과하여 근로하게 할 수 없다. 그 약정된 일일 시간을 초과할 때는 초과근로에 대한 통상임금의 100분의 50 이상을 가산하여 지급하여야 한다. 단, 시간 근로자가 오후 10시부터 다음 날 오전 6시 사이 야간근로 할 때는 100분의 50을 가산한 임금을 지급해야 한다. 다만, 연장근로와 야간수당에 대한 가산임금은 5인 이상 사업장에 적용한다.

4. 휴일과 연차유급휴가

단시간 근로자의 휴일과 연차유급휴가는 통상 근로자의 근로시간 비례 원칙에 따라 같이 적용한다. 사용자는 단시간 근로자임을 이유로 당해 사업 또는 사업장에서 동종 또는 유사한 업무에 종사하는 기간을 정하지 않는 근로 계약을 체결한 근로자에 비하여 차별적 처우를 하지 않아야 한다.

취업규칙과 근로 계약에 따라 각종 수당 등을 지급하여야 하고, 통상 근로자와 차별하여서는 아니 된다. 차별적 처우의 대상은 ①임금, ②정기 상여금, 명절 상여금 등 정기적으로 지급하는 상여금, ③경영성과에 따른 성과급, ④그 밖의 근로 조건 및 복리후생 등에 관한 사항이다.

차별에 대한 구제신청은 노동위원회를 통하여 할 수 있으며, 차별적 처우가 있은 날로부터 6개월 이내에 제기하여야 한다. 다만, 4주 동안(4주 미만으로 근로하는 경우에는 그 기간)을 평균하여 1주 동안의 소정 근로시간이 15시간 미만인 근로자에 대하여 ①주휴일(제55조), ②연차유급휴가(제60조), ③월차유급휴가(제60조), ④퇴직금(제34조), ⑤ 4대 보험 중 산재보험을 제외한 고용보험, 국민연금, 국민건강보험을 적용하지 않는다.

단시간 근로자의 근로 조건이 상대적으로 열악한 이유는 차별적 처우에 대한 당해 사업장에 종사하는 동종근로자를 찾기가 어렵기 때문이다. 단시간 근로자의 차별적 처우로부터 보호하기 위해 비교 대상 근로자에 대한 확대가 필요하다. 이와 함께, 5인 미만 사업장의 경우에 차별적 처우 자체를 적용하지 않고 있고, 연장근로, 야간근로, 휴일근로를 적용하지 않기 때문에 노동법의 보호 사각지대라 할 수 있다.

05

불법 파견, 판단 기준과 사례

파견 근로자를 사용하는 것은 기업체에서 고용의 유연화와 인건비 절감 차원에서 큰 도움이 되기 때문이다. 그러나 이러한 파견 근로자는 제한된 업종만, 2년밖에 사용할 수 없어 기업체에서는 파견근로 형태로 계속 유지할 방법을 모색한다. 이에 파견과 같은 효과를 가지면서 지속적으로 사용할 수 있는 것이 사내 하도급을 시행한다.

사내 하도급은 업무의 독립성과 전문성을 요구한다. 그러나 우리나라의 많은 회사가 이러한 전문적인 업무에 대하여 외주를 주는 것이 아니라 인건비를 아낄 수 있는 단순 업무나 부족한 인력을 하도급이라는 형태로 활용하는 경우가 많다. 기업체가 하도급 근로자의 업무를 지휘·명령하면 이는 불법 파견으로 인정하여 직접고용 의무와 함께 처벌을 받게 된다(파견법 제6-2조).

최근 외국계 A자동차는 한국 자회사에 대해 불법 파견 개선 컨설팅을 진행하였다. 현 실태에 대한 진단과 함께 노동법, 판례, 고용노동부의 지침에 따라 불법 파견 개선 사항을 제시했다. 이 회사의 컨설팅을 진행하면서 놀라웠던 사실은 회사를 사람의 몸으로 비유할 때, 머리와 가슴만 직영으로 관리하고, 몸통과 수족은 하도급으로 진행하고 있었다.

이 회사의 차량 판매, 차량 배송, 차량부품 창고, 사내 전산 관리, 차량 품질 관리, 고객 관리 전화상담실, 사내 차량 관리, 사내 교육 등을 모두 하도급으로 관리하고 있었다. 그러나 이러한 하도급 활용은 엄격한 도급 관계를 유지해야만 가능하다. 도급의 특성인 독립성과 전문성을 유지해야 한다.

근로자파견은 파견업의 정식허가를 받은 업체가 근로자를 고용한 후, 실제로 근무하는 타 사업장의 다른 회사에 소속이 되어 그 회사의 업무지시를 받으며 일하고, 월급은 실제 고용한 파견을 보낸 회사가 지급하는 형태이다. 실제로 근로자를 파견 보낸 회사는 파견사업주, 근로자를 사용하는 회사는 사용 사업주라고 한다.

근로자파견은 노동법에 엄격히 보호하고 있으므로 ①파견업을 허가받은 업체만 파견할 수 있다. ②파견 업종도 32개로 엄격하게 제한하고 있다. ③파견 기간도 최대 2년으로 제한하고 있다. 따라서 고용노동부로부터 파견업 허가를 받지 않은 업체를 이용하거나 파견이 가능한 업종 32개에 해당하지 않거나, 그 파견 기간이 2년이 초과하면 불법 파견이다. 이 경우 사용사업주는 파견근로자를 직접 고용해야 할 의무가 있다.

고용의 유연화와 저렴한 인건비 차원에서 근로자파견이나 사내 하도급을 지속적으로 사용하고자 한다면, 관련 정당한 파견과 사내 하도급에 대한 원칙을 준수해야 한다. 정당한 근로자파견을 계속 사용하려고 하며, 파견사업 허가증이 있는 회사로부터 32개 업종만, 2년 단위로 고용해야 한다.

그리고 정당한 사내 하도급을 계속해서 사용하면, 사내 하도급 회사가 독립적인 회사의 형태를 갖춘 회사이어야 한다. 도급 회사가 전문적인 기술과 장비를 갖추고 있어 해당 업무를 독립적으로 수행할 능력이 있는 회사를 사용하여야 한다. 그리고 업무의 수행 과정에서 업무지시를 하면 되지 않고, 도급 회사의 현장 관리인에게 업무 협조를 요청하는 방식으로 업무를 수행하여야 지속적으로 사내 하도급으로 인정받을 수 있다.

06

고등학생(연소자) 아르바이트, 근로 조건

연소자는 성인으로 성장하는 과정에 있으므로 신체적 정신적으로 미숙하고, 의무 교육을 받아야 하므로 특별한 보호의 대상이다. 연소근로자는 24시간 편의점, 패스트푸드점, 생산 공장 등에서 단시간 근로자, 기간제 근로자, 현장 실습생 등으로 일하고 있다.

따라서 연소근로자의 근로 조건을 고려할 때, 연소자, 단시간 근로자, 기간제 근로자, 5인 미만 사업장의 근로 조건을 모두 염두에 두고 판단하여야 한다.

연소자도 일반 근로자와 마찬가지로 근로기준법의 모든 규정이 적용한다. 일반적으로 차별 금지, 강제 근로의 금지, 폭행의 금지, 근로 계약의 서면 작성, 부당 해고 제한 등에 적용한다. 다만, 5인 미만 사업장의 경우에는 해고 제한, 휴업수당, 가산임금, 연차유급수당 등은 적용하지 않는다.

사용자는 연소자에 대하여 그 나이를 증명하는 가족관계 기록사항에 관한 증명서와 부모의 동의서를 사업장에 갖추어 두어야 한다. 사용자는 연소자와 근로 계약 체결 시 필수 기재 사항에 대해 서면으로 작성하여 내주고, 근로 조건을 변경한 경우 변경한 근로 계약서를 내주어야 한다.

서면 명시내용은 다음과 같다.

①임금: 임금의 구성 항목, 계산 방법, 지급 방법.

②소정 근로시간: 연소자의 법정근로시간 내에서 정해야 한다 (1일 7시간, 1주 35시간 이내).

③주휴일: 1주 15시간 이상 근무한 경우에는 1주일에 평균 1일 이상의 유급 주휴일을 주어야 한다.

④유급휴가: 5인 이상의 사업장은 월차 유급휴가와 연차 유급휴가를 보장하여야 한다.

⑤ 취업의 장소와 종사하여야 할 업무: 임금을 직접, 통화로, 그 전액을 지급하여야 하고, 매월 1회 이상 일정한 기일을 정하여 지급하여야 한다. 그 지급액은 최저임금 이상을 지급해야 하고, 연소자가 퇴직하는 경우에는 14일 이내에 퇴직금을 지급하여야 한다. 다만, 퇴직금은 1주 15시간 이상인 경우에만 지급한다.

사용자의 귀책 사유로 연소자가 근로를 제공하지 못한 경우에는 평균 임금 70%의 휴업수당을 지급하여야 한다. 연소자의 근로시간은 1일에 7시간, 1주에 35시간을 초과하지 못한다. 다만, 당사자 사이의 합의에 따라 1일에 1시간, 1주에 5시간을 한도로 연장할 수 있다.

연소근로자가 근로할 수 있는 최장 시간은 주 40시간이다. 연소근로자가 소정 근로시간을 초과하여 근무한 경우에는 통상임금 100분의 50 이상을 가산한 연장근로 수당을 지급하여야 한다. 사용자는 연소근로자의 근로시간이 4시간인 경우 30분 이상, 8시간인 경우 1시간 이상의 휴식시간을 근로시간 중에 주어야 한다.

사용자는 연소근로자가 1년간 80% 이상 출근한 경우에 15일을 연차휴가를 주어야 한다. 사용자는 계속하여 근로한 기간이 1년 미만인 연소근로자 또는 1년간 80% 미만 출근한 연소근로자에게는 1개월 개근 시 1일의 유급휴가를 주어야 한다.

연소 근로자는 정신적, 신체적으로 성장 단계에 있고, 교육을 우선해야 하는 시기이므로 성인 근로자와는 달리 특별한 보호가 필요하다. 연소 근로자는 아직 성장 단계에 있고, 신체적으로나 정신적으로 약한 사람이기에 특별한 보호가 절실히 필요하다. 연소근로자의 특별 보호 요건은 모두 강행 규정으로 사업주가 이를 위반할 시 처벌의 대상이라는 사실을 명심하여야 할 것이다.

07

단순 기능 외국인 근로자(E9), 고용 방법

우리나라가 외국인 근로자를 사용하는 형태는 크게 2가지 분류한다. 하나는 기피 업종의 제조업, 건설업, 농업, 어업 등에서 이주 노동자(E-9 비자)를 사용하는 고용허가제이고, 다른 하나는 고용허가제를 적용하지 않는 전문직 업종(E1~E7 비자)에 고유한 기술을 가진 대학교수, 특정 분야의 전문가, 연구원, 영어 강사 등이 있다.

이런 외국인 근로자는 한국의 부족한 노동력을 보충할 뿐만 아니라 우리 산업 현장에 필요한 전문지식과 기술을 제공하고 있다. 우리나라는 중소기업의 인력난 해소를 목적으로 1993년부터 산업연수생 제도에 의한 외국인 노동자를 사용하였으나, 2004년 8월부터 『외국인근로자의 고용 등에 관한 법률』(이하 "외국인고용법")의 고용허가제로 대체했다.

고용허가제하에서 사용되는 외국인 근로자는 단순 기능 업무에 종사할 수 있는 비전문 취업 사증(E-9)과 재외동포의 방문 취업 사증(H-2)을 발급받아 취업 중인 자로 구분한다. 고용허가제는 국내의 고용 시장을 보호함과 동시에 노동력이 부족한 업종에 노동력을 안정적으로 공급하기 위해서 도입되었다. 이하에서는 외국인고용법에 따른 고용과, 이에 따른 노동법의 적용 및 주의 사항에 대해 살펴보고자 한다.

1. 고용허가제에 의한 고용

① 고용 대상 업종 및 규모

제조업

상시 근로자 300인 미만 또는 자본금 80억 이하의 제조업체이다. 다만, 이 조건을 상회할 때도 지방중소기업청의 "중소기업확인서"를 발급받은 제조업체는 외국인 근로자를 고용할 수 있다. 고용허용 인원은 기업의 규모에 따라 차이가 있으며, 기업의 국내 근로자 10~20% 내이다.

건설업

대부분 건설회사는 외국인의 고용허가제를 이용할 수 있다. 고용허용 인원은 연평균 공사금액이 15억 원 미만이면 5명이고, 15억 이상이면 공사금액 1억 원당 0.4명을 기준으로 계산한 인원을 허용한다.

서비스업

서비스업체는 특례고용허가제로 입국하는 동포취업자(H-2)를 고용할 수 있다. 5인 이하의 사업장은 내국인 근로자가 없더라도 2명까지 고용할 수 있으며, 6인 이상을 고용한 사업장은 국내 근로자의 30~40%에 해당하는 재외동포를 고용할 수 있다.

농축산업 및 어업

10인 이하의 농축산업체는 내국인 근로자가 없더라도 5인 이내에서 고용할 수 있으며, 그 이상의 규모는 대략 국내 근로자의 20% 이내로 외국인 고용이 가능하다. 어업의 경우 선원법 적용을 받지 않는 20t 미만의 어선과 양식어업만 사용 가능하며, 배(척) 당 내국인 어선원 40% 이내에서 고용할 수 있다.

② 고용허가제를 통한 고용방법

ⓐ고용허가서 발급

외국인 근로자를 고용하고자 하는 사용자는 우선 고용지원센터에 내국인 구인 신청을 하여야 하고, 고용지원센터는 구인을 위해 노력(구인기간: 3~7일)을 하였음에도 불구 적합한 인원을 충원하지 못한 사용자에게 고용허가서를 발급한다. 사용자는 고용안정센터에서 3배수로 추천한 외국인 구직자 명부를 받아 근로자를 선정한다. 사용자는 추천한 외국인 구직자 중에서 적격자를 선정하는 경우 해당 외국인 근로자에 대해 고용허가서를 발급한다. 고용허가서를 발급하기 전 심사에서 첫째, 신청기업이 고용대상인지 확인하고, 둘째, 내국인 구인 노력 여부를 확인한다. 셋째, 지난 2개월 이내에 고용조정이 없어야 하며 지난 5개월 동안 임금 체납이 없어야 한다.

ⓑ근로 계약 체결

사용자는 노동부의 표준근로 계약서로 외국인 구직자와 근로 계약을 체결한다. 표준 근로 계약에는 임금, 근로시간, 휴일, 근무 장소 등 근로 조건과 계약 기간 등이 명시한다. 근로 계약의 효력 발생 시기는 외국인 근로자의 입국 일이다. 그러므로 근로관계는 입국일로부터 유지하며, 입국일은 퇴직금 산정 등 기준 시점이다.

ⓒ필수 처리 업무

사용자는 채용한 외국인 근로자를 출입국관리사무소에 등록하여, 합법적 고용인으로 인정받는 절차인 비자발급을 신청한다. 즉 사용자는 외국인등록증(E-9 비자)를 발급받아 외국인 근로자를 입국시킨다. 국내에 입국한 외국인 근로자는 15일 이내에 취업 교육을 지정된 교육기관으로부터 받아야 한다. 이 취업교육 기간 교육기관은 법정 전염병 유무를 확인하기 위한 건강진단을 받아야 한다. 이 밖에도 사용자와 근로자는 필수보험에 가입해야 한다. 사용자는 퇴직금 보장을 위한 출국 만기보험과 임금 체납 방지를 위한 보증보험을 들어야 하며, 외국인 근로자는 귀향 항공료를 위한 귀국 비용보험과 상해보험을 의무적으로 가입해야 한다.

2. 특례고용허가제(외국 국적 동포 방문취업)

외국 국적 동포 특례취업은 건설업, 서비스업, 제조업 등의 분야에서 이미 입국한 외국 국적 동포를 고용할 수 있도록 허용하는 제도로, 방문 취업비자(H-2)를 갖고 입국한 자는 지정된 취업 교육을 수료하고 고용지원센터의 구직등록 등을 거쳐서 채용하는 절차이다.

외국 국적 동포 방문취업 대상은 ①연고자로 중국 및 구소련지역 거주 만25세 이상인 외국 국적 동포 중, 출생 당시 대한민국 국민이었던 자로서 대한민국 호적(제적)에 등재된 자와 그 비속, 그리고 국내에 주소를 둔 대한민국 국민인 8촌 이내의 혈족 또는 4촌 이내의 인척으로부터 초청을 받은 자, ②무연고자로 국내 친족, 호적 등이 없는 무연고 동포의 경우에는 한국말 시험, 추첨 등 일정한 절차에 의해 선정한 자이다.

① 방문 취업(H-2) 비자 발급 및 입국.

연고자는 재외공관에서 H-2 비자를 발급받아 입국하며, 무연고자는 한국어시험과 추첨을 통해 비자를 발급받아 입국한다.

② 취업 교육, 신체 검사, 구직 신청.

방문취업으로 입국한 후 취업하고자 하면 외국인 취업 교육 기관(한국산업인력공단)에서 국내 활동에 필요한 교육(20시간 이상)을 받아야 한다. 교육 기간 중 건강진단을 받아 채용에 신체적 적격 여부를 확인하고, 이 교육수강 중에 구직신청을 한다.

③ 사용자의 특례고용 확인서 발급

사용자는 고용허가제와 같은 절차를 통하여 우선 내국인에 대상으로 구인 노력을 한 후에 부족한 인원에 대해 고용지원센터에서 특례고용확인서를 발급받는다.

④ 근로 계약 체결

사용자는 고용지원센터로부터 3배수의 구인 희망 인원을 받아 그중에서 선정 후 표준근로 계약서에 의하여 근로 계약을 체결한다. 근로 계약의 효력 발생 시기는 근로자가 실제로 근로를 개시한 날이 된다. 사용자는 동포근로자를 고용한 날로부터 10일 이내에 사업장 소재지 관할 고용지원센터에 근로개시신고를 하여야 한다

3. 일반고용허가제와 특례고용허가제 비교

① 근로 계약서

사용자는 외국인 근로자를 고용할 때는 표준계약서를 작성하여야 하며, 이는 당사자 간에 근로 조건에 관한 분쟁을 예방하고 약자인 근로자를 노동법적으로 보호하기 위함이다. 근로 계약서에는 근로 계약 기간, 근로 장소, 업무에 관한 사항, 근로시간과 휴식 시간 및 휴일 등, 임금에 관한 사항 등을 반드시 기재해야 한다.

〈고용허가제와 근로 조건〉

업종	일반고용 허가제	특례고용 허가제
①취업 기간	3년 사업주 요청 시 추가 2년 이내의 기간으로 재고용 가능 ※비전문취업비자(E-9)	3년 사업주 요청 시 추가 2년 이내의 기간으로 재고용 가능 ※방문취업비자(H-2)
②대상 요건	한국어 시험 및 건강 검진 등 절차를 거쳐 구직 등록한 자	국내 친족·호적이 있는 동포 (쿼터 무제한) 국내 연고 없는 동포(쿼터 제한)
③취업 허용	제조업, 건설업, 서비스업 등으로서 외국인력정책 위원회에서 정하는 업	일반고용허가제 허용 업종에 일부 서비스업종 추가
④취업절차	한국어 시험 ▸ 근로 계약 ▸ 비전문 취업비자(E-9)로 입국 ▸ 취업교육 ▸ 사업장 배치 ※사업장 변경 제한	방문 취업비자로 입국 ▸ 취업 교육 ▸ 고용지원센터의 알선 또는 자유 구직 선택 ▸ 근로 계약 후 취업 ※사업장 변경 무제한
⑤사용자의 고용절차	내국인 구인 노력 ▸ 고용지원센터에 고용허가 신청 ▸ 고용 허가서 발급 ▸ 근로 계약 후 고용	내국인구인 노력 ▸ 고용지원 센터에 특례고용 가능 확인서 발급 ▸ 근로 계약 후 고용 ※ 근로개시 신고의무 부과
⑥사업장별 고용 허용 인원	사업장 규모별로 외국인 근로자 고용 허용 상한 설정	일반 외국인 근로자 고용 허용 인원 만큼 외국 국적 동포 추가 고용 가능 (건설업, 서비스업 제외)

근로 계약 기간은 외국인 근로자가 입국한 날로부터 3년의 범위에서 정할 수 있으며, 사용자가 노동부로부터 재고용 허가를 받으면 추가로 2년을 연장할 수 있다(최장 5년). 사업장 변경은 계약 기간에 3회까지만 가능하며, 그 사유는 다음과 같다.

①계약 기간 만료, 당사자 간 자율 합의로 근로 계약 해지, 기타 근로자 귀책으로 인한 근로 계약 해지; ②사업장의 휴업, 폐업, 그 밖의 외국인 책임이 아닌 사유 (사업장 변경 횟수 미산입); ③사업장의 고용허가 취소 또는 고용 제한 조치를 받았을 때; ④근로 조건이 근로 계약 조건과 상이, 근로 조건 위반 등 사용자의 부당한 처우 등으로 사회 통념상 근로 계약 유지하기 어려운 경우이다.

② 외국인 근로자 차별 금지

노동법의 적용

근로기준법에 명시한 차별 금지, 강제 근로 금지, 해고의 제한 등 노동법의 일반적인 근로 조건을 외국인 근로자에게도 적용한다. 즉, 내국인과 같은 노동법 적용을 받는다. 근로시간에 있어 법정근로시간을 준수하고 최대 연장근로시간 제한에 적용 받는다. 법정근로시간을 초과하는 연장근로, 야간근로, 휴일근로에 대해 기본 임금 및 가산임금을 추가로 지급한다. 연차휴가를 같이 적용하고 미사용 휴가 시 미사용 연차휴가 수당을 지급한다.

또한, 법정 퇴직금 제도를 적용하여 1년 이상 근로하고 퇴직하는 경우 퇴직금을 지급한다. 다만, 근로 조건의 차별 금지에서는 그 비교 대상이 국내 근로자가 아니므로 국내 근로자와 차별 금지는 적용하지 않으며, 단기간 근로자의 2년 초과 시 무기 계약직으로 변경 등은 출입국관리법이 우선 적용하여 보호 대상이 아니다.

4대 보험의 적용

①산재보험은 상시 1인 이상 고용한 사용자는 의무 가입이지만, 예외적으로 농업, 어업 등 상시 5인 미만 사업장과 건설 공사 중 2,000만 원 이하의 공사에는 적용하지 않는다. 산재보험은 근로자가 업무상 부상 또는 질병에 걸리고 근로복지공단으로부터 산업재해 승인을 받으면, 치료비 일체를 보상받고, 근무하지 못하는 기간 동안 평균임금의 70% 휴업급여를 받을 수 있고, 치료 후 장해가 남으면 장해보상금, 사망한 경우 유족보상금과 장의비를 보상받는다.

②고용보험의 경우에는 국내인의 경우 1인 사업장도 모두 적용하지만, 외국인 근로자의 경우에는 노사 간에 협의하여 결정하는 임의 가입이다.

③국민건강보험은 재외국민이나 외국인 근로자가 건강보험 적용 사업장에서 고용한 경우 직장 가입자로 당연히 적용한다(2006.1.1.부터 적용).

④국민연금은 18세 이상 60세 미만의 사람을 고용한 사업장은 의무 가입 대상이다. 외국인도 이와 같다.

외국인 이주노동자 제도를 도입한 지 20여 년이 지났고, 제도적으로 많이 정착하고 있다. 이제 외국인 근로자들은 낯선 이들이 아니며, 중소기업에 활력을 불어넣는 우리나라 노동력의 한 축으로 자리 잡고 있다. 이러한 외국인 근로자의 사용은 많은 장점과 이득을 가져다준 것이 사실이지만, 한편으로는 다음과 같이 여전히 해결해야 할 부정적인 측면이 있다.

첫째, 국내의 단순 노무직 고용 시장에 있어 일반 내국인 근로자의 고용을 더욱더 어렵게 하고 있다. 단순 기능을 가진 국내 근로자의 경우 낮은 임금으로 계속 고용을 유지할 수밖에 없는 현실이다. 이런 부분은 다소 개선의 여지가 있다고 본다.

둘째, 고용허가제의 운용상 발생하는 문제점 중 하나는 일률적으로 회사의 규모에 따라 고용 가능 인원을 할당하고 있어 기술력이나 시장 지배력이 있는 강한 중소기업도 이 제도를 이용하여 순수 인건비를 낮추고 있는 경우가 적지 않다는 것이다. 또한, 이로 인하여 외국인 근로자가 상시로 더 필요한 열악한 중소기업에 제한된 인원만을 배정하여 필요한 노동력을 확보하지 못하는 경우도 많다. 따라서 기술적, 경제적 열세에 있는 3D(Dirty, Difficult, and Dangerous)업종에 취약한 중소기업은 더 많은 외국인 근로자를 배정할 수 있는 탄력성 있는 인력 배정 정책이 필요하다.

셋째, 고용노동부가 단순 노무직 외국인 고용정책에 편중하다 보니 기업체에서 전문지식을 가진 전문직 채용에 대해서는 아직 고용상 많은 제약이 있다. 국가 간 산업경쟁력이 하나의 지구촌이 되는 현실에서 외국의 전문 고급인력을 이용할 수 있는 좀 더 쉽고 열린 시스템을 갖출 필요가 있다.

08

외국인 농업 종사자 활용 실태와 문제점 그리고 개선 방향

코로나 사태로 국가 간의 이동이 제한에 따라 외국인 노동자의 도입에 많은 차질을 가져오고 있다. 특히, 우리나라 농촌의 현실은 외국인 노동자 없이는 농사를 지을 수 없을 정도로 심각한 노동력 부족 현상을 겪고 있다.

농가 인구는 2009년 311만 명에서 2018년 231만 명으로 감소하였고, 농가 중 65세 이상 비중은 2008년 34%에서 2019년 45.8%로 10% 이상 상승하였다. 농업산업의 침체에도 불구하고, 농업을 통한 식량 수급은 국민의 생존과 직결되는 안보 문제로 절대로 소홀히 할 수 없다.

현재 농촌에서의 외국인 노동자 고용 공식 채널은 고용허가제와 계절적 근로자 고용제도뿐이다. 농업에 외국인 노동자를 도입하고자 하더라도 영세농가와 계절적 업무가 많아 현 외국인 노동자 도입제도는 필요한 인력을 적시에 충당하는데 타당하지 않다.

현 제도로는 농촌의 부족한 일손을 해결하는데 한계가 있고, 그러한 이유로 작물 재배업의 경우 농번기에 부족한 인력의 90%를 불법체류 외국인 노동자를 사용하고 있다. 코로나 사태가 시작되기 전 2019년 우리나라의 외국인 체류자는 252만 명이고 불법 체류자는 39만 명이다.

법무부가 농업작물 재배업에 종사하는 대다수 외국인 노동자가 불법 체류자인 것을 알면서도 어떠한 단속이나 출국 조치를 하지 않는 것은 불법체류 노동자라도 없으면 농사 인력이 부족하기 때문이다.

1. 현 제도의 문제점

① 고용 허가제(E-9, H-2)

이 제도는 2004년부터 시행하여 16개 국가로부터 비전문직 외국인 노동자들을 업무에 활용할 수 있도록 해주고 있다. 비전문직 노동자의 도입은 외국인 고용법에 따라 3년 동안 체류 자격을 부여하고, 추가로 1년 10개월을 연장하여 사용할 수 있다. 한국인이 취업을 꺼리는 3D업종에 종사하고 있다.

고용 허가제도로 입국한 노동자는 특별한 사정이 없으면 특정 사업주와 3년간의 계약을 체결하고 사업장 이동이 엄격하게 제한한다. 외국인 노동자를 고용하는 조건은 고용센터를 통해 내국인 구인 노력을 하여도 국내 노동자를 구할 수 없는 경우에 한한다. 업종도 제조업, 건설업, 농업 등만 허용하고 있으며, 서비스업은 해당하지 않는다.

동포노동자도 비전문직 노동자로 사용하고 있다. 동포노동자는 서비스업을 포함한 거의 모든 업종에 활용되고 있으며, 사업장 이전의 자유와 5년간 체류를 보장한다.

이 중에 농업 중 축산이나 시설재배의 경우에는 지속적 노동력이 필요하므로 고용허가제를 이용하여 장기간 사용할 수 있지만, 작물 재배 농업의 경우에는 4~6월, 9~10월에 집중적으로 수요가 이루어지므로 외국인 노동자를 고정적으로 활용하기가 어렵다.

이러한 작물 재배 농업의 특성을 고려하여 농번기 이외에는 다른 사업장에도 근무할 수 있는 사업장 추가제도를 도입하여 사용하고 있다. 사업장 추가제도는 외국인 노동자와 고용 관계를 유지하면서 농업 사업주의 농한기에는 다른 농업 사업주를 위해 일을 할 수 있도록 하는 조치이다.

② 계절근로취업허가 제도(C-4, E-8)

계절근로취업허가 제도는 2014년 11월부터 농업 부분만 농번기의 인력 부족을 해결하기 위해 도입한 제도이다. 각 지방자치단체의 주관으로 봄과 가을에 연 2회, 5개월 이내로 단기간에 걸쳐 농가가 직접 외국인 노동자를 고용하여 사용한다.

이는 지자체 스스로 부족한 농가의 일손 부족을 해결하려는 방법으로 점차 확대하고 있다. 계절 노동자제도는 큰 장점이 있음에도 불구하고 적시에 많은 외국인을 도입하기가 쉽지 않고, 영세한 농가가 많아 외국인을 직접 고용하기에 어려움이 있다는 단점이 있다.

③ 불법체류 외국인 노동자의 사용 실태

작물재배업 농가는 불법체류 외국인 노동자를 사용하는 경우가 90%에 이르고 있고, 이들의 고용은 일상화, 고착화했다. 농가에서 불법체류 외국인 노동자를 이용하는 이유는 첫째, 작물 재배 농가가 영세하여 장기적으로 외국인 노동자를 고용할 정도의 규모를 갖추지 못했기 때문이다. 둘째, 작물 재배 농사의 경우 농번기와 농한기가 뚜렷하여 지속적인 고용이 필요 없기 때문이다. 셋째, 전화 한 통만 하면 보내주는 사설 외국인 인력 소개소가 존재하고 있기 때문이다. 불법체류 외국인 노동자들은 임금 체납 구제, 건강보험, 산재보험의 혜택을 받을 수 없으므로 인권 보호의 사각지대에 놓여 있다.

2. 개선 방안 제안

① 안정적인 외국인 인력 확보

안정적인 외국인 인력 확보를 위해 동포노동자들을 활용하여야 한다. 부족한 농업 인력 확보를 위해 동포노동자들의 방문취업(H-2) 비자를 활용하여, 이들에 대한 정착화를 유도해야 한다. 농업 분야 종사자만 재외동포 자격(F-4)을 부여하거나 영주 자격(F-5)부여 요건 기간을 축소하여 이들이 농업 분야에 장기적으로 종사할 수 있도록 하여야 한다.

재외동포는 한국어가 가능하고 쉽게 한국문화에 섞일 수 있고, 농촌에서도 수용 가능성이 커서 이에 대한 적극적인 정책이 필요하다.

코로나 재난 상황에서 부족한 농촌 인력을 보충하기 위해서는 불법체류자를 한시적으로 취업 가능한 비자발급으로 전환하고 이들을 합법화해서 사용하여야 한다. 불법 체류자가 40만 명에 육박하고 있고, 상당수는 농촌에서 근로를 제공하고 있는 것으로 파악하고 있다. 이들에게 합법적인 체류 자격을 부여하여 불법 체류자들의 인권 보호와 함께 농촌 인력 부족 현상을 동시에 해소해야 한다.

또한, 다양한 방법으로 성실 노동자 장기체류제도와 같은 출입국 제도의 유연한 운영이 필요하다. 숙련 외국인 인력의 장기 체류 유도는 절대적으로 부족한 농촌 인력난 해소를 위해 필요하다고 할 수 있다. 법무부에서 사용하고 있는 성실 노동자 체류 기간 연장조항을 적용하고 농촌 지역에도 성실 체류자에 대한 전문직 비자(E-7)를 발급하여 가족 초청이 가능하도록 하는 등의 장기 체류 환경 조성이 필요하다.

② 외국인 노동자 파견제도 도입

현행 사설 인력사업 알선업을 농협 등과 같은 공신력 있는 기관을 통해 외국인 노동자를 합법적으로 고용하여 노동자파견 사업으로 활용하는 방법이다. 관련하여 일본의 외국인 파견제도를 소개하고자 한다.

일본은 농업지원 외국인 도입 사업을 위한 국가전략 특별구역법을 제정하여 2017년 9월부터 특정 지역에 대해 시행하고 있다. 이는 농업 부분만 농업 관련 특정 기관(농협과 중소기업 조합)이 외국인 파견사업을 주관하고, 외국인 노동자와 고용 계약을 체결하여 외국인을 농가에 노동자로 파견한다. 본 사업은 농업 노동의 계절성을 반영하여 파견 고용 형태를 도입함에 따라 농업인은 농번기만 단기간 외국인 노동자의 인력 확보가 가능하다.

농촌 인력의 인구 감소와 주민 고령화로 인하여 외국인 노동자의 고용 없이는 농업이 불가능한 시대이다. 이제 외국인이 농촌에서 상주하고 농업에 종사하는 것은 당연한 일이다. 안정적인 외국인 노동자의 공급을 위해 이들이 인간적인 생활을 하고 행복 추구가 가능할 수 있도록 근무 여건과 생활 환경을 조성해 주어야 한다.

이러한 조치 없이는 외국인 노동자들의 농업 보조인력으로서의 유입을 보장할 수 없다. 외국인 노동자의 관점에서 매력이 있는 농촌 사업장을 만들기 위해서는 고용제도의 개선과 근로 환경의 개선이 시급하다고 할 수 있겠다.

PART 4

취업규칙

_복무규정, 징계,해고, 정리해고

01

취업규칙이란 무엇인가?

사용자가 사업장에서 근로자를 체계적이고 통일적으로 관리할 수 있도록 중요한 시스템을 설정하는 것이 취업규칙이다. 취업규칙은 사용자가 사업장에서 기업의 질서 유지와 효율적 업무수행을 위하여 필요한 복무규정과 근로자 전체에 적용될 근로 조건을 정한 규정이다.

여기서 복무규율이라고 하면 근로자가 근로를 제공하는 과정에서 지켜야 할 작업 질서에 관한 규칙과 이를 위반한 경우에 대한 제재를 말한다. 그리고 근로 조건이라고 하면 근로자의 임금, 근로시간, 해고 그 밖에 근로자의 대우에 관하여 정한 조건을 말한다.

취업규칙은 사용자가 일방적으로 작성하여 시행할 수 있지만, 일단 작성된 규정은 사용자와 근로자가 이에 구속되어 이를 위반한 경우에는 각각 제재가 가해진다. 그리고 사용자는 이미 확정한 근로 조건에 대해 일방적으로 변경할 수 없다. 사용자가 취업규칙을 불이익으로 변경할 때에는 그 적용 근로자의 과반수 동의를 얻어야 법적 효력을 가진다.

또한, 사용자는 취업규칙을 작성하여 이를 고용노동부에 신고해야 하는 법적 의무와 그 내용을 근로자에게 게시하고 주지시켜야 하는 법적 의무를 동시에 가지고 있다. 이렇게 하는 이유는 취업규칙을 통해서 근로기준법이 정한 최저 기준을 사업장에 적용할 수 있도록 하는 입법적 배려라고 할 수 있다. 이러한 취업규칙의 법적 의무에는 어떤 내용이 있는지, 어떻게 실무에 적용하는지에 대해 구체적으로 살펴보고자 한다.

1. 취업규칙 작성 의무가 있는 사업장 규모

'상시 10명 이상'의 근로자를 사용하는 사용자는 취업규칙을 작성하여 고용노동부 장관에게 신고하여야 한다(법 제93조). 10인 이상의 사업장에 법정 의무를 주고 있는 것은 10인 미만의 영세 규모의 사업장은 회사 체계를 갖추었다고 보기 어려우므로 일정 규모 이상의 사용자에게 법정 의무를 두고 있다. 10인 미만 사업장의 경우에는 취업규칙 작성이 법정 의무가 아닌 사업주의 재량에 맡겨져 있다.

상시 근로자 수는, 법 적용 사유(취업규칙 작성과 신고 의무 적용 여부를 판단해야 하는 시점) 발생일 전 1개월 동안 사용한 근로자의 연 인원을 가동일 수로 나누어 판단한다(시행령 제7조의2). 10인 미만을 고용한 사업주는 취업규칙의 작성과 신고 의무는 없으나 일단 작성한 경우에는 법에서 정한 취업규칙에 관한 모든 규정을 적용한다. 여기서 취업규칙을 작성하고 신고해야 할 의무가 있는 사용자는 직장규율이나 근로 조건의 결정 등 취업규칙의 내용을 이루는 사항에 관해서 실질적인 권한과 책임을 갖는 자를 의미한다.

2. 취업규칙의 기재 사항

작성 내용은 사업 또는 사업장에 통일적으로 적용할 근로 조건과 복무규율에 관한 내용으로 근로기준법 제93조에서 취업규칙의 기재 사항을 열거하고 있다. 모두 13가지의 사항으로 구성하여 해당 사업 또는 사업장의 근로자 전체에게 적용하는 사항으로 필수 기재 사항과 임의 기재 사항으로 구분할 수 있다.

근로기준법 제93조에 있는 사항 중 임금, 근로시간, 휴식시간, 휴일 등과 같이 근로자 보호를 위하여 지켜야 하는 필수 근로 조건은 반드시 그 내용을 취업규칙에 기재하여야 한다(필수 기재 사항). 그러나 교대근로, 가족수당 등에 관한 사항 등은 법에서 정한 기준이 없고 그 시행을 강제하는 것이 아니므로 해당 사업 또는 사업장에서 이를 도입하거나 시행하는 경우에만 취업규칙에 기재하여야 할 의무가 있다(임의 기재 사항). 다만, 취업규칙에 감급(減給)의 제재를 정한 경우에는 그 감액의 총액이 임금 지급 시기의 10%를 초과할 수 없고 취업규칙의 내용이 근로기준법이나 해당 사업장의 단체협약보다 더 낮아서는 안 된다(법 제95조, 제96조).

3. 취업규칙의 작성과 변경 절차

취업규칙을 어떻게 작성할 것인가와 어떻게 변경할 것인지는 법으로 정해져 있다. 사용자는 취업규칙의 작성 또는 변경에 관하여 해당 사업 또는 사업장에 근로자의 과반수로 조직된 노동조합이 있는 경우에는 그 노동조합, 근로자의 과반수로 조직된 노동조합이 없는 경우에는 근로자 과반수의 의견을 들어야 한다. 다만, 취업규칙을 근로자에게 불리하게 변경하는 경우에는 그들의 동의를 받아야 한다(법 제94조). 사용자가 취업규칙 변경 과정에서 의견 청취 또는 동의를 얻지 않는 경우 500만 원 이하의 벌금을 물린다(법 제114조). 이는 근로 조건의 결정에 있어 노사 대등의 원칙을 반영하고 근로자의 근로 조건 보호를 위한 것이다.

취업규칙의 작성과 변경 절차에 있어 근로자 과반수의 의견 청취인지 그 동의를 받아야 하는지는 새로운 취업규칙의 작성인지 아니면 기존 취업규칙의 변경인지에 따라 달라질 수 있다. 일반적으로 기존의 근로 조건 또는 복무규정에 관한 사항을 취업규칙에 기재한 경우에는 근로자들에게 취업규칙의 작성이나 변경에 대해 주지시키는 정도로 충분하다. 취업규칙에 기존에 없던 복무규정을 도입하는 경우에는 근로자의 과반수의 의견을 들어야 한다. 그리고 변경하는 취업규칙이 근로자들에게 불이익한 변경이면 그 대상 근로자들의 동의를 얻어야 한다.

취업규칙의 불이익한 변경은 기존의 규정을 변경하여 근로 조건을 낮추는 것이 일반적이지만, 기존의 근로 조건에 관한 규정을 삭제하는 경우, 이전의 근로 조건보다 불리한 규정을 신설하는 때도 포함된다. 취업규칙 불이익 변경의 판단 기준은 다음의 세 가지로 구분할 수 있다.

첫째, 취업규칙 변경 사항이 여러 개면 개별 근로 조건별로 판단하되, 하나의 근로 조건을 결정짓는 여러 요소 사이에 서로 대가관계나 연계성이 있는 경우에는 종합적으로 판단한다. 예를 들어 퇴직금 지급률을 하향 조정하더라도 평균임금에 포함하는 임금 항목이 많아져서 전체적으로 퇴직금액이 감소하지 않는다면 불이익으로 보지 않는다.

둘째, 취업규칙의 내용 변경이 일부 근로자에게는 유리하고, 일부 근로자에게는 불리한 경우와 같이 유불리에 따른 이익이 근로자 상호 간에 충돌하는 경우에는 불이익한 변경으로 판단한다.

셋째, 종래의 규정이 불명확하거나 포괄적이어서 그 내용을 개념적으로 세분화하여 구체화하는 차원에서 취업규칙 내용을 변경하는 경우에는 해석상 논란을 해소하기 위한 것으로서 불이익한 변경으로 볼 수 없다.

4. 취업규칙의 신고

상시 10인 이상의 근로자를 사용하는 사용자는 취업규칙을 작성하고 그에 대한 의견 청취를 거친 뒤에 고용노동부 장관에게 신고하여야 한다(법 제93조, 제94조). 취업규칙을 신고하거나 변경하려면 ①취업규칙과 ②근로자의 과반수를 대표하는 노동조합 또는 근로자 과반수의 의견을 들었음을 증명하는 자료를 첨부하여 제출하여야 한다. 취업규칙을 불이익하게 변경하는 경우에는 과반수 노동조합이나 근로자의 과반수의 동의를 받았음을 증명하는 자료를 제출하여야 한다(시행규칙 제15조).

근로감독관은 취업규칙 신고가 들어오면 근로기준법 제93조에 따른 필수 기재 사항 포함 여부와 근로자 과반수를 대표하는 노동조합 또는 근로자 과반수 의견을 첨부하였는지를 확인한다. 그 후 내용 심사를 통해 취업규칙 내용이 법령 저촉 여부, 당해 단체협약 저촉 여부, 변경한 취업규칙이 근로자 불리 여부 등을 심사한다. 근로감독관은 신고 접수 후 20일 이내 심사한 후, 취업규칙의 절차적 구비요건을 갖추지 못한 경우나 내용이 법령이나 단체협약을 위반한 경우 25일 이내 시정 기간을 부여하여 변경을 명한다. 여기서 취업규칙 심사시 사용자가 신고서와 함께 공인노무사의 「취업규칙 작성(변경) 신고 확인보고서」를 제출하는 경우에는 해당 취업규칙에 대한 심사를 면제한다.

5. 취업규칙 주지 의무

사용자는 취업규칙을 근로자가 자유롭게 열람할 수 있는 장소에 항상 게시하거나 갖추어 두어 이를 근로자에게 널리 알려야 한다(법 제14조). 주지할 수 없는 취업규칙은 사용자의 내부 문서에 불과하고 취업규칙으로써 효력이 없기 때문이다. 취업규칙은 사용자가 정하는 기업 내의 규범이기 때문에 신설 또는 변경된 취업규칙 효력이 발생하기 위하여 근로기준법 제14조에 정한 방법에 따를 필요는 없지만 적어도 법령의 공포에 따르는 절차로 그것이 새로운 기업 내 규범인 것을 널리 종업원 일반이 알게 하는 절차 즉, 어떠한 방법이든지 적당한 방법에 따른 주지가 필요하다.

작성 또는 변경한 취업규칙의 효력이 발생하려면 사용자가 이 내용을 근로자들에게 알려야 한다. 게시 방법에 대해 구체적으로 기술하고 있지 않으나, 근로자가 언제든지 쉽게 열람할 수 있도록 접근권을 보장된한다면 사내 전산망에 게시한 경우 주지 의무를 이행하였다고 볼 수 있다.

6. 과반수 근로자의 대표

취업규칙을 신고할 때 해당 사업 또는 사업장에 근로자의 과반수로 조직한 노동조합이 있는 경우에는 그 노동조합, 근로자의 과반수로 조직된 노동조합이 없는 경우에는 근로자 과반수의 의견을 들어야 한다. 그리고 불이익한 변경일 때 그 동의를 받아야 한다(법 제94조). 그 동의 방법은 근로자 과반수로 조직된 노동조합이 있는 경우에는 노동조합의, 그와 같은 노동조합이 없는 경우에는 근로자들의 회의 방식에 의한 과반수의 동의가 있어야 하고 여기서 말하는 근로자의 과반수란 기존 취업규칙을 적용받는 근로자 집단의 과반수를 뜻한다.

①취업규칙을 같이 적용하는 경우: 취업규칙 변경으로 기존 근로 조건의 내용을 일방적으로 근로자에게 불이익하게 변경하려면 종전 취업규칙의 적용을 받고 있던 근로자 집단의 집단적 의사결정 방법에 따른 동의가 필요하다. 그리고 취업규칙의 변경시에는 특정 근로자 집단

만이 직접적인 적용대상이지만, 다른 근로자 집단에게도 변경한 취업규칙을 적용이 예상하는 경우 해당 집단을 포함한 근로자 집단을 기준으로 판단한다. 즉, 간부사원 급여 체계 변경은 당장에는 간부 사원만이 직접적인 불이익을 받더라도 일반 사원도 승진에 따라 장래에는 변경한 간부사원 급여체계를 예상함으로 이때는 간부 사원과 일반 사원을 포함한 전체 근로자 과반수의 동의가 필요하다.

②근로자 집단 간 근로 조건이 다르고 각각 별개의 취업규칙을 적용하는 경우: 근로자 집단 사이에 인사 이동에 의한 교류가 없고 입사 시부터 별도의 근로 조건을 적용받는 근로 조건이 이원화하여 둘 이상의 집단인 상황에서 특정 집단을 대상으로 취업규칙을 변경하는 경우 전체 근로자가 아닌 해당 집단 근로자를 대상으로 과반수 여부를 판단한다. 예를 들면, 한 사업장에서 경영상 필요에 따라 생산직과 관리직으로 나누어 인사 노무관리를 별도로 하고 있는데 이 중 관리직만을 대상으로 취업규칙을 변경하는 경우라 할 수 있다.

③근로자 과반수로 조직된 노동조합: 근로자 과반수로 조직된 노동조합은 조합원 자격 여부와 관계없이 기존 취업규칙을 적용을 받던 전체 근로자 과반수로 조직된 노동조합을 의미한다. 노동조합에 가입할 수 있는 자격을 가진 근로자의 과반수로 조직된 노동조합을 의미하는 것은 아니다. 이는 조합원 자격을 인정하지 않는 간부 직원에게만 불이익하게 변경하는 경우라 하더라도 일반 근로자에게도 장래에 변경할 근로 조건 적용을 예상한다면 변경한 근로 조건 적용을 예상하는 근로자 포함한 전체 근로자의 과반수로 조직한 노동조합이 동의의 주

체가 된다.

각 사업장에서 취업규칙을 의무적으로 도입하고 이를 고용노동부에 신고하는 것은 근로자의 최저 근로 조건을 각 사업장에서 도입하고 이를 관리 감독하기 위한 노동법적 체계라고 할 수 있다.

즉, 취업규칙은 사용자의 복무규정과 근로자의 근로 조건을 명시한 사업장의 준칙이다. 특히, 취업규칙의 내용을 불이익하게 변경하는 경우에는 과반수 근로자대표나 과반수 노동조합의 동의를 얻어야 한다. 이는 근로 조건의 대등 원칙을 법으로 보호하려는 조치라고 할 수 있다. 따라서 사용자는 취업규칙을 통하여 바람직한 경영 질서를 세우면서도 근로자의 근로 조건을 유지 향상할 수 있는 직장 문화를 만드는 노력을 체계적으로 하여야 할 것이다.

02

김영란법과
기업의 법적 책임

부패 방지를 위한 기존의 법체계의 한계와 공직 사회의 부패를 추방하고 투명한 사회로 진입을 위해 부패 방지법 제정했다. '부정 청탁 및 금품 등 수수의 금지에 관한 법률'(이하 '김영란법')이 국가권익위원회 김영란 위원장의 제안으로 2015년 3월 27일 제정하여 2016년 9월 28일 시행했다.

이 김영란법은 공직자의 범위에 언론인, 사립학교 관계자, 심지어 그 배우자까지 포함함으로써 일반 국민의 생활과도 밀접하게 관련되어 있다. 특히 양벌 규정이 김영란법에 포함되어 직원의 부정 청탁과 금품제공이 회사의 사용자 책임으로까지 확대 적용함에 따라 회사의 면책을 위한 철저한 조치가 필요하다.

김영란법의 시행으로 우리나라의 공직 사회가 많이 투명해졌지만, 아직도 관련된 문제가 빈번히 발생하고 있다. 이에 김영란법의 주요 내용을 살펴보고, 기업주의 양벌 규정에 대해 구체적으로 검토함으로써 다시금 경각심을 갖고자 한다.

김영란법은 공직자에 대한 부정청탁과 금품수수를 금지함으로써 공직자의 공정한 직무 수행을 보장하고, 공공기관에 대한 국민의 신뢰를 확보하는 것이 목적이다. 이 김영란법은 부정청탁 그리고 금품수수 금지라는 두 개의 축으로 이루어져 있다.

김영란법을 적용받는 자는 ①공직자 등은 공무원, 공직 유관단체의 직원, 공공기관의 직원, 사립학교의 교직원, 언론사의 직원을 말한다. ②공직자 등의 배우자. ③공무 수행인 각종 위원회에 참가하는 민간위원, 공공기관의 업무를 위임받는 자, 위탁하는 자, ③공공기관에 파견근무 하는 민간인, ④심의·평가 업무를 담당하는 외부 전문가와 공직자 등에게 부정청탁을 하거나 금품을 제공한 민간인을 이른다.

1. 부정청탁 금지

김영란법은 직접 또는 제삼자를 통하여 직무를 수행하는 공직자 등에게 부정청탁을 하는 것을 금지하였다. 그 내용은 14가지로 정하고 있고, 그 예외를 두고 있다.

①인가·허가 등 직무처리, ②행정 처분·형벌 부과 감경·면제, ③

채용·승진 등 인사 개입, ④공공기관 의사 결정 관여 직위 선정·탈락 등에 개입, ⑤공공기관 주관 수상·포상 등 선정·탈락에 개입, ⑥입찰·경매 등에 관한 직무상 비밀 누설, ⑦특정인 계약당사자 선정·탈락에 개입, ⑧보조금 등의 배정·지원, 투자 등에 개입, ⑨공공기관이 생산·공급하는 재화 및 용역의 비정상적 거래, ⑩학교 입학·성적 등 업무처리·조작, ⑪징병 검사 등 병역 관련 업무 처리, ⑫공공기관이 실시하는 각종 평가·판정 업무 개입, ⑬행정지도·단속 등 대상 선정·배제, 위법 사항 묵인, ⑭사건의 수사·재판 등 업무 처리이다.

부정청탁에 해당하지 않는 예외는 정당한 권리, 주장 또는 요구가 위축되는 것을 방지하기 위하여 아래의 7가지에는 정하고 있다. ①법령·기준에서 정한 절차, 방법에 따른 요구, 건의 등, ②공개적으로 특정 행위를 요구, ③선출직 공직자, 시민 단체 등이 공익 목적으로 제삼자 고충 민원 전달, ④법정기한 내 업무 처리 요구 진행 상황 확인·문의, ⑤직무 또는 법률 관계에 관한 확인, 증명 등 신청·요구, ⑥질의·상담을 통한 법령·제도 등 설명·해석 요구, ⑦기타 사회 상규에 어긋나지 않는 행위는 예외 사항이다.

2. 금품수수금지

기존의 뇌물죄는 처벌을 위해 '직무 관련성'과 '대가성'을 모두 필요로 하지만, 김영란법은 '대가성'을 요구하지 않고, 100만 원을 초과하는 금품수수에는 직무 관련성이 없어도 처벌한다. 공직자가 받은 물품이 1회 100만 원 또는 회계연도 기간 300만 원을 초과하면 직무 관련 여부와 관계없이 공직자와 제공(제공의 약속)한 자 모두 처벌한다. 다만, 수수한 금품이 1회 100만 원 이하, 회계연도 300만 원 이하면 직무 관련이 있어야 처벌한다.

여기서 금품 등이란 금전, 물품 기타의 재산적 이익뿐 아니라 편의 제공과 사람의 수요·욕망을 충족시키기에 족한 일체의 유형·무형의 이익을 포함한다.

구체적으로 ①금전, 부동산, 숙박권, 회원권, 입장권 등, ②음식물, 주류, 골프 등의 접대, 교통·숙박 등 편의 제공, ③채무 면제, 취업 제공, 이권 부여 등 경제적 이익 제공이 있다.

직무 관련성은 '그 지위에 수반하여 취급하는 사무'를 의미한다. 구체적으로 ①법령상 일반적·추상적 권한에 속하는 직무, ②사실상·관례상 처리하는 직무, ③결정권자를 보좌하거나 영향을 줄 수 있는 직무 행위, ④직무와 밀접한 관련이 있는 직무 행위를 포함한다.

다만, 법을 위반하지 않고 금품수수가 가능한 8가지 사항이 있다.

①공공기관이 지급하거나 상급 공직자가 위로 격려, 포상 등의 목적으로 하급 공직자에게 금품을 제공하는 행위.

②원활한 직무 수행 사교·의례, 경조금 목적으로 제공되는 3만 원 이내 음식물, 5만 원 이내 선물 (다만, 농수산물 선물은 10만 원 한도) 또는 5만 원 이내 경조사비 (다만, 화환, 조화는 10만 원 한도) 제공.

③사적 거래로 인한 채무의 이행, 정당한 권원에 의하여 제공하는 금품.

④공직자의 친족(배우자, 8촌 이내의 혈족, 4촌 이내의 인척)이 제공하는 금품.

⑤공직자 등 관련 단체가 내부 기준에 따라 구성원에게 제공하는 금품이나 장기적이고 지속적 친분을 맺고 있는 자가 질병 등으로 어려운 처지에 있는 공직자 등에게 제공하는 금품.

⑥공직자 등의 직무와 관련한 공식적 행사에서 주최자가 참석자에게 통상적인 범위에서 일률적으로 제공하는 교통, 숙박, 음식물 등.

⑦불특정한 여러 사람에게 배포하기 위한 기념품, 홍보용품 등이나 경연, 추첨 등을 통하여 경품, 상품 등을 제공하는 행위.

⑧그 밖에 다른 법령, 기준 또는 사회 상규에 따라 허용하는 금품 등이 이에 해당한다.

3. 사용자 공동으로 책임져야 하는 의무

양벌 규정이란 근로자의 업무 관련 위반 행위에 관하여 그 행위자를 처벌하는 것이 아니고 행위자를 고용한 사용자도 행위자와 같이 처벌하는 제도이다.

김영란법 제24조(양벌 규정)에서는 근로자가 이 법을 위반하는 금품수수와 부정청탁의 위반 행위를 한 경우에는 그 행위자를 벌하는 외에 그 사용자도 처벌한다 규정하고 있다. 다만, 사용자가 그 위반 행위를 방지하기 위하여 해당 업무에 관하여 상당한 주의와 감독을 게을리하지 아니한 경우에는 면책한다는 규정을 함께 마련하고 있다.

판례는 양벌 규정의 면책 사유로 "법인이 상당한 주의 또는 관리·감독 의무를 게을리하였는지는 ①당해 위반 행위와 관련한 모든 사정, 즉 당해 법률의 입법 취지, 처벌 조항 위반으로 예상되는 법익 침해의 정도와 그 위반 행위에 관하여 양벌 규정을 마련한 취지 등은 물론 ②위반 행위의 구체적인 모습과 그로 인하여 실제 야기된 피해 또는 결과의 정도, ③법인의 영업 규모 및 행위자에 대한 감독 가능성 또는 구체적인 지휘·감독 관계, ④법인이 위반 행위 방지를 위하여 실제 행한 조치 등을 전체적으로 종합하여 판단하여야 한다."라고 판시하고 있다(대법원 2010.9.9. 선고 2008도7834 등).

4. 직원의 부정청탁 관련 기업 책임의 구체적 사례

사례 1 건설회사 소속직원 X가 건축법령을 위반하여 건축허가를 내어 줄 것을 ○○구청 건축허가 담당 공무원 A에게 청구한 경우에 건설회사는 양벌 규정 적용 시, 2천만 원 이하의 과태료를 부담한다.

사례 2 건설회사 소속직원 X가 건축허가를 내어 줄 것을 ○○구청 건축허가 담당 공무원 A에게 청탁하면서 70만 원 상당의 양주를 전달한 경우에 건설회사는 형법상 '뇌물'로 인정 시 건설회사 측에는 양벌 규정은 적용하지 않는다. 그러나 형법상 '뇌물'로 인정하지 않을 시에는 양벌 규정을 적용하여 2천만 원 이하의 과태료를 부담한다.

5. 직원의 금품수수와 관련 기업 책임의 구체적 사례

사례 1 건설회사는 ○○구청에 건축허가를 신청하여 심사 대기 중인 상황에서, 구청 건축허가 담당 공무원 A에게 건설회사 소속의 임원 X가 70만 원 상당의 양주를, 직원 Y는 50만 원 상당의 상품권을, 직원 Z는 20만 원 상당의 식사를 각각 업무로 만난 자리에서 제공한 경우에 건설회사는 양벌 규정 적용 시 280만 원~700만 원 과태료를 부담한다.

사례 2 건설회사의 소속직원 X, Y가 직무와 관련한 회식에서 언론사 직원 A, B, C, D를 초대하여 1차에서 식사비용 12만 원, 2차에서 술값 24만 원을 결제한 경우에 근로자 X, Y, 의 일련의 행위는 1개의 행위임으로, 양벌 규정 적용 시 1개의 과태료 부과하여 12만 원~30만 원 과태료를 부담한다. 과태료의 근거는 수수 금액의 2배 이상 5배 이하. (12만 원/6명)+(24만 원/6명)=6만 원

6. 직원의 부정 행위와 기업의 책임에 관한 외국 사례

①미국의 부패방지 법률 준수 의무

기업이 평소 얼마나 효과적인 부패방지 법률 준수를 수립하여 운영하고 있었는지가 기소 여부 결정 및 양형 결정에 있어서 가장 중요한 사유 중의 하나이다. 단순히 법률 준수서를 마련하였다고 능사가 아니며 그 법률 준수가 효과적으로 운영하고 있는지가 관건이다. 미국은 부패방지법의 가이드를 두고 사업주의 상당한 주의와 감독 의무를 구체적으로 명시하고 있다.

②영국의 뇌물 방지법

상사 조직의 임직원, 에이전트, 자회사 등 관련자가 그 상사 조직을 위해 사업을 획득하거나 사업 과정에 유리한 혜택을 얻을 의도로 다른 사람에게 뇌물을 제공하였을 경우 그 상사 조직에 대해 형사 책임을 부과한다. 다만, 상사 조직이 관련자의 뇌물 행위를 방지하기 위해 적절하게 조치하였음을 입증하면 면책할 수 있다.

김영란법과 관련하여 회사의 관심사는 근로자의 김영란법 위반 행위에 대해 사용자 책임에 대한 면책 여부이다. 양벌 규정으로 인해 회사의 책임을 면책받기 위해서는 회사의 규정 완비, 윤리 교육 시행, 위반한 자에 대한 징계 처분 등 사전적, 사후적 조치를 마련해야 한다.

특히, 이번 김영란법 시행과 함께 기업의 접대 문화 영업 방식이 본인뿐만 아니라 회사에까지 피해를 줄 수 있다는 인식을 확산시켜야 할 것이다. 회사의 대응 전략을 준비하면서 미국의 부패방지에 대한 준법 제도나 영국의 뇌물 방지를 위한 회사의 조치 의무를 참고할 수 있을 것이며, 사용자는 상당한 주의, 감독 의무를 다해야 한다.

03

채용절차법, 채용 비리와 청탁을 금지하다

강원랜드에 있었던 대규모 채용 비리 문제가 사회문제가 되었다. 이를 계기로 기업의 공개 채용에 있어 청탁이나 금품수수를 방지하기 위한 관련 금지법령이 노동법으로 도입되었다.

2019년 7월에 채용청탁금지법이 기존의 "채용절차의 공정화에 관한 법률(이하 채용절차법)"에 추가되었다. 다만, 이 법 적용은 사회적 파급 효과를 고려하여 30인 이상의 근로자를 사용하는 기업체에만 적용한다. 사용자가 누구를 채용할지는 사용자의 고유 권한이므로 존중되어야 한다.

사용자가 개별 채용이 아닌 공개 경쟁을 통해 채용하는 경우에는 채용 공고에 따른 공정한 경쟁의 기회를 부여하여야 한다. 채용절차법은 공정한 취업 기회를 박탈하고 건전한 고용 질서와 사회통합을 저해하는 채용 비리 등을 방지하기 위하여 채용에 관한 부당한 청탁, 압력, 강요 등의 행위와 채용과 관련하여 금전, 물품 등을 제공하거나 수수하는 행위를 금지하고 있다. 이를 위반하는 경우 3천만 원 이하의 과태료를 부과하고 있다.

기존의 채용 비리에 대한 처벌은 형법의 업무방해죄를 적용했으나 법리상 업무방해죄 적용에는 한계가 있었다. 채용 비리에 있어 형법의 업무방해죄(제314조)가 성립하기 위해서는 사회적 경제적 지위를 이용하거나 기타의 다른 위법한 수단을 동원한 위법이 있어야 하고, 사람의 업무 즉 타인의 업무에 대한 방해가 있어야 한다.

그런데 부정채용의 관여자는 통상 해당 회사의 의사결정권자로서 채용 업무는 본연의 업무에 해당하고 업무방해죄 성립을 위한 '타인의 업무'에는 해당하지 않는다는 법률상 처벌의 한계가 존재하였다. 따라서 이번 이러한 업무방해죄를 적용의 어려운 문제를 해결하기 위해, 채용과 관련한 채용 비리, 청탁, 금품수수 등의 내용을 자세히 기술하고 이를 위반한 경우 처벌할 수 있는 근거를 노동법의 채용절차법에서 마련하였다는 점에서 큰 의미가 있다.

채용절차법은 채용 청탁 금지 규정 외에도 다음과 같은 내용을 포함하고 있다.

첫째, 거짓 채용 금지 규정이다. 사용자는 근로자를 채용할 의사가 없으면서 채용을 가장하여 아이디어를 수집하거나 사업장을 홍보하기 위한 목적 등으로 거짓 채용 광고를 내면 안 된다. 이를 위반하면 5년 이하 징역 또는 2,000만 원 이하 벌금의 처벌을 받는다(법 제16조).

이는 취업하기 위해 채용 광고를 보고 응모한 구직자의 권익을 보호하고, 사회적 비용과 피해 발생을 방지하기 위한 것이다.

둘째, 사용자가 근로자를 채용하고자 할 때 요구하는 채용 서류와 채용 심사 비용은 구직자들에게 큰 부담이 되고 있으나, 우리나라의 채용시장의 관행상 사용자가 이를 적극적으로 반환하거나 구직자의 요구에 따라 돌려주는 경우는 거의 없다. 이번 채용절차법은 구직자가 제출한 서류에 대해 반환 의무를 고지하고 실제로 반환해야 한다. 그리고 채용심사 비용을 구직자에 전가해서는 안 된다. 이를 위반한 경우 위반한 경우 300만 원 이하의 과태료를 부과한다.

셋째, 사용자는 구직자에 대하여 그 직무의 수행에 필요하지 아니한 개인 정보를 기초 심사자료에 기재하도록 요구하거나 입증 자료를 수집하여서는 아니 된다.

그러한 수집을 제한한 개인정보는 ①구직자의 본인의 용모, 키, 체중 등의 신체적 조건, ②구직자 본인의 출신 지역, 혼인 여부 및 재산, ③구직자 본인의 직계 존비속과 형제자매의 학력, 직업, 재산 등이다.

이를 위반한 경우, 500만 원 이하의 과태료를 부과한다.

사용자의 채용 권한은 사용자의 고유한 권한으로 어떠한 제한 조치가 없었기 때문에 지금까지 채용과정에서 사용자의 권리 남용으로 인하여 사회적 비용이 발생하였고, 채용 비리 등으로 사회적 문제를 발생시켰다. 이러한 점에서 채용절차법은 사용자의 채용 과정에 있어 권리 남용을 일부 제한하고, 구직자의 구직 활동비를 줄이고, 공정한 채용 절차를 확립하는데 크게 기여할 것으로 생각한다.

04

통상해고와 징계해고의 차이

최근 자문하고 있는 회사로부터 통상해고의 문제와 관련하여 2건의 문의가 있었다. 첫째, 회사는 자동차 부두를 운영하며 자동차를 하역하는 회사인데, 2021년 7월 4일 오후 8시 20분경 선내에서 차량을 운전하여 하역하던 중 운전자가 코너를 돌다가 배 구조물(기둥)을 발견하지 못하고 부딪치는 사고가 발생하였다. 배에 있는 기둥은 작업하는 배에는 늘 있는 것이어서 충분히 인지가 가능한 상황이었다.

이 운전 근로자는 2009년 1월 1일 입사 당시에도 눈에 장애가 있었지만, 당시에는 결격사유가 되지 않았다. 입사 후, 이번 건까지 총 10건이나 작업 중 사고를 냈다. 그래서 회사는 이 근로자에게 지정한 병원에서 시력 검사를 받도록 요구하였다. 검사 결과 운전 부적격 판정이 나오면, 추가적 사고 예방과 다른 직원의 안전을 위해 이 근로자를 해고할 수 있는지 대한 의견서를 요구하였다.

둘째, 회사는 2021년 6월 1일 영업부 관리 직원이 회사가 고객으로 받아야 할 납품 대금 4억 원을 횡령하여 잠적하였다. 이 영업부 직원은 개인적 채무로 고민하다가 회사의 공금을 횡령했는데, 우선 이 직원을 경찰서에 고소하여 수배와 조사를 의뢰하였다. 그래서 회사는 2021년 7월 15일 회사의 공금을 횡령하였고 장기간 결근하고 있는 직원에 대하여 어떻게 인사 조치해야 하는지 의견서를 요구하였다.

위의 사례에서 근로자는 일신상의 문제로 인한 '업무 부적격'과 '횡령 및 장기간 결근' 등의 문제가 있는 경우 회사는 해당 근로자에 대하여 통상해고를 해야 한다. 일반적으로 기업의 취업규칙에는 징계해고에 대한 절차는 잘 기술되어 있는 반면에, 통상해고의 절차는 아무런 언급도 없는 경우가 많다. 위의 사례를 통해 통상해고의 개념, 유형, 정당성의 요건에 대한 기준을 정리해 본다.

통상해고란 근로자가 근로 계약상의 근로 제공 의무를 이행하지 못하여 사용자가 채무불이행을 이유로 근로 계약을 해지하는 해고이다. 따라서 통상해고가 정당한 해고가 되기 위해서 근로자가 근로를 제공하지 못한다는 사실이 있어야 하는 근로자의 귀책 사유가 있어야 한다.

여기서 '근로자의 귀책 사유'란 근로 계약상 근로자의 의무인 근로 제공에 필요한 정신적, 육체적 또는 기타 적격성을 현저하게 저해하는 사정이 근로자에게 발생하여 그 결과 근로자가 사업장 내에서 자신의 지위에 해당하는 업무를 충분히 감당할 수 없는 경우이다.

즉, 근로 계약은 "근로자는 사용자에게 근로를 제공하고 사용자는 이에 대해 임금을 지급하는 관계"이기 때문에, 근로 계약에 의한 근로 제공을 제대로 할 수 없는 귀책 사유가 근로자에게 있을 때, 사용자는 근로자가 근로 계약의 중대한 위반을 한 것을 이유로 근로 계약을 해지하는 일이 통상해고이다.

통상해고는 대부분 근로자 측 원인으로 해고가 발생한다.

사례로는, ①직업상 요구하는 자격증을 받지 못한 것, 직무상 요구하는 시험이나 검사의 불합격, 전문적 지식이나 기능의 부족 등이 이에 해당한다. ②인사고과에 의한 근무성적평정의 결과가 나쁜 경우 그 사실만으로 근로자를 해고할 수는 없으며, 근무자의 직무능력이 현저히 부족하다는 것이 객관적으로 판단하는 때만 일신상의 사유로 인정한다. ③근로자의 업무상 부상에 관한 요양 종결에 따라 상당한 신체 장애가 남아 있어 종전의 담당 업무를 수행할 수 없거나 부적합함을 이유로 회사 근로자에 대한 해고는 정당하다. ④운전사가 눈이 멀게 된 경우 또는 요리사가 불치의 전염병에 걸리면 일신상의 해고 사유로 인정한다. ⑤업무와 무관한 폭력사건으로 상해를 입어서 2차례의 휴직에도 불구하고 업무를 수행하면서 상당한 지장을 초래할 수밖에 없어 보인다면 해고는 정당하다.

사용자가 통상해고를 선호하는 이유는 다음과 같다.

첫째 해고가 쉽기 때문이다.

근로자가 근로 계약의 주 의무인 근로 제공 의무를 게을리한다든지 약속된 근로 제공을 불완전하게 한 경우에는 사용자는 그 근로 계약을 해지할 수 있다. 이러한 통상해고는 근로관계 해지 내용을 확대하며 사용자의 유연한 인력 운용을 가능하게 해준다. 그러나 징계해고나 경영상 해고는 엄격한 요건과 절차를 준수하여야 정당한 해고로 인정받을 수 있다.

둘째, 통상해고는 징계해고나 정리해고의 절차규정을 지키지 않는다고 하여도 부당한 해고에 해당하지 않는다. 통상해고는 이러한 면에서 해고의 제한 규정을 완화해주는 역할을 한다. 이는 징계해고나 정리해고가 아니다. 해고의 사유가 근로자 일신상의 이유에 있기 때문이다.

사례로 ①통상해고는 징계위원회를 개최하고 근로자에게 소명의 기회를 주는 등 징계해고와 같은 절차를 거칠 필요가 없다. ②퇴직 처분이 인사위원회 개최와 단체협약상 정해진 의사 진단서 발급 절차 없이 이루어진다.

해고 절차가 위법하거나 신의칙에 반한다는 주장에 대하여, 피고 회사의 단체협약이나 취업규칙상 조합원 또는 종업원을 징계해고가 아닌 다른 사유로 하고, 인사위원회를 개최할 규정이 없다. 퇴직 사유 존재 여부 판단에 해당 근로자의 권익을 위하여 반드시 인사위원회 심사와 기타 절차를 거쳐야 할 필요성이 있는 것도 아니다. 이와 같은 절차를 거치지 않았다 하여 퇴직 처분은 위법이 아니다.

그런데도 통상해고인 경우에도 정당한 해고가 성립되기 위해 근로자의 귀책 사유가 있어야 하고, 법정 절차를 지켜야 한다.

첫째, 통상해고 사유의 정당성에 있어서 그 사유가 근로관계를 더는 지속시킬 수 없는 정도에 이르지 아니함에도 신의성실에 따르는 기본적인 배려 없이 근로 계약을 해지한다면 권리남용에 해당해 정당성이 없다. 예컨대, 근로자의 신체장애로 해고 시 그 장해가 해소 또는 완화될 가능성이 있는 경우라면 일정 기간 유예 기간을 두고 배치전환 등을 하여 근무하도록 하면서 관찰하는 것이 필요하다.

둘째, 통상해고 절차규정의 정당성 요건을 갖추어야 한다. 통상해고도 근로 계약 관계를 종료시키는 사용자의 일방적 의사 표시이므로 근로기준법 해고의 절차규정을 지켜야 한다. 해고 시 해고 사유와 효력일이 기재된 '서면 통보'를 했다(근로기준법 제27조)면 서면 통보는 30일 전에 해야 하고, 30일 전에 해고 예고통보가 없는 경우에는 해고예고수당을 지급해야 한다(근로기준법 제26조). 해고 서면 통보는 해고의 정당성과 효력을 가지는 조항이지만, 해고 예고의무는 금전으로 대체할 수 있으므로 정당성과는 아무런 관련이 없다.

앞에서 기업이 질문한 2가지의 사안이 통상해고에 해당한다.

첫째, 질의에서 근로자의 신체적 결함으로 인해 불완전 근로를 제공하면 사용자는 근로자의 귀책 사유로 인해 통상해고가 가능하다.

둘째, 질의의 경우에서도 근로자가 회사의 공금을 횡령하였을 뿐만 아니라, 장기간 잠적하여 근로 제공을 하지 못하고 있으므로 징계해고와 통상해고의 대상이다.

이 회사의 취업규칙에는 근로자를 징계해고할 때, 반드시 징계위원회를 개최하여 대상 근로자에게 소명의 기회를 주어야 한다는 규정이 있다. 근로자가 장기간 잠적한 상태에서 이러한 징계해고 절차를 지키는 것이 불가능하므로 근로자의 장기간 결근으로 인해 통상해고한다.

취업규칙에 정한 해고 절차를 지키지 않더라도 정당한 해고가 가능하다. 따라서 회사의 인사노무관리 차원에서 통상해고의 법 원리를 잘 살펴보면 해고의 용이성 및 절차의 완화 등에서 그 장점을 찾아 활용할 수가 있을 것이다.

05

고용 종료, 근로기준법의 보호 내용

자본주의 경제 체제에서 민법은 계약 자유의 원칙을 기본 원리로 하고 있으므로 계약 당사자 일방은 일정한 요건이나 손해배상을 전제로 자유롭게 계약을 해지할 수 있다. 그러나 근로자와 사용자 사이의 근로 계약 관계에서 사회적, 경제적으로 우월한 위치에 있는 사용자가 자유롭게 근로 계약을 해지할 수 있도록 하면 취업해야 생계를 유지할 수 있는 근로자는 언제 실직할지 모르는 위험부담을 항상 안고 있다.

이러한 불평등 관계를 개선하고, 근로자의 기본적인 권리인 인간의 존엄성과 행복 추구권을 보장하기 위하여 헌법에 따라 근로기준법이 만들어졌다.

사용자가 근로 계약을 일방적으로 해지하는 것은 부당해고에 해당하여 법적으로 부당해고구제신청 대상이다. 다만, 근로 계약 기간을 정한 경우 기간의 만료, 업무 완성에 필요한 기간을 정하였거나 정년제 근로자가 정년에 도달한 경우 등은 근로관계의 자동 소멸 사유로서 해고에 해당하지 않는다.

근로기준법은 사용자가 정당한 이유 없이 근로자에게 해고, 휴직, 정직, 감봉, 기타의 징계를 하지 못한다고 명시하고 있다(제23조). 근로기준법상 근로 계약 관계에서 민법의 일방적 계약해지 통보는 불가능하다. 이는 근로기준법이 근로자 보호를 목적으로 하고 있기 때문이다. 그래도 정당한 사유가 있는 경우에는 근로 계약의 종결이 가능하다.

판례에 의하면 정당한 사유는 사회 통념상 고용 관계를 계속할 수 없을 정도로 근로자에게 책임이 있는 사유가 있거나 부득이한 경영상 필요가 있는 경우를 말한다. 고용 관계를 계속할 수 없을 정도인지는 사업의 목적과 성격, 사업장의 여건, 근로자의 지위 및 직무의 내용, 비위행위의 동기, 그 행위의 기업 질서에 대한 영향, 과거의 근무 태도 등 여러 사정을 종합적으로 검토하여 판단해야 한다(대법원 2007두979).

근로기준법상 사용자의 일방적인 근로관계 종료는 엄격하게 제한한다. 근로 계약은 기간의 정함이 있는 계약이 있지 않은 이상 근로자와 고용 관계를 단절하기란 쉽지 않다. 정당한 사유를 필요로 하고 해고 시기에 제한을 받으며, 해고 절차에서 엄격한 절차를 거쳐야 정당한 계약 종결을 할 수 있다.

사용자의 일방적 계약 종결 통지는 부당해고에 해당하여 노동위원회를 통한 부당해고구제신청 대상이다. 근로기준법상 해고 제한 규정은 다음과 같다.

1. 정당한 사유에 의한 제한

근로기준법 제23조에 따르면 사용자는 정당한 이유 없이 근로자를 해고하지 못한다고 명시하고 있다. 근로기준법상 근로 계약 관계에서 민법의 일방적 계약해지 통보가 불가능하다. 이는 근로자 보호를 목적으로 하고 있기 때문이다.

그래도 정당한 사유가 있는 경우에는 근로 계약의 종결이 가능하다. 근로기준법 시행령(제14조)에 해고할 수 있는 정당한 사유를 다음과 같이 명시하고 있다.

①납품업체로부터 금품 또는 향응을 받고 불량품을 납품받아 생산에 차질을 가져온 경우,

②영업용 차량을 임의로 타인에게 대리운전하게 하여 교통사고를 일으킨 경우,

③사업의 기밀, 기타 정보를 경쟁 관계에 있는 다른 사업자 등에게 제공하여 사업에 지장을 가져온 경우,

④허위 사실을 날조·유포하거나 불법 집단행동을 주도하여 사업에 막대한 지장을 가져온 경우,

⑤영업용 차량 운송 수입금을 부당하게 착복하는 등 직책을 이용하여 공금을 착복·장기 유용·횡령하거나 배임한 경우,

⑥제품 또는 원료 등을 절취 또는 불법 반출한 경우,

⑦인사·경리·회계 담당 직원이 근로자의 근무 상황 실적을 조작하거나 허위 서류 등을 작성하여 사업에 손해를 끼친 경우,

⑧사업장의 기물을 고의로 파손하여 생산에 막대한 지장을 가져온 경우,

⑨기타 사회 통념상 고의로 사업에 막대한 지장을 가져오거나 재산상 손해를 끼쳤다고 인정하는 경우 등이다.

2. 해고 시기 제한

사용자는 근로자가 업무상 부상 또는 질병 요양을 위하여 휴업한 기간과 그 후 30일 동안, 산전 산후의 여성이 근로기준법에 따라 휴업한 기간과 그 후 30일간은 해고하지 못한다(근로기준법 제23조). 근로자가 노동력을 상실한 기간이나 효과적인 구직활동을 할 수 없는 기간 동안 근로자를 실직 위험으로부터 보호하려는 취지에서 설정한 규정이다. 이를 위반하여 근로자를 해고한 경우 벌칙 조항을 적용하고, 사법상 무효이다. 다만, 사용자가 업무상 부상 또는 질병에 대하여 일시보상을 하였거나 사업을 계속할 수 없는 경우에는 예외적으로 해고 시기를 제한받지 않는다(근로기준법 제23조).

3. 해고 절차 제한

사용자는 근로자를 해고하려면 해고의 사유와 시기를 서면으로 통지해야 한다. 이 서면 통지가 없는 경우에는 해고 효력이 없다. 이 규정

은 사용자가 근로자를 해고하는데 신중하게 처리하는 한편, 해고의 존재 여부 및 시기와 그 사유를 명확하게 하여 사후에 이를 둘러싼 분쟁을 적정하게 해결하고, 근로자에게는 해고에 적절히 대응할 수 있도록 하려는 것이다(근로기준법 제27조).

그리고 사용자는 근로자를 해고하려면 적어도 30일 전에 예고해야 하고, 30일 전에 예고하지 않은 때에는 30일분 이상의 통상임금을 지급해야 한다. 해고예고 규정은 해고의 정당성 여부와는 별개의 사안으로, 정당한 사유가 없는 경우 해고예고 자체를 하였다고 해도 정당한 해고 사유가 되는 것은 아니다(근로기준법 제26조).

민법이 일반법의 차원에서 대등한 당사자 간의 계약관계를 기준으로 권리와 의무 관계를 정립하였다고 본다면, 근로기준법은 특별법으로써 강행 규정으로 사용자가 지켜야 하는 의무들을 명시하고 있기 때문이다. 따라서 특별법인 근로기준법이 일반법인 민법에 우선 적용한다.

06

권고사직(해고 · 합의 퇴직), 판단 기준과 사례

근로관계를 종결하는데, 근로자가 스스로 그만두는 사직과 사용자의 일방적 의사 표시인 해고로 구분한다.

사직은 근로자가 스스로 사직의사 표시를 하고 그만두는 경우로 노동법적 다툼의 문제가 될 여지가 없다. 반면 해고는 사용자가 일방적 의사 표시로 근로관계를 단절하기 때문에 실질적 유효 요건으로 근로기준법 제23조 1항의 규정에 따른 정당한 사유가 있어야 한다.

그런데 사직과 해고의 경계에 해당하는 권고사직은 근로자가 사직하고 싶지 않은 의도가 있지만, 사용자의 권고 때문에 어쩔 수 없이 사직서를 제출하고 사용자가 이를 수용함으로써 고용 관계를 단절하는 것이다.

이 경우 외형상 제출된 사직서를 수리하는 것으로 사직에 의한 근로 관계 종결이기 때문에 해고의 다툼이 있을 수 없을 것 같이 보인다. 이와 관련하여 민법 제107조(진의 아닌 의사 표시)는 규정에 따르면, "의사 표시는 표의자가 진의 아님을 알고 한 것이라도 그 효력이 있다. 그러나 상대방이 표의자(表意字)의 진의 아님을 알았거나 이를 알 수 있었을 때는 무효로 한다."라고 규정하고 있을 뿐이다.

판례는 사용자가 일괄 사직서를 받은 후 선별적 사직을 수용하는 경우에는 해고에 해당하는 반면에 사용자가 긴박한 경영상 이유로 경영상 해고를 단행하기에 앞서 특정 근로자들에게 희망퇴직금을 지급하고 그 대가로 사직서를 제출받고 퇴직 처리한 경우에는 합의 퇴직으로 보았다.

이러한 사직서 제출에 따른 퇴직 처리, 즉 권고사직이 해고인지 합의 퇴직인지를 구분하는 문제에 관하여 법 규정상 구체적이고 명확한 기준이 없으므로 법적 다툼으로 이어지는 경우가 많다. 따라서 이와 관련된 사례를 중심으로 그 법적 판단 기준을 살펴보고자 한다.

해고에 해당하는 사례

사직의 의사가 없는 근로자가 사용자의 일방적 강요 때문에 어쩔 수 없이 사직서를 작성하여 제출한 경우, 근로자의 진의 아닌 의사 표시는 무효라 할 수 있다.

판례도 사용자가 근로자로부터 사직서를 제출받고 이를 수리하는 형식을 취하여 근로 계약 관계를 종료시킨다고 할지라도 사직 의사 없는 근로자가 어쩔 수 없이 사직서를 작성 제출하게 한 경우에는 실질적으로는 사용자의 일방적 의사에 의하여 근로 계약 관계를 종료시키는 것이어서 해고에 해당하고 정당한 이유 없는 해고조치는 부당해고와 다름없는 것으로 판단하고 있다(대법원 90다11554). 근로자의 진의 아닌 의사 표시와 관련된 사례는 다음과 같다.

1. 사직하지 않는 이상 입국을 금지한 경우

재외근로자가 업무상 재해 치료를 위하여 중도 귀국하면서 미리 사직의 뜻이 담긴 사직서를 제출하지, 아니하면 귀국시켜 줄 수 없다는 회사 강요에 어쩔 수 없이 본의에 반하여 사직서를 제출한 것이라면 그 사직서는 무효이다.

2. 일괄 사직서 제출 및 전원 퇴직 처리.

품질 관리를 맡은 상무로부터 품질 불량과 관련하여 강하게 질책을 받았고, 이에 대하여 품질 관리팀은 자체 회의를 거쳐 팀원 전체의 사직서를 작성하여 임원 회의에 제출하였다. 그 팀원 전체의 사직서는 그 내용대로 사직하겠다는 의사가 아니라 종래의 행위에 대한 잘못을 통감하여 책임지는 자세로 새로이 일하겠다는 각오의 의사 표시였다.

이에 대해 회사는 품질 관리팀 전원을 해고하였다. 해고자는 품질 관리팀의 하위 직원에 불과하며, 팀 전체의 업무 처리가 문제가 되어 상무나 팀장이 사직서를 작성하는 상황에서 팀원 전체가 동참하는 차원에서 어쩔 수 없이 사직서를 제출하였기에 이는 부당한 해고에 해당한다.

3. 일괄 사직서 제출 및 선별적 퇴직 처리

감독관청으로부터 일정 수의 임직원을 선발하여 해직시킬 것을 지시받고 이를 시행하면서 모든 직원이 일괄적으로 사직서를 제출하도록 하므로 원고는 사직할 의사가 없으면서도 부득이 다른 직원과 함께 사직서를 제출하였는데, 회사는 6명의 사직서만을 수리하여 면직시켰다. 이는 실질적으로는 회사의 일방적 의사에 의하여 근로관계를 종료시키는 것이어서 해고에 해당한다.

4. 특정 간부 이상 사직서 일괄 제출 및 전원 사직 처리

회사의 대표이사가 부장급 이상 간부들에 대해 이사장에게 재신임을 묻겠다고 하면서 일괄 사직서를 제출하도록 지시하여 간부들은 모두 사직할 의사가 없음에도 일괄 사직서를 제출하였다. 회사는 제출한 사직서에 따라 해당 근로자 전부를 퇴직 처리하였다. 이는 실질적으로 대표이사의 일방적 의사에 의하여 근로 계약 관계를 종료시킨 것으로서 해고에 해당한다.

5. 일괄 사직서 처리 및 재입사 처리

근로자가 회사의 경영 방침에 따라 사직원을 제출하고 회사가 이를 받아들여 퇴직 처리를 하였다가 즉시 재입사하는 형식을 취함으로써 근로자의 그 퇴직 전후에 걸쳐 실질적인 근로관계 단절이 없이 계속 근무하였다면 그 사직원 제출은 근로자가 퇴직할 의사 없이 퇴직 의사를 표시한 것으로서 비진의 표시에 해당하고 재입사를 전제로 사직원을 제출하게 한 회사 또한 그와 같은 진의 아님을 알고 있었다고 할 것이므로 위 사직원 제출과 퇴직 처리에 따른 퇴직 효과는 생기지 아니한다.

6. 그룹사 방침에 따라 사직서 제출 후, 다시 자회사 전출한 경우

근로자가 모회사로부터 자회사로, 다시 자회사로부터 모회사로 전출한 경우에 근로자가 자의에 의하여 계속 근로관계를 단절할 의사로써 모회사 또는 자회사에 사직서를 제출하고 퇴직금을 받은 다음 자회사 또는 모회사에 다시 입사하였다. 이는 전자와의 근로관계는 일단 단절될 것이지만, 그것이 근로자의 자의에 의한 것이 아니라 모회사의 경영 방침에 의한 일방적인 결정에 따라 퇴직과 재입사의 형식을 거친 것에 불과하다면 이러한 형식을 거쳐서 퇴직금을 받았더라도 근로자에게 근로관계를 단절할 의사가 있었다 할 수 없고 따라서 계속 근로관계도 단절하지 않는다.

7. 저 평가자에 일방적 권고사직한 경우

정부의 공기업 경영 혁신 계획에 따라 인력 감축의 목적으로 농어촌진흥공사가 구조조정 대상자를 선정하면서 합리적이고 공정한 기준

없이 일부 근로자를 문제 직원으로 확정하여 그에 대하여 사직을 종용함으로써 권고사직 형식으로 근로 계약 관계를 종료시킨 경우, 이는 실질적으로 해고에 해당한다.

합의 퇴직 사례

합의 퇴직에 대한 판단 기준은 진의 아닌 의사 표시였지만, 이를 진의의 의사 표시로 인정할 수 있는 것이라면, 합의 퇴직 성격으로 판단할 수 있다는 점이다. 비록, 사용자가 사직 의사 없는 근로자가 어쩔 수 없이 사직서를 작성 · 제출하게 한 후 이를 수리하여 근로 계약 관계를 종료시키는 경우라도, 사용자가 사직서 제출에 따른 사직 의사 표시를 수락함으로써 사용자와 근로자 사이의 근로 계약 관계가 합의 퇴직 때문에 종료한 것으로 볼 수 있으므로 사용자의 해고라고 볼 수 없다.

특히 진의 아닌 의사 표시에서 '진의'란 특정한 내용의 의사 표시를 하고자 하는 표의자의 생각을 말하는 것이지 표의자가 진정으로 마음속에서 바라는 사항을 뜻하는 것은 아니므로 표의자가 의사 표시의 내용을 진정으로 마음속에서 바라지는 아니하였다고 하더라도 당시의 상황에서는 그것이 최선이라고 판단하여 의사 표시를 하였을 때는 이를 내심의 효과의사가 모자란 진의 아닌 의사 표시라고 할 수 없다.(대법원 2002다11458).

1. 경영상 해고와 관련한 희망퇴직

근로자는 사직을 선뜻 받아들일 수는 없었다 할지라도 그 당시의 경제 상황, 피고 회사의 구조조정 계획, 피고 회사가 제시하는 희망퇴직의 조건, 퇴직할 경우와 계속 근무할 때 있어서의 이해 관계 등을 종합적으로 고려하여 당시의 상황으로서는 그것이 최선이라고 판단한 결과 사직원을 제출하였다. 따라서 근로자들과 회사 사이의 근로관계는 근로자들이 회사의 권유에 따라 사직 의사 표시를 하고 회사가 이를 받아들임으로써 유효하게 합의 퇴직이 성립한다고 본다.

2. 징계해고보다 권고사직 처분을 위해 사직서 제출한 경우

근로자가 사직원 제출 당시 자기 의사 표시를 진정으로 바라지 아니하였다 하더라도 당시 상황에서 징계 면직처분 효력을 다투는 것보다는 퇴직금 수령 및 장래를 위하여 대심판결을 통한 징계해고의 취소를 받는 것이 최선이라고 판단하여 그 의사 표시를 한 것으로서 근로자에게 그 의사 표시에 상응하는 사직 효과 의사가 있었다고 본다.

비진의에 의한 사직서 제출에 따른 해고 여부 판단은 그 진위(眞僞)가 부인하거나 인정하는 때에 따라 달라진다. 그 진의를 부인하는 경우, 사용자는 부당해고의 책임을 져야 한다. 이와 별개로 근로자의 사직서 제출이 진의로 인정받을 때는 합의 퇴직 또는 명예퇴직으로 간주하여 부당해고의 문제는 발생하지 않는다.

판례는 다음과 같은 기준을 제시하고 있다.

"사용자가 근로자로부터 사직서를 제출받고 이를 수리하는 형식을 취하여 근로 계약 관계를 종료시킨 경우, 사직 의사 없는 근로자가 어쩔 수 없이 사직서를 작성 제출하게 하였다면 실질적으로 사용자의 일방적인 의사에 의하여 근로 계약 관계를 종료시키는 것이어서 해고에 해당한다고 할 것이나, 근로자가 사직을 진정으로 마음속에서 바라지는 아니하였다고 하더라도 당시의 상황에서는 그것이 최선이라고 판단하여 사직의 의사 표시를 하였을 때는 해고라고 볼 수 없다." (대법 2002다11458)

07

부당해고구제신청은 노동위원회의 '심판회의'

근로자는 사용자가 정당한 이유 없이 해고, 휴직, 정직, 전직, 감봉, 그 밖의 징벌을 받은 경우, 노동위원회에 구제신청을 할 수 있다(근로기준법 제28조).

노동관계의 분쟁은 유동적이며 계속적이고 집단적인 성격을 가지고 있어 그 해결을 일반 행정기관이나 사법기관에서 처리할 경우, 관료주의성, 경직성, 비전문성 등으로 인해 공정하고 신속하며 합리적인 해결을 기대하기 어려운 측면이 있다. 이러한 이유로 인해 독립된 행정기구로 설치된 노동위원회를 통하여 노동분쟁을 신속·공정하며 합리적으로 처리하고 있다.

노동위원회의 준사법적 권한에 의해 결정하는 내용은 법원에 의한 해결에 비해 신속성 및 전문성을 보장할 수 있는 장점이 있다. 그러면, 노동위원회의 주요 기능인 심판회의의 운용 방법에 관해 설명하고자 한다.

구성과 운영

노동위원회는 지방행정과 대응하는 조직 체계를 갖추고 있다. 전국을 단위로 하는 중앙노동위원회와 서울특별시·광역시와 도를 단위로 하는 13개 지방 노동위원회로 구성했다. 그리고 노동위원회는 고용노동부 장관이 관리한다.

중앙노동위원회는 지방 노동위원회의 처분을 재심하며 이를 승인, 취소 또는 변경할 수 있다. 노동위원회의 심판회의는 위원장 또는 상임위원을 포함한 공익위원 3명과 근로자위원과 사용자 위원 각 1인으로 구성하고 있다.

노동위원회는 구제신청서가 접수된 날로부터 60일 이내에 신청 요건(당사자 적합 여부 등), 사실 조사를 거친 후 당사자와 증인에 대한 심문을 다루는 심문회의와 판정회의를 거쳐 사건의 인용과 기각, 각하 여부를 결정한다.

부당해고 심판은 근로자가 관할 지방 노동위원회에 구제를 신청함으로써 개시된다. 근로자의 신청은 사용자의 부당해고 또는 부당노동행위가 행해진 날(그러한 행위가 계속될 경우 그 종료일)부터 3개월 이내에

행해져야 한다. 담당 지방 노동위원회는 부당해고 또는 부당노동행위가 발생한 사업장의 소재지를 관할하는 지방 노동위원회를 말한다.

노동위원회는 구제가 신청된 사건에 대해 바로 필요한 조사와 관계 당사자에 관해 심문한다. 조사의 과정으로 ①노동위원회가 담당 조사관을 지정하고, ②신청인에게 신청 이유를 소명하기 위한 증거 제출을 요구하고, ③피신청인에게 구제신청서 및 이유서의 부본을 보내 그에 대한 답변서 및 그 이유의 소명을 위한 증거의 제출을 요구하고, ④필요한 경우 당사자, 증인 또는 참고인의 출석을 요구하여 진술을 듣고 사실조사를 하는 과정을 거친다.

노동위원회는 구제신청이 이루어진 사건 접수일로부터 60일 이내에 심문회의를 열어 부당해고 또는 부당노동행위의 성립 여부를 판단하기 위하여 사건에 대한 심문을 진행한다. 심문회의는 당사자가 제출하는 증거서류와 조사 절차 중에 수집된 증거 자료에 대해 심사하여 부당해고 또는 부당노동행위의 성립 여부를 판단하기 위한 사전 절차이다.

사건을 배정받은 공익위원과 노사위원이 출석하여, 당사자의 쌍방에게 자신의 주장을 입증하게 하고, 증인과 참고인을 심문하기도 한다. 공익위원은 심문회의에서 심문한 후 판정회의에서 부당해고 또는 부당노동행위의 성립 여부를 판단하여 의결한다. 심문회의에 참석한 근로자위원과 사용자 위원은 당사자나 증인을 심문할 수 있고, 판정회의에서 공익위원이 판정을 의결하기 전에 자신의 의견을 개진할 수 있다.

해고 등 불이익한 인사 조처의 정당성에 관하여 근로자의 특정한 행위의 존재, 그 행위가 취업규칙 등 징계 사유에 해당하는 사실, 징계 절차의 정당성, 징계 양정 및 형평의 적정성 등에 관한 일차적인 증명책임은 사용자에게 있다(증명책임; 대법원 1992. 8. 14. 선고 91다29811판결).

노동위원회에 구제를 신청한 사건 중에는 노동위원회로부터 판정이 내려지지 않고 당사자 간 화해로 당해 사건을 해결하는 경우가 많다. 화해는 노사 당사자 간 대립한 입장을 해소해 이후의 원활한 노사관계를 회복시켜 줄 수 있으며, 또한 사용자가 임의로 합의한 바는 자발적으로 이행되므로 노동위원회가 구제명령으로 강제하는 것보다 그 이행을 담보하는 면도 있다.

노동위원회는 조사 및 심문 과정에서 언제든지 당사자에게 화해안을 제시하고 화해를 권고하거나 주선할 수 있다. 화해가 성립하면 화해조서를 작성하는데, 이 화해조서는 재판상 화해와 같은 효력을 가진다.

노동위원회의 심판회의는 심문을 종료하면 판정회의를 개최하여 부당해고 또는 부당노동행위의 성립 여부를 판정한다. 판정회의는 공익위원 3인 전원 출석으로 개의하고 위원 3인 중 과반수인 2인이 찬성하여야 성립한다.

부당해고 또는 부당노동행위가 성립한다고 판정한 때에는 사용자에게 구제명령을 내리며, 성립하지 않는다고 판정한 때에는 그 구제신청을 기각하는 결정한다. 노동위원회는 판정회의가 있고 난 뒤 30일 이내에 판정서를 당해 사용자와 신청인에게 각각 발부한다.

금전보상제도

근로자가 부당해고에 대한 구제방법으로 결정된 복직을 희망하지 않는 경우, 노동위원회의 구제명령에 따라 사용자가 임금 상당액 이상 금품을 지급하고 근로관계를 종료할 수 있는 금전보상제도가 도입했다.

임금 상당액 이상의 금품은 해고 기간 임금 상당액과 위로금을 포함하여 복직을 대신한 것으로서, 노동위원회가 근로자의 귀책 사유, 해고의 부당성 정도 등을 고려하여 결정한다. 금전보상제도가 도입됨으로써 정당한 이유 없는 해고의 구제방식을 다양화하여 권리구제의 실효성을 증대시켰다고 할 수 있다.

그러나 실무에 있어서 금전보상제도는 해고 기간에 받을 수 있었던 임금에 한정하여 최소한의 보상만 인정하므로 제한적으로 이용하고 있다. 따라서 금전보상제도를 활성화하기 위해서는 해고 기간의 임금, 일정액의 위자료, 구제신청에 든 비용 등도 인정하는 것이 타당하다고 본다.

구제명령의 불이행 및 불복 절차

사용자는 구제명령이 있을 때는 이에 따라야 한다. 사용자가 명령을 따르지 않을 때는 형벌이 부과된다. 그러나 이것은 명령을 확정한 이후에야 해당한다. 사용자가 노동위원회의 판정에 불복하여 재심을 신청하거나 행정소송을 제기하는 경우 명령은 확정하지 않는다. 이 경우, 부당해고 구제에서는 확정하지 않은 구제명령에 대해서도 이행을 강제하는 이행강제금 제도가 인정된다.

노동위원회는 구제명령 또는 중앙노동위원회의 재심판정을 받은 후 이행 기한까지 구제명령을 이행하지 아니한 사용자에게 3천만 원 이하의 이행강제금을 부과한다. 노동위원회는 최초의 구제명령을 한 날을 기준으로 매년 2회의 범위에서 구제명령을 이행할 때까지 반복하여 이행강제금을 부과 · 징수할 수 있다(2년 한도).

노동위원회는 중앙노동위원회의 재심판정이나 법원의 확정판결에 따라 노동위원회의 구제명령을 취소하면 직권 또는 사용자의 신청에 따라 이행강제금의 부과 · 징수를 즉시 중지하고 이미 징수한 이행강제금을 반환하여야 한다. 여기서 사용자의 구제명령 이행과 관련하여 논란이 되는 부분은 사용자의 부당해고 등에 대한 이행 기준이 없는 경우, 그 이행 여부에 대한 해석을 둘러싸고 근로자 · 사용자와 노동위원회 사이에 마찰이 야기될 우려가 있다는 점이다. 따라서 이행 기준에 관한 판단은 완전 이행을 전제로 하고 있으며, 그 목적은 이러한 마찰을 예방하고, 구제명령의 실효성을 확보하며, 노사분쟁의 조기 해결을 도모하고자 함이다.

그 기준은 다음과 같다.

① 복직 이행은 당해 근로자에게 해고 등을 할 당시와 같은 직급과 같은 종류의 직무를 부여하였거나 당해 근로자의 동의를 얻어 다른 직무를 부여하였는지 여부. 다만, 같은 직급이나 직무가 없는 등 불가피한 사유가 발생한 때에는 유사한 직급이나 직무를 부여한 경우이다.

② 임금 상당액 지급의무 이행은 구제명령의 이행 기일까지 그 금액을 전액 지급한 경우이다.

③금전보상을 내용으로 하는 구제명령은 주문에 기재한 금액을 전액 지급한 경우이다.

④그 밖의 구제명령 이행은 그 주문에 기재된 대로 이행한 경우이다.

⑤당사자가 부당해고 구제명령과 다른 내용으로 합의하고 그 내용대로 이행한 경우 완전이행으로 간주한다.

지방 노동위원회의 구제명령 또는 기각결정에 불복이 있는 관계 당사자는 중앙노동위원회에 재심을 신청할 수 있다. 재심신청 기간은 판정서를 송달받은 날부터 10일 이내이다.

중앙노동위원회의 재심 절차는 지방 노동위원회에서 초심절차와 같이 진행된다. 중앙노동위원회의 재심판정에 대하여 관계 당사자는 행정소송법에 정하는 바에 따라 취소소송을 제기할 수 있다. 제소 기간은 재심 판정서를 송달받은 날로부터 15일 이내이다.

회사(근로자)가 중앙노동위원회의 결정에 불복하여 행정소송을 제기한 경우, 피고가 중앙노동위원회가 되고, 당해 근로자(사용자)는 피고보조참가인이 된다. 재심신청 기간 내에 재심을 신청하지 않거나 제소 기간 내에 행정소송을 제기하지 않는 경우, 그 구제명령, 기각결정, 재심판정은 확정된다.

08

해고에서 화해를 통한 노동분쟁 해결

노동위원회에 접수된 전체 사건 중 화해로 종결된 사건의 비율이 2019년 기준 61.8%, 2017년 62.7%, 2018년 63.5 %로 점차 확대하고 있다(2020년 고용 노동백서). 이는 2007년 4월 '노동위원회법'에 '화해 조항'이 명문으로 도입한 이후 노동위원회가 화해제도를 노동분쟁을 해결하는 중요한 수단으로 간주하고 있다.

노동위원회의 판정은 어느 한 당사자의 일방적 이익을 가져오고, 다른 상대방에게는 모든 것을 잃는 결과를 가져오기 때문에 이에 대한 불복으로 인하여 노동분쟁이 장기화하는 경향이 있다.

화해는 회사와 근로자가 해고 사건을 원만하게 해결하기 위하여 노동분쟁이 장기화하는 것을 사전에 방지하는 임무를 수행한다. 화해제도의 이러한 중요한 역할에도 불구하고, 실무에서 우연히 이루어지는 분쟁해결 방식으로 간주하고 있다. 따라서 화해를 통해 노사분쟁을 합리적으로 해결한 실사례에서 화해제도를 이해하고, 이를 적극적인 활용 방법을 모색할 필요가 있다.

민법에서 '화해'는 당사자가 상호 양보하여 당사자 간의 분쟁을 끝낼 것을 약정함으로써 그 효력이 생긴다. 화해계약은 당사자 일방이 양보한 권리가 소멸하고 상대방이 화해로 그 권리를 취득하는 효력이 있다(제731조, 제732조).

판례는 화해의 효력에 대해 화해계약이 성립하면 특별한 사정이 없으면 그 창설적 효력에 의하여 종전의 법률관계를 바탕으로 한 권리의무관계는 소멸하는 것이므로 계약당사자 간에는 종전의 법률관계가 어떠하였느냐를 묻지 않고 화해계약에 따라 새로운 법률관계가 생기는 것으로 봤다(대법원 92다25335).

노동위원회법(제 16조의3호)에 따르면, 노동위원회는 노동조합법 제84조 또는 근로기준법 제28조의 규정에 따른 판정 · 명령 또는 결정이 있기 전까지 관계 당사자의 신청 또는 직권에 의하여 화해를 권고하거나 화해 안을 제시할 수 있다. 당사자가 합의해 작성된 화해조서는 「민사소송법」에 따른 '재판상 화해'의 효력을 갖는다.

노동위원회의 부당해고 사건에서 화해는 주로 심문회의에서 공익위원이 화해를 권고하고 어느 일방이 이를 수용할 때, 화해의 시간을 부여하는 방식으로 진행한다. 보통 부당해고 사건을 진행하면서 어느 일방이 화해를 요구할 때는 이를 요구하는 일방이 자신들의 주장이 약하다는 것을 인정하는 모습으로 비칠 것을 우려하여 흔히 심문회의까지는 화해를 먼저 제안하지 않는다.

사용자로서는 부당해고로 판정이 날 가능성이 크면 화해를 수용한다. 또한, 정당한 해고로 인정받을 것이 확실시되더라도 합의금이 아주 적다면 근로자가 재심신청을 사전에 방지하기 위해 화해를 수용하기도 한다. 반면에, 근로자는 복직이 되더라도 ①계속 근무가 불가능한 경우, ②새로운 직장에 취업한 경우, ③부당해고로 인정받기가 어려운 경우 합의를 수용한다.

화해 금액은 보통 '근로자의 급여'를 기준으로 계산한다. 해고 사건에서 근로자가 유리한 상황에 놓여 있으면, 해고 기간의 임금과 추가로 근무하면 받을 수 있는 기간에 대한 임금을 요청하기 때문에 1년 치까지의 급여를 합의금으로 청구하기도 한다. 이에 반해 근로자가 해고사건에 대해 불리한 경우에는 해고 기간의 임금 정도만 받고 화해하는 경우가 많다.

따라서 노동위원회는 부당해고 여부를 판정하기에 앞서 심문회의에서 사실관계를 통해 해고가 정당한지 부당한지를 어느 정도 심문이 있고 난 이후에 화해를 권유하며 합의금을 제시한다. 양 당사자의 합의금액이 차이가 난 경우에는 노동위원회의 조정을 통해 합의금이 어느 정도 좁혀져서 합의되도록 유도한다. 그런데도 최종적으로 합의되지 않으면 심문회의에서 곧바로 부당해고 여부를 판정하지 않고, 며칠의 기회를 주어 회사와 근로자가 합의하기도 한다.

'금전보상제도'는 부당해고로 판정 났으나 근로자가 복직을 원치 않아 대신 금전으로 보상하는 제도이다(근로기준법 제30조). 금전보상 청구는 심문회의 개최일을 통보받기 전까지 하여야 하며, 보상금액의 산정 기간은 해고 일로부터 당해 사건의 판정 일까지로 한다(노동위원회 규칙 제64조, 제65조). 따라서 금전보상은 해고 기간의 임금만 청구할 수 있으며, 해고에 대한 정신적 보상(위자료)에 대해서는 인정하지 않기 때문에 보상금이 낮아 제한적으로 사용할 수밖에 없다.

이에 반해 화해는 금전보상 수준에 대한 어떠한 구속도 없으므로 부당해고로 판정될 가능성이 크면 더 많은 합의금을 청구할 수 있고, 반면에 정당한 해고로 판정될 가능성이 크면 1개월 치 해고예고수당 정도의 임금으로 합의하는 예도 있다.

사례 1 A 회사 해고 사건

A 회사는 대만계 반도체 회사로 한국에 5명의 직원이 반도체 부품을 전자회사에 판매하고 있다. 최근에 회사는 적자가 계속되고 있어 이에 대한 원인이 한국 지사장의 영업능력 부족이라 판단하였다. 이에 회사는 2014년 8월에 해고예고수당만을 지급하고 지사장을 즉시 해고하였다. 곧바로 지사장은 부당해고구제신청을 노동위원회에 신청하였다.

노동위원회는 2014년 11월 19일 심문회의를 개최한바, 회사가 주장하는 지사장의 영업실적 부족의 원인 중 하나로 회사의 반도체 가격 경쟁력이 높지 않았고, 지사장의 지위가 사용자인지에 대해 실제로 영업부서장 정도의 역할만 하였고, 독립된 사업체의 대표자 역할을 하지 못하였다는 사실관계 확인이 되자 회사에 불리한 분위기였다.

노동위원회는 지사장이 복직한다면 회사의 신임을 잃은 이상 계속 근로가 불가능하다고 판단했다. 이러한 상황에서 노동위원회는 화해를 제시한바, 회사와 지사장은 화해하겠다고 의사 표시를 하였다. 이 심문회의의 화해 조건으로 근로자는 12개월의 임금보상을 요구한바, 회사는 해고예고수당과 공인노무사의 수임료 등을 고려해 3개월의 임금보상한다고 견해를 밝히었다. 이에 공익위원은 당사자 쌍방에게 8개월의 임금보상(안)을 제시하였으나, 회사는 이를 거부하였다. 이에 노동위원회는 1주의 화해 기간을 추가로 주면서 동 기간 내 합의하지 않으면 부당해고의 여부를 판정한다고 하였다.

이에 회사를 대리한 공인노무사는 현재 회사가 지방 노동위원회에서 불리한 입장이고, 부당해고로 판정 시 재심 절차 등 추가적 법률비용이 발생한다는 점을 설명해 회사가 추가 5개월 치의 임금보상을 합의안으로 받아 냈다.

한편, 근로자 측도 공익위원의 제시안을 수용한 상태로 8개월 치 임금보상 합의안은 수용하겠다는 견해였다. 이에 사용자 측 공인노무사는 근로자 측 공인노무사에게 연락해 실제로 퇴직금 계산에 있어 상시 근로자 수 5인 이내의 기간을 고려할 경우 약 2개월 치 임금이 줄어든다는 사실을 설명하면서 기존의 8개월 치 임금보상에서 6개월 치로 조정하였다. 최종 1개월 치 임금보상 차이에 대해 회사를 추가로 설득하였고, 노동자 측에게도 추후 근로자가 부담해야 할 위험을 설명해 5.5개월 치로 양보해 최종합의에 이르렀다.

사례 2 B 회사의 해고 사건

B 회사는 스위스에 본사를 둔 다국적 기업의 한국지사이다. 근로자는 2012년 12월 1일에 한국지사에 상무로 발령을 받아 새로이 2년간의 근로 계약을 체결하고 근무를 시작하였다. 근로자는 성실히 근무하던 중 갑작스럽게 2013년 8월 30일에 해고통지를 받았다.

해고 이유는 근로자가 2012년 본사에서 근무 시 거래업체와 부당거래에 관여한 것이었다. B 회사는 본 사안을 자체 조사하지 않은 채 B 회사 본사의 해고요청 통지에 따라 그 근로자를 해고하였다. 이에 근로자는 노동위원회에 부당해고구제신청을 하였고, 이 사건과 관련해 노동위원회의 심문회의가 2013년 12월 17일 오후에 열렸다.

심문회의에서 B 회사가 본사의 요청으로 취업규칙에 따른 징계 절차도 거치지 않은 채 근로자를 일방적으로 해고한 것이 인정되어 부당해고로 판정될 것이 명백하였다. 심문회의 의장은 양 당사자에게 합의를 제안한 바, 이를 수용하였다.

하지만 합의 금액에 대해서는 다툼이 있어 쉽게 해결되지 않았다. 근로자도 업무 복귀가 사실상 어려운 상황이었고, 회사도 부당해고 판정을 피해갈 수 없는 처지였다. 근로자는 계약 기간이 11개월가량밖에 남아 있지 않았기 때문에 11개월 치의 임금보상을 요구하였다.

이에 대해 회사는 부당해고로 판정이 날 경우의 위험 등을 고려해 6개월 치 임금보상을 제시하였다. 최종 양 당사자가 상호 양보해 9개월 치에 조정한 임금보상으로 합의했다.

노동위원회에서 화해제도는 판정보다 한 당사자에게 주어지는 일방적 손해를 예방하고, 차후 원만한 관계를 유지하며, 분쟁을 확정적으로 종결한다는 점에서 큰 장점이 있다. 다만, 화해의 성립 여부는 당사자가 처해 있는 객관적인 상황과 당사자의 주관적인 감정에 의해 영향을 받기 때문에 실무에서 화해로 문제해결을 하기 어렵다. 따라서 화해 성립에 대한 불확실성을 줄이기 위해 '금전보상제도'를 개선하여, 해고 기간에 임금 상당액이 아닌 근속연수만큼의 급여보상을 추가 삽입한다면, 불확실한 화해제도를 '금전보상제도'로 흡수할 수도 있을 것이다.

09

징계해고, 절차를 지키지 않으면 정당한 사유가 있더라도 부당해고이다

징계의 정당성을 따질 때, 징계의 사유, 양정 및 절차가 모두 정당해야 정당한 징계를 한 것으로 판단한다. 특히 징계의 절차와 관련하여 징계의 사유가 충분히 있고 징계의 양정이 타당하더라도 그 절차를 준수하지 않으면 징계 자체가 무효로 된다는 점이다. 이 징계의 절차는 2가지 유형으로 분류할 수 있다.

첫째는 해고 등의 서면통지이다.

즉, 해고의 서면통지를 하지 않은 경우, 정당한 해고 사유가 있더라도 이는 부당한 해고로 판정한다.

둘째, 회사의 취업규칙 및 단체협약에 징계의 절차를 정한 경우에는 반드시 이 절차규정을 준수해야만 정당한 징계가 된다. 즉 이러한 절차를 지키지 않을 때는 정계 사유가 정당하더라도 그 징계의 효력은 인정되지 않는다. 그러나, 취업규칙이나 단체협약에 징계대상자의 출석 및 진술 기회부여 등에 관한 절차가 규정되어 있지 않다면 그와 같은 절차를 밟지 아니하고 징계절차를 진행해도 징계의 효력이 인정된다.

이 징계의 절차와 관련하여 필자가 경험한 사례를 중심으로 그 정당성에 대해 살펴보고자 한다.

사례 1 서면 통보와 관련한 해고

서울 목동에 있는 G 영어학원은 원어민 강사와 한국인 강사 20여 명을 채용하여 초중등 학생들에 영어교섭을 하는 학원을 운영하고 있다. 이 학원의 원장은 원어민 강사와 한국인 강사 비율을 맞추기 위해 원어민 강사(이하, "이 사건 근로자"라 함) 중, 자질이 부족하다고 판단한 2명의 외국인 강사에 대해 8월 중순 무렵에 해고를 통보하고 8월 27일에 해고하였다.

이 사건 사용자는 이 사건 근로자들에게 사전에 해고통보를 구두로 하였으며 퇴직 후, 2019년 9월 2일 핸드폰 문자와 일반우편으로 이 사건 근로자들에게 서면으로 해고통보를 하였다고 주장하였다. 그리고 이 사건의 근로자들은 2019년 11월 24일 부당해고구제신청을 서울지방노동위원회에 청구하였다.

이 사건 심판에 있어 노동위원회는 다음과 같이 판단하였다.

"이 사건에 관한 당사자의 주장 요지가 위와 같으므로 이 사건의 주요 쟁점은, 이 사건 해고의 정당성 여부, 즉 그 사유, 절차 및 양정이 적정한지에 있다 하겠다. 이 사건 해고의 정당성에 대하여 살펴보면 근로기준법 제27조 제1항에서는 '사용자는 근로자를 해고하려면 해고 사유와 시기를 서면으로 통지하여야 한다.'고 규정하고 있고, 제2항에서는 '근로자에 대한 해고는 제1항에 따라 서면으로 통지하여야 효력이 있다.'라고 규정하고 있다. 이 사건 근로자들에게 해고 통보서를 우편으로 보냈다고 주장하였으나, 해고 통보서를 우편으로 보낸 사실을 입증하지 못하고 있으므로 이 사건 사용자가 근로기준법 제27조에서 정하고 있는 해고의 서면통지 절차를 이행하였다고 인정하기는 어렵다. 따라서 이 사건 해고는 사유의 정당성 여부를 살펴볼 필요도 없이 부당하다 할 것이다."

이 사건 사용자는 서면해고 통보서 하나 때문에 몇만 원도 아닌 2천만 원을 보상해야 한다는 것에 대해 반발하고 노동위원회의 판단은 공정한 판정이라 할 수 없다고 주장했다.

이에 반해 근로기준법 제27조는 사용자가 근로자를 해고하려면 해고 사유와 시기를 서면으로 통지하여야 그 효력이 발생하도록 규정하여, 이러한 서면 통보가 해고의 효력 요건임을 명시하고 있다. 이는 근로자의 생활에 막대한 지장을 초래하는 해고 문제가 신중하게 다루어지도록 하고 부당해고 및 퇴직금과 관련하여 분쟁이 발생하였을 때 이를 명확히 해결하기 위함이다.

사례 2 징계 절차와 관련한 징계 사건

전라남도 여수의 택시회사인 미향교통은 근로자 40여 명을 고용하여 택시운수업을 영위하고 있다. 2020년 8월 회사는 여러 해 동안의 누적된 적자운영 상태를 타개해보고자 사납금 인상을 추진하였으나, 노동조합의 거부로 인해 사납금을 인상하지 못했다.

이에 회사는 노동조합을 압박하여 사납금을 인상하고자, 기존 관례대로 근무했던 1일 12시간을, 단체협약에 정해진 근로시간인 1일 8시간으로 제한하겠다고 통보하였다. 그런데 조합원들이 회사의 지시에 따르지 않자 회사는 개별 조합원에게 회사의 지시 사항을 위반할 경우 정직 또는 해고할 수 있다는 내용의 경고장을 발송하였다.

2020년 9월 6일 조합원 10여 명이 사장실에 몰려와 항의하던 중, 이 사건 근로자 1, 2가 주동이 되어 대표이사에게 욕설하고 회사의 비리를 고발하여 회사 문을 닫게 하겠다고 협박을 하였다.

이에 회사에서는 취업규칙에 따라 회사가 지명한 4명의 징계위원으로 징계위원회를 소집하여 이 사건 근로자들에게 "종업원의 책무위반"을 이유로 무급정직 3개월의 징계처분을 하였다. 이 사건 근로자들은 2020년 10월 26일 이 사건 사용자를 상대로 전남지방노동위원회에 부당 정직 구제신청을 제기하였다.

해당 노동위원회는 2020년 12월 부당 정직 구제신청에 대해 구제명령을 하였다. 이에 이 사건 사용자는 중앙노동위원회에 재심을 신청하였고, 중앙노동위원회도 해당 노동위원회와 같은 결정을 하면서 이 재심청구에 대한 기각결정을 하였다. 그 내용은 징계 사유의 정당성은 인정되지만, 징계절차의 정당성은 인정하기 어렵다는 점이다.

이 사건에 대해 중앙노동위원회는 다음과 같이 판단하였습니다.

“이 사건 근로자들에 대한 징계 사유는 2020년 9월 6일 있었던 대표이사와 이 사건 근로자들 사이의 언쟁 과정에서 이 사건 근로자들이 한 욕설은 이 사건 녹취록, 관련자들의 자술서 및 관련 영상 자료 등을 보건대 사실로 인정하여 징계 사유를 인정한다. 그러나, 이 사건 근로자들에 대한 징계처분은 단체협약에 따른 정당한 절차를 거쳐야 함에도 이 사건 사용자는 이 사건 근로자들 징계 시 단체협약에 따른 노사 3인 동수로 구성된 상벌위원회를 구성하지 아니하고 취업규칙에 따라 사용자 측이 선임한 징계위원으로만 구성한 징계위원회에서 징계하였는 바 이는 절차상 하자가 있어 그 정당성을 인정할 수 없는 부당한 징계에 해당한다.”

결론적으로 이 사건에서 사용자의 정직 처분은 징계의 사유가 정당하지만, 징계의 절차를 준수하지 않아 부당 정직으로 판정을 받았다. 이 경우, 회사에서는 해당 노동위원회의 판정이 있었을 때, 다시 적법한 징계절차를 밟아서 재(再)징계해야 했다. 징계절차를 위반하여 무효로 된 징계에 대하여 다시 정당하게 징계절차를 거쳐 다시 징계하는 것은 가능하다.

10

외국 본사의 파견근무, 외국인 부당해고 사례

1. 사건 경위 및 문제의 쟁점

재미 교포인 본 사건의 근로자는 2017년 9월 미국에 본사를 두고 한국에 설립된 자회사에 부사장으로 채용되어 4년간 근무하던 중, 2021년 1월 21일에 미국 본사로부터 "일거리가 부족하다"라는 이유로 즉시 해고당했다.

미국 본사는 근로자의 고용 기간에 대한 퇴직금을 보상금으로 제시하면서 퇴직동의서에 서명을 요구하였다. 그러나, 근로자는 퇴직동의서에 서명을 거부하면서, 한국에 있는 한국 자회사에 고용되어 근무하다가 해고되었기 때문에 한국노동법에 따라 부당해고 구제를 받기 위해 2021년 2월 15일에 서울지방노동위원회에 구제신청을 신청하였다.

한국 자회사는 근로자가 미국 본사에 소속된 근로자이고 한국에 파견되어 근무하고 있으므로 한국노동법을 적용하지 않는다고 주장하였다. 그 근거로 근로자가 급여를 미국 본사로부터 미국 통장으로 받았고 미국의 국민연금과 의료보험을 적용받았으며, 미국 본사의 업무지시를 받아서 일하였다는 점을 들었다.

아울러 비록 근로자가 한국 자회사 부사장의 직위를 가지고 근무하였으나, 근로자에 대한 인사권은 모두 미국 본사에 있으므로 근로자가 한국에 한국 자회사를 상대로 부당해고구제신청을 한 것은 실익이 없다고 주장하였다.

여기서 주요 쟁점은 ① 한국 자회사가 실질적으로 사용자로서 역할을 할 수 있는지와, ②외국에 있는 미국 본사가 근로자에 대해 고용 관계를 맺고 있는 경우 법적인 책임을 지는지에 있다.

이 부분에 대해 구체적으로 살펴보고, 이 사건의 진행 과정을 자세히 설명하고자 한다.

- 2021년 1월 21일 근로자 해고(서면으로 즉시 해고 통보받음).
- 2021년 2월 15일 근로자는 한국 자회사를 상대로 부당해고구제신청.
- 2021년 4월 5 ~ 8일 근로자 부당해고 사건 취하; 한국 자회사 및 미국 본사를 피신청인으로 하여 재신청. - 2021년 6월 3일 심판회의 시작 전 당사자 간 합의가 이루어져 사건 취하.

2. 사용자의 주장

"근로기준법 적용을 위한 사업, 사업장을 판단하면서 지점, 출장소, 공장 등이 장소로 분리되어 있고, 각각 별도의 노무관리, 회계 등을 독립적으로 운영하는 경우에는 별개의 사업장으로 보고 있다(근로기준법-8048)"의 사실과 같이 한국 자회사와 미국 본사는 별개 사업장이다.

근로자는 미국 본사로부터 한국 자회사에 파견 나와서 근무하는 주재원이었다. 근로자는 급여를 미국 본사로부터 미국에 있는 통장으로 직접 받았으며, 미국의 국민연금(401K)과 기업 의료보험(CO 미국 본사 R 한국 자회사)에 가입되어 미국 본사가 보험료를 냈다.

외국기업의 경우 외국 본사에서 파견 나온 주재원이 외국 본사의 업무를 처리하면서 국내 법인에 고용된 근로자와 함께 근무하는 것이 일반적이다. 근로자의 경우, 한국 자회사의 지시 명령을 받고 한국 자회사를 위해 일하는 것이 아니라 미국 본사의 지시사항을 한국 자회사가 잘 수행하는지 등의 업무 관련 감독을 일반적으로 수행하였으므로, 미국 본사 소속 근로자이므로 근로기준법의 적용을 받지 않는다.

근로자는 미국 본사와 근로 계약을 체결하였으며, 미국 본사의 업무 지시 및 통제를 받았고, 미국 본사로부터 실제로 임금을 받았다. 미국 연금과 의료보험을 냈기 때문에 한국의 노동법 적용을 받는 근로자로 볼 수 없으므로 이 사건은 각하되어야 한다.

3. 근로자의 주장

근로자는 처음부터 한국에서 채용하여 한국 자회사를 위해 4년 동안 관련 업무를 수행하다가 해고당했기 때문에 한국 자회사를 상대로 부당해고구제신청을 할 수밖에 없다. 그리고 미국 본사가 경영상 이유로 인하여 근로자를 해고할 때는 정리해고에 대한 내용상 정당성과 절차적 정당성을 충족해야 하지만, 미국 본사의 해고조치에는 어떠한 내용상 및 절차상의 정당성을 갖추지 않고 있다.

외국인 임원이 외국 본사 근무를 하던 중, 일시적 파견으로 한국지점에서 본사의 지시 명령을 받으면서 근무하는 경우에는 외국 노동법을 에 적용하고, 한국노동법을 배제한다고 볼 수 있다. 그러나, 한국지점과 근로 계약을 체결하고 실질적으로 한국지점에서 근로를 제공하는 경우에는 한국노동법을 적용한다.

근로자는 ①한국 자회사의 대표로부터 성과평가를 받았고, ②한국 자회사의 대표로부터 한차례 계약갱신 거부 통보를 받은 적이 있으며, ③한국 자회사의 조직도, 인력 현황, 운영 절차서 상에도 근로자의 직책과 이름을 명시하고 있으며, "한국 자회사의 대표에게 보고한다."라고 적시하고 있으며, ④한국 자회사의 대표로부터 지휘·감독을 받았으며, ⑤국세청에서 발급한 '납세증명원'에 한국 자회사가 원천징수 의무자로 명시되어 있고, ⑥매달 급여 명세서 및 비용 처리를 한국 자회사에서 받았으며, ⑦한국 자회사가 지정한 근무 장소에서 일하였다.

4. 사건처리 결과와 내용

당사자들의 주장에 대한 서면을 제출하면서, 실질적으로 한국 자회사는 근로자를 해고할 수 있는 최종적 인사권을 가지고 있지 못하다는 사실을 인식하였다. 따라서 근로자는 이 부당해고구제신청 사건에서 단순히 한국 자회사만을 상대로 부당해고구제신청할 경우, 그 신청이 각하될 수 있다는 판단을 하였다.

이에 최초에 한국 자회사만을 상대로 제기하였던 구제신청을 취하하고, 근로자는 한국 자회사뿐만 아니라 새로이 미국 본사를 피신청인으로 추가하여 부당해고구제신청을 다시 제기하였다.

다시 제기한 부당해고 구체신청 사건에 대해서 미국 본사가 이 사건에 대한 대상 피신청인으로 지정됨에 따라, 지금까지 이 사건에 대해 회피하던 미국 본사가 그동안의 방관적 태도를 바꾸어 적극적으로 개입하였다.

근로자는 "국제사법 제28조"를 이 사건에 대한 준거법으로 미국 본사에 제시함으로써 결국, 근로자는 2021년 6월 3일 심판 회의가 열리기 직전에 미국 본사와 금전보상(1억 8000만 원 지급)에 합의하고, 이 사건을 취하했다.

이 사건에서 근로자가 인용한 "국제사법 제28조"의 규정은 근로 계약서상에 고용 분쟁의 관할권을 외국법원에 규정해 두었다고 하더라도 외국회사의 한국 내 지점 근로자들에게는 한국노동 관련법의 강행규정들이 적용된다는 내용을 담고 있다. 미국 본사가 근로자와 체결한 근로 계약서에는 상호 간의 근로 계약에 대한 다툼이 발생한 경우, 미국 조지아주의 법이 적용된다고 명시하고 있다.

하지만 같은 법 제28조의 규정은 미국 본사와 근로자의 근로 계약관계를 명확히 판단하고 있는 것으로 비록 미국 본사가 실질적으로 해고 권한이 있다고 하더라도, 국내에서 근로를 제공하는 경우 근로자의 근로 조건 보호와 관련하여 근로기준법과 노동관계법령을 적용하며, 그 관할도 국내가 된다는 것이다.

11

저성과자 해고, 사례와 교훈

어느 회사나 영업을 잘하는 근로자와 못하는 근로자가 있다. 영업을 잘하는 근로자에게는 인센티브를 주고, 그렇지 못한 근로자에게는 영업을 다시 잘할 수 있도록 인사상 적합한 조치를 취해야 한다. 그런데 회사 영업실적이 저조한 '저성과자'에 대하여 인사상 조치 중 극단적인 조치인 '해고'하는 경우가 있는데, 이와 관련하여 노동법은 엄격한 기준을 가지고 근로자를 보호하고 있다. 일반적으로 정당한 징계해고가 되려면 해고의 사유, 징계의 양정과 절차가 정당해야 한다. 특히, 저성과자에 대한 해고는 일반적인 징계해고의 기준과 함께 '영업실적 저조'라는 업무적 특성을 고려해 판단해야 한다. 저성과자를 해고하려면 영업성과 향상을 위한 충분한 기회 부여 여부, 계속 영업실적의 저조 등을 확인하기 위한 자세한 판단 기준이 필요하다. 관련 저성과자 해고 사례와 판단 기준에 관해 설명하고자 한다.

저성과자 해고 사례

A회사(사용자)는 독일계 외투기업으로 30명의 근로자가 상근하며 산업기계, 전자, 자동차 등에 대한 규격 인증 서비스를 제공하는 기업이다. 회사는 '헤드헌터'를 통해 경쟁회사의 한 중견간부(근로자)를 소개받았다. 그런데, 근로자는 사용자에게 자신을 채용해 주면 매년 50억 매출을 올려주겠다고 하면서, 최초 1년은 20억 매출을 올려준다는 영업 계획서를 제출하였다. 사용자는 이를 믿고 연봉 1억 원에 '전무 직급'으로 채용하였다.

사용자는 많은 기대를 가지고 신규사업팀장의 보직을 만들어 6개월 동안 지원하였으나, 영업실적은 목표액의 2% 정도로 현저히 저조하였다. 이에 사용자는 신규사업팀을 폐지하고, 근로자를 영업부로 발령했다. 하지만 영업부서에서도 영업실적이 저조하자 사용자는 근로자를 해고하였고, 근로자는 이와 같은 해고는 부당하다고 주장하면서 지방노동위원회에 부당해고구제신청을 하였다.

이에 노동위원회는 본 사건을 기각하면서 다음과 같이 정당한 해고라고 기술하고 있다(중앙2014부해167).

사용자가 근로자의 개인 비리가 없음에도 불구하고, 극히 부족한 영업실적 때문에 내린 징계해고였는데, 이 영업실적 부족이 해고의 사유가 되는지 여부에 관해 판단해야 한다. 사용자가 근로자가 제출한 사업계획서를 믿고 채용하였으나, 실제 실적은 그 사업계획서의 목표액의 2% 정도를 달성에 지나지 않았고, 충분한 시간과 기회를 주었음에도 불구하고 영업실적이 아주 저조하였다.

따라서 근로자의 사업계획서을 믿고 근로자를 신규사업부서의 총괄담당 전무로 연봉 1억 원에 채용한 점을 고려해 볼 때, 현저히 저조한 영업실적은 징계사유가 된다고 할 수 있다.

징계양정과 관련해, 근로자의 직위 및 보수 수준에 비하여 근로자가 목표 대비 달성한 실적은 사용자가 채용 당시 기대했던 실적이나 일반적으로 기대하는 최저한의 실적에도 미치지 못하는 것으로 보이는 점 등을 종합하여 고려하면, 근로자의 책임 있는 사유로 사용자와 근로자 사이에 신뢰 관계를 바탕으로 한 근로관계 지속이 어렵다고 할 것이다.

사용자 징계와 관련한 취업규칙이 존재하지 아니하고, 근로 계약서에도 "근로 계약 해지는 서면에 의해 양 당사자에게 2개월 전에 통보한다."라고 되어 있을 뿐, 그 밖의 징계위원회 개최 등의 징계절차 규정이 없다면, 그러한 절차를 거치지 않고 징계해고를 하였더라도 이를 무효라고 보기 어렵다.

교훈

이번 사건은 근로자의 개인적 비리가 없더라도 영업실적이 현저히 저조한 경우에는 징계해고의 사유가 된 전형적인 사례라 할 것이다.

〈저성과자 해고의 정당성 판단기준〉

1. 적절한 대상자 선정	① 객관적 선발 기준이 있어야 한다. ② 저성과는 상당 기간 지속하여야 한다. ③ 성과 개선 가능성이 작아야 한다.
2. 공정한 평가방법	① 객관적이고 공정한 평가가 이루어져야 한다. ② 다수 평가자가 근무성적을 평가하는 것이 바람직하다. ③ 상대평가보다는 절대평가가 필요하다.
3. 성과를 향상할 기회부여	① 저성과자에 대해 사전에 충분히 경고하여야 한다. ② 성과향상 프로그램(PIP)을 운영해야 한다. ③ 지속적으로 코치하고 조언해야 한다. ④ 저성과자에 대해 업무 지원을 하여야 한다.
4. 근거 규정	① 저성과자 해고에 대한 근거 규정이 있어야 한다. ② 저성과자 해고에 대해 사전에 충분한 설명이 있어야 한다. ③ 체계적 실적/성과 평가, 평가 결과 통보와 개선 지시가 규정에 따라 체계적으로 이루어져야 한다.
5. 영업실적 정도	① 저성과가 현저히 저조하여 사회 통념상 수용할 수 없을 정도여야 한다. ② 기업이 처한 상황, 근로자의 근무 여건, 징계 관행 등을 고려해 판단해야 한다.

근로자가 과대한 영업실적을 제시하면서 사용자가 이를 믿게 만들어 근로자를 채용하였으나 근로자가 약속한 성과를 내지 못한 경우라면 응당 징계의 대상이 될 수 있다.

일반적으로 이러한 경우에 '업무전환 배치' 또는 '연봉 조정'을 통해 바람직한 재기의 기회를 주는 것이 바람직하다. 하지만 이번 사건의 경우 근로자의 연봉, 권한과 직책을 고려해 볼 때, 근로자의 '현저히 저조한 영업실적'은 사회통념상 고용 관계를 지속할 수 없을 정도로 근로자에 책임 있는 사유가 있다고 하겠다.

사용자가 근로자를 해고하려면, 근로기준법상 '정당한 이유'가 있어야 한다. 특히, '저성과자'를 해고할 경우에 정당한 이유를 충족시키기 위해 더 엄격한 기준이 필요하다. 사용자는 이러한 저성과자에 대한 해고의 정당성을 충족하기 위한 5가지 기준을 마련해, 종합적이고 구체적으로 파악한 후 해고를 결정해야 한다. 이러한 5가지 기준은 ①적절한 대상자 선정, ②공평한 평가 방법, ③성과향상 기회 부여, ④근거 규정, ⑤영업실적 저조 정도이다.

12

최후 수단으로 정리해고

기업은 경기가 어려워질수록 비용을 줄여서 생존하고자 한다. 기업을 운영하는 데 있어 인건비는 전체 비용 중 상당한 비중을 차지하기 때문에, 기업은 단기간 내에 인력 구조조정을 시행하여 인건비를 줄이고 어려운 시기를 극복하고자 한다.

구조조정에는 무급휴직, 희망퇴직, 정리해고 등이 있고, 될 수 있으면 정리해고는 최후의 수단으로 사용하여야 한다. 우리나라는 1998년 경제위기 이전에는 급격한 기업 성장으로 평생직장의 개념이 정립되어 대부분 근로자가 정년까지 근무할 수 있었고, 법과 제도도 그에 맞추어 설정되어 있었다.

그러나 경제위기 상황에서 IMF 차관을 도입하는 조건으로 정리해고법과 파견근로자법이 도입되었다. 당시 경제위기에 봉착한 대부분 기업이 다양한 구조조정 방법 중에서 정리해고를 단행하여 수많은 근로자를 해고했다. 경기가 회복됨에 따라 정규직 대신에 인건비가 싸고 고용 유연성이 확보되는 기간제 근로자나 파견근로자들을 사용하기 시작하였다. 이러한 고용형태로 인하여 전 사업장이 비정규직화하는 것을 우려하여 2007년에 비정규직 보호법을 제정하여 비정규직 사용을 제한하고 있다.

이로 인하여 우리나라에 고용의 이중구조화가 정착했다. 대기업의 정규직은 대체로 고용이 안정적이고 높은 임금을 받았지만, 비정규직 근로자는 고용이 불안하며 상대적으로 저임금을 받는다. 이러한 이중 고용구조의 부작용이 나타난 대표적인 사례가 쌍용자동차의 구조조정 사태이다.

2009년 구조조정을 단행하면서 고임금 구조에 속했던 근로자들이 대량으로 해고되었다. 저임금을 받던 그룹으로 편입되는 과정에서 9년 동안 해고된 근로자와 가족을 포함한 30여 명이 목숨을 잃는 비극적인 일이 벌어졌다. 우리나라가 도입한 정리해고제도를 통한 구조조정이 바람직한지에 대해 외국의 구조조정 사례(폭스바겐 자동차)를 비교하면서 쌍용차의 구조조정 평가와 함께 정리해고 이외의 다른 구조조정 방법도 제시해보고자 한다.

사례 1 쌍용자동차 구조조정, 정리해고

쌍용자동차는 1970년대와 1980년대 신진자동차, 동아자동차로 회사의 주인과 회사명이 바뀌어 오다가 쌍용그룹이 이를 인수하여 1988년 상호를 쌍용자동차로 변경하였다. 1993년 독일의 벤츠사와 기술제휴로 SUV 무쏘와 1996년 뉴코란도를 출시하여 4WD 차량을 대표하는 메이커로 자리 잡았다.

그러나 1992년 이후 적자가 누적되다 1998년에 대우자동차로 매각되었다. 이후 1년 만인 1999년 대우가 부도나자 쌍용자동차는 법정관리로 넘어갔다. 쌍용자동차는 법정관리를 통해 경영상태가 호전되자 2004년 다시 상하이자동차에 매각되었다. 그 후 상하이자동차는 법정관리를 신청한 2008년까지 4년 동안 신차개발에 전혀 투자하지 않았고, 기존의 SUV 기술과 주요인력만 탈취했다는 비판을 받으며 한국 시장에서 철수했다.

쌍용자동차 법정관리인은 2009년 4월 경영정상화를 위해 7,135명 중 37%인, 2,646명을 감원하겠다고 발표하였다(잔류 4,489명). 이에 노조는 2009년 5월에 평택공장을 점거하고 파업에 들어가 8월까지 76일간 공장 점거 총파업을 진행하다가, 경찰의 진압 작전과 노조와 사측의 협상이 타결되면서 파업을 중단하였다.

이에 따라 최종적으로 감원 인원 2,646명 중, 희망퇴직이 2,019명, 무급휴직이 459명, 영업직 전환이 3명, 정리해고 165명이 (생산직 159명, 관리직 6명) 결정되었다.

2010년 11월에 쌍용자동차는 인도 마힌드라 자동차에 매각되었다. 이후 쌍용자동차는 회사의 경영상태에 맞추어 무급휴직자와 해고자들을 점진적으로 복직시키고 있다. 2013년 3월 무급휴직자 454명을 복직시킨 이후 2016년 2월 40명, 2017년 4월 62명, 2018년에는 16명에 대하여 복직 절차를 진행했다.

사례 2 폭스바겐 구조조정, 일자리 나누기

폭스바겐 자동차는 지난 1937년 나치 독일 치하에서 아돌프 히틀러의 명령에 따라 국영기업으로 설립되었다. 이후 1960년 주식을 공개해 민영화한 후 9년 뒤 그룹의 또 다른 축인 아우디 그룹을, 이어 1990년에는 스코다를 인수해 유럽 최대 자동차 업체로 성장했다.

1993년 폭스바겐의 독일 내 종업원 수는 10만3000명으로 최대 수준에 달했으나 공장은 전혀 수익을 내지 못했다. 노동자들의 인건비는 매출액 대비 임금이 25%로, 포드, 오펠 등 경쟁사보다 20% 가까이 높았고, 생산성도 업계 최하위 수준으로 조사됐다.

폭스바겐의 1992년 순이익은 1억4700만 마르크에 그쳐 전년보다 무려 87%나 급감했으며 93년에는 19억4000만 마르크 적자로 돌아섰다. 일본 업체의 유럽 진출이 본격화한 데다 통일 후 생겨났던 경기 거품이 빠진 데 따른 후유증에 제대로 대처하지 못한 탓이 컸다. 당시 독일 언론이 앞다퉈 폭스바겐을 구조조정 0순위 업체로 지목할 정도였다.

이에 폭스바겐은 1995년까지 독일 근로자의 30%(약 3만1300명)를 감원하겠다는 계획을 발표했다. 노조는 회사 측과 협의 끝에 해고 대신 임금보전 없는 근로시간 단축을 택했다. 1993년 11월 폭스바겐 노사는 협상 4주 만에 일자리 나누기 도입을 합의한 '고용안정과 경쟁력 강화를 위한 노사협약'을 체결하였다.

이 협약은 애초 3만 명을 해고하려 했던 기업측과 '정리해고 결사반대'를 외치던 노조가 만들어 낸 극적인 결과물이다. 그 내용은 다음 3가지 내용을 포함하고 있다.

①1994년부터 실시한 일자리 나누기의 핵심은 기업측이 노동자의 고용을 보장하는 대신 노조는 임금보전 없는 근로시간 단축(주4일제 도입으로 주당 노동시간 36시간에서 28.8시간으로 단축)에 합의한 것이다. 이를 통해 노동시간이 20% 줄어들고 노동자 소득은 최고 20%가 줄었으나 고용안정으로 인하여 노와 기업의 신뢰가 쌓였고 노동 유연성을 위한 조치도 마련하였다.

②1995년에는 감산으로 조업이 단축될 경우 노동자에게 기존 근로시간에 해당하는 임금을 보장해주고 결손난 조업시간은 이후 증산 시 결산하는 등의 내용을 담은 '노동시간 계좌제'를 도입하였다. 이로써 회사는 수요 변동에 따라 생산량을 유연하게 조정할 수 있는 기반을 마련하였고, 교대제 또한 설비 특성에 따라 1교대제~3교대제 등 다양하게 분화시켰다.

③조업이 줄어든 노동자는 정부가 최대 6개월까지 유급 직업교육을 보장하는 블록 시간제 혜택을 얻었다. 이로써 노동자는 유휴 시간에도 업무 숙련도를 높일 수 있었고 회사는 인건비를 절감할 수 있었다.

다시 말해서, 노사합의 핵심 내용은 첫째, 전체 근로자의 고용을 보장하는 대신 근로시간을 20%(주 36시간에서 28.8 시간으로) 단축하고 인건비를 20% 삭감하였다. 둘째, 근로시간 저축계좌제를 도입하여 초과 근로시간에 대해서는 수당 대신 휴가로 대체하고 반면 소정 근로시간에 미달한 경우에는 기업이 요구할 때 초과근로를 한다는 것이다.

이 협약을 통해, 노동조합은 고용안정을 이루었고, 회사는 인건비를 절감하면서 고숙련 노동력을 보존할 수 있었다. 이로 인한 효과는 곧바로 나타났다. 도입 첫해 16억 마르크 상당의 인건비를 절감하였고, 또한 1993년 25%에 달하던 매출액 대비 인건비 비중은 6년 후 16%까지 낮아졌다. 그 결과 고용안정을 보장받은 노동자들의 노동 생산성은 6%가 올라갔다.

폭스바겐의 성공 요인은 일자리 나누기와 동시에 진행된 체질 개선이었다. 특히 고비용 문제에 시달리던 생산 과정의 혁신과 시장에 맞는 신차 개발과 효과적 마케팅이 회사를 살렸다. 플랫폼 공용화와 모듈화 도입 등 비용절감 노력은 회사의 수익 구조를 크게 향상시켰다.

93년 위기 당시 총 16개에 달하던 플랫폼은 크게 줄어들어 공용화에 성공, 다양한 파생모델의 저가 생산이 가능해졌다. 2000년 폭스바겐의 플랫폼당 모델 수는 10.3개로 크라이슬러(1.8개), 포드(2.8개), GM(3.5개)을 압도했다. 공동 플랫폼 도입으로 큰 비용이 들어가는 초기 연구개발 부문 비용은 연간 30억 마르크가 줄어들었다.

노동자측의 협력에 대해 사측은 전체 근로자의 고용보장으로 화답했다. 또한, 해외공장 대신 자국 내 하노버와 볼프스부르크 공장의 증설 투자를 통한 일자리 창출을 약속했다. 폭스바겐은 고용조정 없이 1년 동안 1조 원(약 16억 마르크) 이상의 비용을 절감했다. 영업 이익률도

1993년 -8.7%에서 1998년 +1.7%로 개선되었다. 폭스바겐의 전 세계 판매 대수는 2004년 510만 대(세계 4위)에서 2015년 993만 대로 늘었고, 도요타에 이어 세계 2위의 자동차 회사로 부상했다.

교훈과 과제

기업은 하나의 생명체로 경쟁 시장에서 끊임없이 새로이 출현하거나 사라진다. 기업이 '적자생존' 방식으로 살아남기 위해서는 환경에 적응하는 끊임없는 구조조정이 필요하다. 그러나 구조조정은 반드시 대량해고를 동반한다는 생각을 버려야 한다.

비용절감과 생산성 향상, 근로시간 단축과 임금삭감, 노사협력 등 다양한 방법으로 구조조정을 할 수 있다. 그리고 최후의 수단으로 해고가 불가피하다면 해고근로자가 바로 실업자로 전락하지 않도록 재고용을 위한 직업능력 향상 교육과 심신을 재충전하는 기회로 삼아야 한다.

폭스바겐 노사가 일자리를 보전하면서 생산성을 높인 '워크 쉐어링(일자리 나누기)'을 도입하였다는 것은, 한국 회사의 구조조정 시 근로자 해고에만 초점을 두고 있는 한국 산업계에 신선한 충격을 주었다. 2009년 구조조정 당시 쌍용자동차도 노사의 성숙한 자세로 상대를 서로 인정해주었다면 일방적인 정리해고의 구조조정이 아닌 일자리 나누기 같은 고통 분담을 통해 어려움을 극복했을 수도 있지 않았을까 하는 아쉬움이 남는다.

기업도 생존해야만 근로자의 계속 고용이 가능하다. 기업의 생존 없이 근로자의 고용은 보장되지 않기 때문에 기업의 생존과 이에 따른 근로자의 고용보장을 위해서 노사가 바람직한 방향을 찾아야 한다. 구조조정에 의한 정리해고는 유능한 인력의 퇴출로 인해 미래의 잠재적 인력부족으로 기업의 발전을 저해한다.

따라서 정리해고가 아닌 폭스바겐과 같이 일자리를 나누어 어려운 기업환경을 극복하고 경기가 회복됨과 함께 고용을 복원하는 방식의 구조조정이 필요하다. 이는 기업과 근로자가 고통을 분담하여 어려움을 이겨내는 상생의 구조조정으로 노사가 공동 이익을 얻을 수 있는 구조조정 방식이다.

13

희망퇴직제도

근로기준법에 따른 경영상 해고(정리해고)는 법적인 요건이 까다로울 뿐 아니라 회사는 이 해고의 요건을 입증하여야 하는 의무가 발생하기 때문에, 많은 기업은 희망퇴직제를 정리해고 대신으로 시행하고 있다.

희망퇴직은 직원 스스로가 사직서를 제출한다는 의미에서 정리해고보다는 직원에게 선택권을 부여한다. 회사가 퇴직위로금을 지급하고, 직원은 이를 수용하는 방식이므로 근로기준법 제24조에 의한 정리해고와는 상관없이 인원 감축을 하는 것이므로, 법적인 절차 및 노동부

신고의무 등이 없으며, 법 위반의 문제가 발생하지 않는다.

최근에 정리해고를 시행했거나 실시 중인 기업 중 상당수가 근로기준법에 따른 "정리해고의 요건과 절차"가 미흡했다는 이유로 "부당해고" 판정을 받고 있어 희망퇴직제 또는 퇴직위로금을 지급하고, 고용관계를 정리하는 것이 대안이 될 수 있다. 이에 정리해고의 대안인 희망퇴직제도에 대해 도입방법 및 고려사항에 대해 구체적으로 검토하고자 한다.

1. 희망퇴직제도 도입 방법

희망퇴직은 사용자가 근로자에게 퇴직을 권유하고 근로자는 이를 받아들여 사직서를 제출하는 형식을 통해 근로관계를 종결하는 것을 의미한다. 그러나 근로자의 귀책 사유 없이 회사의 일방적인 경영상 사유 등으로 근로자를 해고하기 때문에 근로자가 사용자의 사직 제의를 수용하고 자발적으로 사직서를 제출하기 위해서는 그 근로자에게 충분한 반대급부를 제공해야 한다.

이런 경우 정리해고를 앞둔 근로자로서는 보상 없이 정리해고 당하는 것보다는 수용 가능한 퇴직위로금을 받는 희망퇴직을 하는 것이 제일 나은 선택으로 볼 수 있다.

희망퇴직제도를 시행하는 경우에 회사에서 능력이 있는 직원이 퇴직위로금을 지급받고 타 회사로 전직하는 경우를 예상할 수 있다. 그러나 희망퇴직을 시행하는 궁극적인 목적은 능력이나 성과가 떨어지는 직원을 대상으로 인원 감축을 하고자 하는 것인데 반해 실제로는 유능한 인재를 잃어버리는 결과가 발생할 수 있다.

따라서 희망퇴직제도를 시행할 때는 목적과 방법을 사전에 명확히 설정하여 발표하여야 한다. 즉, 불특정 다수의 직원이 퇴직을 희망할 때 회사는 반드시, 사직서를 반려할 수 있는 권한을 가지고 있어야 한다.

협상 대상자와 법적인 부분에 대한 언급보다는 퇴직위로금의 금전적인 보상 수준이 해결 방안이 될 것이다. 대부분 회사에서 정리해고의 목적으로 희망퇴직을 시행하는 경우, 희망퇴직의 성공 여부는 퇴직위로금의 수준에 따라서 결정된다. 따라서 회사는 직원들에게 제시할 퇴직위로금의 수준을 사전에 정해두는 것이 가장 중요하다.

일반적으로 퇴직위로금을 결정할 때는 해당 근로자의 기여도를 반영할 수 있는 근속연수에 따라 결정하고, 또한 회사의 지급능력에 따라 결정한다. 회사의 퇴직위로금은 한 번 정하여 지급하면, 이것이 기준이 되어 차후 다른 대상 근로자들의 기준이 되기 때문에 신중히 결정하여야 한다.

업무능력이나 성과가 떨어지는 직원을 대상으로 희망퇴직 대상자를 지명하여 희망퇴직제도를 시행하는 것이 가장 바람직한 방법이다. 이 경우에는 사전에 회사에서 퇴직자를 선별하여, 희망퇴직제도의 프로그램을 설명하고, 명예퇴직을 시키는 것이며, 회사의 설득 노력에도 불구하고 이를 거부하는 경우에는 회사는 근로기준법에 따른 정리해고를 시행할 것이며, 정리해고는 퇴직위로금 등의 반대급부가 없다는 것을 인식시켜야 한다. 즉, 정리해고할 때 퇴직위로금 등 금전적인 보상 의무가 없다.

직원들이 회사에서 시행하는 희망퇴직을 수용하지 않을 때는 근로기준법에 따른 정리해고를 시행하여야 하며, 이 경우 정리해고의 발표 시점이 중요하다. 희망퇴직으로 인하여 인원 정리가 원만히 해결되었다면, 굳이 정리해고를 발표할 필요성은 없다.

희망퇴직과 동시에 정리해고를 발표한다면, 직원들의 조직 분위기 및 보상금 등에 관하여 문제가 발생할 수 있다. 따라서 정리해고의 기준과 법적인 절차의 발표 전에 희망퇴직제도를 먼저 발표하고, 퇴직자 모집(지명)이 100%가 되었을 때는 정리해고를 발표할 필요가 없으나, 100%가 되지 않았을 때는 정리해고의 수단을 퇴직자 모집과 함께 실시한다.

즉, 희망퇴직을 하지 않을 때, 정리해고할 수밖에 없고, 정리해고를 시행하여 해고하는 경우에는 퇴직위로금을 지급하지 않는다는 것을 명확히 전달하여야 한다. 이 경우 퇴직 대상자와 협상을 진행하는 관리자에 대한 교육이 필요하다.

모든 직원에게 적용하지 않고, 일부 직원에게만 적용하는 경우에는 전체 직원들에게 희망퇴직제도를 발표하지 말고, 희망퇴직 해당 직원들에게만 개별적으로 접촉을 하여 희망퇴직제도를 적용하는 것이 효율적이다. 해당 직원들이 희망퇴직위로금을 받고 사직서를 제출하는 경우, 회사와 고용 관계를 종료하는 것이기 때문이다. 그 이외의 계약직 사원에 대해서는 고용계약 기간의 만료와 동시에 계약해지를 하면 될 것이다. 이 경우 계약직의 고용계약 해제는 별도로 검토를 하여야 할 것이다.

2. 희망퇴직시 고려사항

①희망퇴직제도를 시행하는 경우에는 제도의 시행 지침을 마련하여야 한다. 지침을 만드는 이유는, 향후 법적인 분쟁이 발생하였을 때 대비하기 위한 것이다.

②갑작스러운 퇴직으로 인하여 직원들의 심리적인 불안감이 발생할 수 있으므로 이를 최소화할 수 있는 다양한 프로그램을 개발할 필요가 있다. 즉, "법정퇴직금 + 퇴직위로금 + 실업급여"를 통하여, 고용조정을 시행할 수 있도록 한다.

③실업급여는 고용보험 가입사업장에서 퇴직 전 18개월 중 180일 이상 피보험자로 근무하다가 정리해고, 계약기간 만료뿐 아니라 희망퇴직제에 응하여 사직서를 제출한 직원을 포함하여 비자발적 사유로 이직한 근로자가 근로 의사와 능력을 갖추고 적극적으로 재취업 활동을 하는 때에만 지급하고 있다.

구직급여는 퇴직 당시 나이와 고용보험 가입 기간에 따라 120~270일의 안의 범위에서 퇴직 전 평균임금의 60% 지급된다. 1일 최대 66,000원(월 198만 원)이고, 1일 최저는 최저임금의 80%이다.

희망퇴직은 퇴직위로금을 지급하고, 퇴직위로금을 지급하는 조건으로 사직서를 제출하는 것이 사전에 이루어지기 때문에 부당해고 등의 법적인 문제는 발생하지 않는다. 사직서를 제출하고 퇴직위로금 등 제반 금품을 지금받은 직원이 회사를 상대로 이의 제기를 하더라도, 사직서가 제출되었으므로 정상적인 근로관계가 종료한 것으로 인정한다.

현행 근로기준법에 의하면 근로자의 귀책 사유 없이 해고할 수 있는

"경영상 이유에 의한 해고" 밖에 없으므로 이러한 법적 요건과 절차를 충족하기가 현실상 쉽지 않다. 이러한 문제를 사전에 회피하거나 정리해고를 최소화하기 위해 희망퇴직제도가 많이 이용하고 있다.

특히, 희망퇴직제도는 퇴직 대상 근로자에게 충분한 보상과 재취업을 위한 기회를 보장해주기 때문에 퇴직 근로자의 반발을 줄일 수 있고, 또한 회사에 남아 계속 근무하는 근로자를 신뢰하고 업무에 몰입할 수 있도록 도와주는 제도라 할 수 있다. 따라서 회사에서는 회사의 실정에 맞는 희망퇴직제도를 개발하여 차후 발생할 수 있는 경영상 해고에 대한 분쟁을 예방할 필요가 있다고 본다.

PART 5

임금

01

임금공제 금지 원칙과 예외 관련 사례

A 회사는 자사 제품에 대해 직원에게 연간 200만 원 한도 내에서 20% 할인하고 있다. 그 수혜대상은 직원 본인과 동거 직계가족에 한한다. 한 직원이 이 규정을 위반하여 회사의 물품을 구매한 것이 확인되어 회사는 해당 근로자에게 서면경고를 하면서, 본인의 동의를 얻어 급여에서 부당이익금 50만 원을 공제하였다.

이와 같은 사례는 일반적으로 많이 발생하는 사례로서 임금채권과 손해배상 채권을 상계할 수 있는지에 대해 문제와 밀접한 관련이 있다.

근로의 대가로 받는 임금은 근로자의 생존권 보장에 직결되기 때문에 임금에서 채권의 공제를 엄격히 제한하고 있다. 근로기준법 제43조 제1항에서 "임금은 전액을 지급하여야 하며, 임금의 일부 공제는 법령 또는 단체협약에 특별한 규정이 있는 경우에 한한다."라고 명시하고 있다. 임금 전액 지급을 원칙으로 하면서 최소한의 예외를 두고 있다.

임금공제가 합법적으로 가능한 것은 ①법령(법원의 급여압류 판결문), ②단체협약의 조합비 공제, ③임금착오 지급에 의한 공제이다. 다만, 임금채권에 대해 근로자의 동의를 전제로 전액 지급의 예외, 즉 상계에 대한 예외를 인정하지만, 엄격히 규제하고 있다.

임금공제 금지의 원칙

임금 전액 지급의 취지는 사용자가 일방적으로 임금을 공제하는 것을 금지하여 근로자에게 임금 전액을 확실하게 받게 함으로써 근로자의 경제생활을 위협하는 일이 없도록 보호를 도모하려는 데 있다.

임금의 전액 지급에 대한 예외는 법령이나 단체협약으로 가능하다고 명시하여 엄격하게 제한하고 있다. 법원은 "경영위기로 인하여 인원을 감축하면서 상여금을 일방적으로 삭감하고 이에 대해 근로자들이 별다른 이의 없이 근무하고 있는 경우에도 이는 사용자의 일방적인 임금삭감으로 근로자가 상여금 청구권을 포기하였다고 볼 수 없다."라고 판시하고 있다(대법원 94마1822판결).

임금공제 금지의 예외

법령에 따라 공제가 인정되는 경우는 소득세법, 4대 보험징수법 등으로 명시된 때에만 가능하다. 또한, 채권자가 법원에서 임금채권에 대한 압류 판결을 받으면 월 지급되는 임금만 최저생계비 150만 원을 초과하는 임금의 2분의 1 상당액을 압류할 수 있다. 특히, 주목해야 할 최근 판례는 임금채권 압류는 월 임금에서는 가능하지만, 퇴직금이나 퇴직연금에 대해서는 압류할 수 없다고 명확히 판결하고 있다.

단체협약에 의한 공제는 조합비 공제(check-off)가 대표적인 내용이다. 이와 관련하여 노동조합에서 매월 공제되는 조합원 조합비의 10배에 상당하는 조합원 1인당 50만 원의 쟁의기금의 공제를 요구하는 경우에 회사는 이에 대해 협조해야 하는 문제가 있다. 이에 대해 고용노동부는 개인의 동의가 없더라도 노동조합의 적법한 결의 절차를 통해 결정한 쟁의기금에 대해서도 조합비 공제로서 공제해야 하며, 이 경우에 조합원 개별동의가 필요하지 않다.

사용자가 임금계산 착오 등으로 인하여 임금이 초과로 지급한 경우, 급여 계산상의 문제이므로 임금 전액 지급 원칙과 상관없이 급여나 퇴직금에서 정산할 수 있다.

관련 사례

①연수비 상환의 경우

기업체에서 비용을 부담하여 직원을 해외에 파견하고 위탁 교육하여 이를 이수한 직원이 교육 수료일 자로부터 일정한 의무 재직기간 이상 근무하지 아니할 때는 기업체가 부담한 해당 교육비의 전부 또는 일부를 상환하도록 할 수 있다(대법원 91다26232 판결).

②상여금의 삭감

기업 경영상 어려움을 타개하기 위하여 노동조합과 합의를 통해서 상여금을 삭감하거나 반납하는 때도 있다. 이에 대해 고용노동부는 이미 발생한 근로에 대한 상여금과 앞으로 발생할 상여금을 구분하여 판단하고 있다.

이미 발생한 근로의 대가로서의 상여금을 삭감(반납)하는 경우에는 노동조합과 합의 또는 회사규정 개정만으로는 무효이고, 개별 근로자의 동의가 있어야 한다. 그러나 근로 조건으로 상여금을 삭감(하향조정)하는 경우에는 노동조합과의 합의를 거쳐 단체협약을 개정하거나 회사규정을 노조 또는 근로자 과반수의 동의를 얻어 변경하는 것으로 가능하며, 개별 근로자의 동의는 필요하지 않다(대법원 2009다76317 판결).

③주택자금 등 대출금의 경우

회사가 주택자금을 근로자에게 대여하고, 일정액을 급여에서 상환하다가 중도에 퇴직하는 경우에는 사용자가 퇴직금에서 주택자금 미상환한 잔금을 공제하는 경우, 퇴직금에서 주택자금 대출금 공제를 인정하고 있다(대법원 2003다7623 판결).

앞에서 인용한 사례와 같이 일상적으로 근로자의 불법행위에 대한 배상채권이나 기타 손해배상 채권 등에 대한 공제(변제)가 빈번하게 일어나고 있다. 하지만 이는 임금 지급의 전액 지급원칙을 위반하는 것이다. 임금 전액지급 원칙은 사용자가 근로자에게 가지는 일반채권을 일방적으로 임금채권에서 공제(상계)하는 것을 방지하기 위한 강행규정이다. 따라서 사용자의 편의를 위해 사용자가 근로자에게 가지는 채권을 일방적으로 급여에서 공제하는 경우, 그 행위는 무효이고 근로기준법 위반으로 처벌의 대상이 될 수 있다.

02

임금삭감 · 임금동결 · 임금반납 방법과 관련 사례

임금은 노사가 근로 계약, 취업규칙, 단체협약을 통해 자유로운 의사로 결정하고, 조정할 수 있다. 지금까지 임금조정을 임금인상이라는 용어로 사용한 것은 물가인상으로 매년 임금이 인상되어 왔기 때문일 것이다.

그러나 지난 1년 동안 코로나바이러스의 유행으로 전 산업에 막대한 피해를 줌으로써 많은 회사가 임금삭감, 동결, 반납과 같은 임금조정을 통해 노사가 어려움을 다 같이 이겨내고 있다.

근로 조건의 핵심인 임금은 노사가 협의하여 자유로이 결정하는 것으로 회사가 일방적으로 삭감하면 이는 무효가 된다. 임금인상이 아닌 임금의 삭감, 동결, 반납은 근로자에게 불리한 변경 조건이기에 노사의 적법한 절차를 거쳐야 한다.

임금삭감은 같은 업무에 대해 기존 임금을 낮추는 것으로 대상 근로자의 집단 동의가 필요하다. 임금동결은 매년 호봉승급이나 근속 수당의 임금인상 요인이 있는 경우에는 임금삭감과 같은 효력이 있으므로 집단 동의가 필요하다. 그러나 호봉승급 없이 기존 임금과 같이 지급하는 경우에는 집단 동의가 필요 없다.

임금반납의 경우에는 기왕의 근로에 대한 대가로 발생한 임금이므로 이는 개별 근로자에게 귀속되어 있으므로 개별 근로자의 동의를 받아야 한다. 개별 동의가 아닌 집단 동의만 받고 임금을 공제하면 임금체납이 된다. 관련 내용을 실제 사례에 적용하는 원칙과 그 사례에 관해 구체적으로 살펴본다.

임금삭감은 종전보다 장래 일정 시점 이후로 임금을 낮추어 지급하는 것이다. 기본급이나 각종 수당을 축소 또는 폐지하면서 임금 지급 총액을 낮춘다. 임금삭감 절차는 집단적 의사결정 방식에 의해 이루어진다. 과반수의 노동조합이 있는 경우에는 단체협약을 통해 이루어지고, 과반수 노동조합이 없는 경우에는 취업규칙 불이익 변경절차를 거쳐서 이루어진다.

노사가 합의하였다고 하더라도 최저임금 수준 이하로 삭감할 수 없고, 근로기준법에서 정한 할증률이나 지급의무를 규정하고 있는 법정수당(연장/야간/휴일근로수당, 주휴수당, 연차수당 등)은 감액 대상으로 할 수 없다. 임금삭감과 관련된 사례는 사안별로 달리 판단되며, 개별 사례는 다음과 같다.

회사가 경영위기 상황을 극복하기 위하여 직원을 대폭 감축하면서 회사에 잔류한 직원에 대하여 일방적으로 상여금 지급을 중지하고, 회사에 잔류한 근로자가 그와 같은 조치에 관하여 별다른 이의 없이 근무했다는 사정만으로 근로자들이 장래에 발생할 상여금청구권을 포기하였다고 볼 수 없다. (대법원 1999. 6. 11. 선고 98다22185 판결).

임금동결은 같은 내용의 근로 제공에 대해 종전과 같은 임금을 지급하는 것이다. 임금인상하지 않더라도 정기호봉 승급이 있는 회사에서 승급을 제한하는 경우, 근로 조건의 불이익 변경으로 단체협약의 수정이나 취업규칙의 불이익 변경을 통해서 임금동결할 수 있다.

학교가 재정적 어려움에 시달리던 중 피고인은 신학기 교무회의에서 교사들에게 사정을 설명하고 올해에는 호봉인상은 하되 일반 학교 교사들의 본봉을 기준으로 하는 기본급(본봉) 인상은 동결하자고 제의했다. 그 자리에 참석한 교사들은 이에 대하여 아무런 이의를 제기하지 아니하였다.

이처럼 사용자인 피고인이 참석한 상태에서 기본급의 동결을 제의하여 이에 대한 교사들의 의견을 묻는 방식으로 회의를 진행했다. 이에 대해 교사들이 이의를 제기하지 아니하였다고 하여 근로자의 동의가 있었다고 볼 수는 없다(대법원 2005.6.9. 선고 2005도1089 판결).

임금반납은 기왕의 근로로 이미 발생한 임금채권(임금, 상여금 등)을 개별 근로자 자유의사에 따른 동의를 바탕으로 반납하는 것을 말한다. 적법하게 발생한 임금청구권의 포기로써 적법 절차를 통해서만 임금반납은 가능하다.

사용자의 일방적 임금공제는 임금의 전액 지급원칙을 위반하기 때문에 개별 근로자의 서면동의가 필요하다. 특히, 퇴직금 청구권의 포기는 근로기준법 위반이 되어 무효이다. 합당한 절차를 밟기 위하여 개별 근로자의 동의서가 필요하다.

임금반납은 개별 근로자 자유의사에 기초할 때만 유효하므로 반드시 개별 근로자가 임금반납의 취지를 인식하고 반납동의서를 개별 명의로 작성해야 한다. 다만, 법원은 임금반납시 개별 근로자 각각의 동의서를 받는 것이 바람직하나 회사가 어려운 사정을 근로자에게 충분히 설명했다면 회람 형식으로 동의 여부를 표시하도록 하는 방식을 취하는 것도 가능하다는 견해다.

단체협약에 의한 임금반납 합의는 효력이 없다. 임금반납은 이미 조합원 개인에게 귀속된 임금에 대한 것이므로 노동조합이 조합원 개인 재산권을 포기하도록 할 수 없기 때문이다. 근로자가 반납한 임금은 근로자의 소득으로 귀속되었다가 자진 반납한 것으로서 사용자는 반환할 의무가 없다.

대구 00회사는 2020년 4월 코로나 역병으로 인해 고통받는 대구시민 돕기 성금을 내기로 노사협의회에서 결정하고, 직원들에게 통보한 후 개인별로 10,000원을 공제하여 기부하였다.

이에 대해 최근에 생긴 신설 노동조합은 근로자가 개별동의 없이 임금을 공제하였기 때문에 이는 근로기준법 제43조(임금 지급원칙)를 위반하였다고 회사를 대구 노동청에 고소하였다. 회사는 이에 대해 개별근로자에게 동의를 요청하였으나 50% 정도밖에 동의하지 않아 개별동의서를 제출하지 않은 근로자에게는 공제된 임금을 반환하여야만 했다.

코로나 대유행으로 회사의 어려움을 노사가 함께 타계하기 위하여 회사에서 임금을 반납하거나 삭감하거나 동결하는 일이 많아지고 있다. 이 경우 사안별로 법률적인 판단이 달라지기 때문에 이에 대한 사전 이해와 준비가 필요하다. 상여금이나 기타 수당의 반납은 기왕의 근로에 대해 근로자에게 귀속된 임금을 반환하는 것으로 개별 근로자의 서면동의가 필요하다. 집단적 동의로 진행하면 임금 체납의 문제가 발생한다. 임금삭감은 미래에 발생할 임금을 삭감하는 것이므로 개별근로자와 동의하더라도 취업규칙의 불이익 변경이나 단체협약을 변경하지 않으면 임금삭감의 효력을 가질 수 없다.

따라서 임금삭감을 하면 반드시 개별 근로자의 동의가 아니라 집단적 동의를 통해 취업규칙과 단체협약을 모두 변경해야 한다. 특히, 유리한 조건 우선의 원칙에 따라 예상하지 못한 문제가 발생할 수 있으므로 근로 계약과 취업규칙을 모두 변경해야 차후 발생할 수 있는 분쟁을 예방할 수 있다.

03

코로나바이러스 감염 확산과 휴업수당

코로나바이러스 감염이 확산하고 있어 기업활동에 상당한 지장을 주고 있다. 확진자가 지나간 동선을 모두 일시적으로 폐쇄하고 감염된 사람을 격리하고 있다. 사업장을 폐쇄하고 공장가동을 중단하면 거기서 근무하는 근로자의 생계가 어려워지기에 근로기준법에서는 사용자의 귀책 사유로 휴업하는 경우, 평균임금의 70%를 급여로 보장하고 있다. 또한, 사업주로서도 사업 지속이 불가능할 정도로 기업운영에 막대한 지장이 있는 경우 휴업수당을 감액하는 것도 가능하다.

휴업수당은 근로자의 귀책 사유가 아닌 이유로 근로를 할 수 없게 된 경우에 일정한 수당을 근로자에게 지급하여 근로자의 생존권을 보장하는데 그 취지가 있다. 이와 함께 사용자가 부득이한 사유로 사업 지속이 불가능한 경우까지 법정 휴업수당 지급을 강제한다면 사용자에게 지나친 부담을 주어 기업의 운영에 막대한 지장을 초래하여 기업의 파산을 촉진하는 결과까지 초래할 수 있다는 점을 고려한 휴업 보상에 감면규정을 두고 있다.

1. 임금 전액 지급(평균임금 100%)

사용자의 귀책 사유로 인해 근로를 제공할 수 없게 된 경우 근로기준법 제46조 소정의 휴업수당을 지급하여야 할 것이나, 사용자의 고의나 과실로 인하여 근로를 제공하지 못한 것으로 인정되는 경우에는 민법 제538조 제1항의 규정에 따른 임금 전액에 대한 청구권도 동시에 발생한다.

2. 휴업수당 지급 (평균임금의 70%)

사용자의 귀책 사유로 휴업한 것으로 근로자에게 휴업수당을 지급할 의무가 있다.

3. 휴업수당의 감액 (평균임금의 70% 이하)

기업이 부도 직전까지 가는 경영상 긴박한 상태의 도래는 사용자로서도 어쩔 수 없는 어쩔 수 없는 사유로 휴업수당을 감할 수밖에 없는 상황에 해당한다. 다만, 이 경우 사용자가 노동위원회의 휴업수당 감액에 대해 승인이 필요로 한다.

4. 무급휴업 (0%)

천재지변이나 그 밖에 이에 따르는 사유, 징계처분으로서 정직, 질병 등에 따른 결근이나 휴직은 사용자의 귀책 사유로 볼 수 없고 이는 휴업수당 지급 사유가 되지 않는다.

이러한 기준을 코로나바이러스 사태에 적용하면 다음과 같다.

①감염자 개인의 경우

근로자가 개인 활동을 하던 중 감염된 경우에는 감염병예방법에 따라 격리되어 치료를 받고 이때의 휴업한 경우에는 국가에서 일정한 지원을 하지만(감염증 예방법 제41조), 근로자 본인 귀책 사유이므로 무급이 원칙이다.

②감염자 발생으로 휴업한 경우

회사 내에서 감염자가 발생하여 확산을 막기 위해 해당 사업장을 휴업하는 경우, 사용자 귀책 사유라 볼 수 없으므로 휴업수당의 지급 예외사유라 할 수 있다.

③감염을 예방하기 위해 휴업한 경우

사용자가 법령과 정부의 지시에 따라 감염병의 예방과 확산을 위해 사업장을 폐쇄하고 감염을 예방하는 경우, 휴업수당 지급 예외사유가 될 수 있으나, 단지 감염을 예방하는 차원에서 휴업하는 경우에는 휴업수당을 지급하여야 할 것이다.

④코로나바이러스로 인하여 원자재 부족으로 휴업한 경우

원자재 부족으로 휴업한 경우, 휴업수당을 지급하여야 할 것이다. 그러나 장기간 휴업으로 인하여 사업에 막대한 지장을 초래하면 노동위원회의 승인을 받아 휴업수당을 지급하지 않을 수 있다.

휴업수당제도는 사용자의 귀책 사유로 근로자가 근로제공이 없는 경우에도 일정한 휴업수당을 지급하여 근로자의 생존권 보장을 확보하기 위한 제도이다. 현재, 코로나바이러스 감염의 확산으로 인해 기업과 근로자 모두 힘든 시기를 맞고 있다.

기업에서 수입 없이 휴업수당을 지급하는 경우에는 경영의 어려움에 부닥칠 것이고, 근로자로서도 무급휴업을 할 때는 생존권의 문제가 발생할 수 있다. 이러한 불가항력적 사태를 맞은 때에는 고용보험기금을 통해 고용을 보장하는 긴급한 조치가 필요하다고 할 수 있겠다.

04

포괄임금제, 위험성과 관련 사례

최근 한 중견 IT회사는 30여 년간 쌓은 첨단기술력과 인적자원을 가지고 있어 대형 IT회사에 상당한 금액으로 인수 · 합병(M&A)하는 임시 계약을 체결했다. 이에 따라 인수기업은 피 인수기업에 대해 노무 관련 법적 리스크에 대해 실사를 하였다.

피 인수기업은 타 경쟁기업보다 더 많은 임금을 지급하고 있었지만, 1주당 12시간의 연장근로를 포함하는 포괄임금제를 채택하고 있었다.

인수기업은 실사에서 현 월 임금을 기본급으로 하여 실제 연장근로에 대한 가산 임금액을 산정했고 이것을 3년간 소급한 금액을 법적 리스크로 제시하였다. 이에 인수기업은 노무 실사 결과를 통해 피 인수기업 대표이사에 법적 리스크를 떠 앉는 대가로 인수계약금에서 25% 삭감을 주장하였다.

이에 대해 피 인수기업 대표이사는 본 노무법인을 찾아와 현 회사의 포괄임금제의 법적 리스크에 대한 법률자문을 요구하였다.

근로기준법에 변화가 생기면 관련 판례도 달라진다. 대표적인 것이 근로 계약에 소정 근로시간이 필수 기재 사항으로 개정되었다. 2007년 7월 1일 이전에는 근로기준법상 근로 계약 체결시 임금·근로시간·기타의 근로 조건을 명시했지만, 그 이후에는 임금·소정 근로시간·법정 휴일·법정휴가와 기타 근로 조건을 명시하였다. 이는 기존의 근로계약은 '근로시간'만을 명시하여 그 내용이 명확하지 않았지만, 개정법은 '소정 근로시간'이라 명시하도록 규정하고 있다.

즉, 소정 근로시간은 법정근로시간(1주 40시간, 1일 8시간) 내에서 근로자와 사용자가 일하기로 정한 시간이다(근로기준법 제2조). 이는 1주 근로시간인 40시간 1일 8시간 내에서 근로자와 사용자가 근로시간을 정하여야 한다. 따라서 근로 계약에서 정하는 임금은 1주 40시간 내에서 정하도록 하며, 원칙상 포괄임금은 근로기준법 위반이다.

포괄임금제는 소정 근로시간에 대한 기본임금을 미리 산정하지 않고, 법정근로시간과 추가 연장근로시간에 대한 제 수당을 합한 금액을 월급여액이나 일당 임금으로 정해 근로자에게 지급하기로 하는 임금제도를 말한다.

근로기준법상 근로 계약 작성시 필수 기재 사항인 기본임금과 소정 근로시간을 정하도록 명시되어 있는 점을 볼 때, 포괄임금제는 사실상 근로기준법을 위반하는 임금 지급제도라고 할 수 있다.

기존의 판례는 2007년 7월 이전의 것으로 근로 계약을 체결할 경우 임금, 근로시간 등 기타의 조건을 명시하여야 한다는 내용에 따라 소정 근로시간에 대한 부분을 구체적으로 판단하지 않았다.

즉, 기본임금을 미리 산정하지 않은 채 제 수당을 합한 금액을 월 급여로 지급하는 포괄임금이 근로자에게 불이익이 없다면 유효한 것으로 인정하였다. 이에 따라 근로시간 산정이 어려운 특수한 형태의 근로뿐만 아니라, 근로시간 계산이 가능하지만, 편의를 위해 고정연장근로수당을 신설하여 포괄임금제로 하는 경우도 허용하였다.

그러나 2010년 대법원은 포괄임금제의 유효성을 판단하는 요건으로 '근로시간의 산정이 어려운지 아닌지'를 제시하고 근로시간의 산정이 가능한 경우에는 포괄임금제가 허용하지 않는다는 취지의 판결을 내렸다.

이 판례는 근로기준법 제17조 근로 계약의 내용에 따라 소정 근로시간을 필수기재 사항으로 명시하고 있으므로 나온 판례라고 본다. 즉, 근로 계약 체결시 기본임금은 소정 근로시간을 기준으로 정하여야 하고, 근로시간 산정이 가능한 경우에는 원칙적으로 포괄임금제를 도입할 수 없다.

근로 계약서에 필수사항으로 소정 근로시간을 기재하도록 한 취지는, 근로자가 법정근로시간 내에서 근로를 제공함으로써 인간의 존엄성을 지키면서 행복추구가 가능한 근로 조건을 보장하기 위한 것이다.

포괄임금제는 근로자의 장시간 근로를 조장하고 있으므로 제한적으로 근로시간 산정이 어려운 업종만 적용해야 할 것이다. 특히, 사무직 근로자의 경우, 장시간 근로가 고정연장수당인 포괄임금제를 통해서 만연해 왔다.

이는 임금을 소정 근로시간에 맞추어 정하여야 하는 임금산정 원칙을 위반하였다고 할 수 있으므로 사무직의 고정연장수당을 통한 장시간 근로는 제한해야 할 것이다.

05

최저임금과 사업주의 의무

2021년 7월, 최저임금 심의위원회는 2022년에 적용할 최저임금을 시간급 9,160원으로 결정하였고, 이를 월급으로 환산하면 주 40시간 근무시 1,914,440원이 된다. 이는 전년도에 비해 5.1%가 인상되었다. 최저임금의 인상은 정규직과 비정규직의 임금수준 차이를 줄일 수 있는 가장 바람직한 방법이지만, 최저임금을 지급하기 어려운 중소기업이나 소규모 서비스업의 경우에 매우 큰 변화가 예상된다.

우리나라의 현행 최저임금제도에 의하면 모든 사업장에서 업종이나 지역 구분 없이 하나의 최저임금만 적용하고, 사용자는 최저임금액 이상 지급해야 할 의무를 진다.

최저임금액은 시간·일(日)·주(週) 또는 월(月)을 단위로 하여 정한다. 이 경우 일·주 또는 월을 단위로 하여 최저임금액을 정할 때는 시간급으로도 표시하여야 한다. 월(月) 단위로 정해진 임금은 그 금액을 1개월의 소정 근로시간 수로 나눈 금액으로 한다.

월 임금의 최저임금을 계산하기 위해서는 월 단위의 최저임금에 포함되는 임금을 1개월의 소정 근로시간 수로 나눈 금액이 시간급 최저임금이다(최저임금법 제5조, 시행령 제5조). 1개월의 소정 근로시간은 유급 주휴수당(근로기준법 제55조)에서 유급으로 처리된 수당도 포함한다.

최저임금은 근로자에 대하여 임금의 최저수준을 보장하는 제도이므로 사용자는 최저임금액 이상을 지급하여야 하고, 최저임금액에 미달하는 임금을 정한 근로 계약은 그 부분만 무효로 하며, 무효로 된 부분에 있어 최저임금액과의 차액의 임금을 추가로 지급하여야 한다.

이를 위반한 경우 3년 이하의 징역 또는 2천만 원 이하의 벌금을 물린다(최임법 제6조, 28조). 또한, 사용자는 최저임금이 고시되면 최저임금액, 최저임금에 산입하지 않는 임금의 범위, 효력발생일 등에 관하여 근로자들이 쉽게 볼 수 있는 장소에 게시하거나 그 외의 적당한 방법으로 근로자에게 주지시켜야 한다.

이를 위반한 경우 100만 원 이하의 과태료를 부과한다(최임법 제11조, 31조). 최저임금 적용 예외는 ①수습 기간에 있는 자로서 수습 사용한 날부터 3개월 이내인 자(단, 1년 미만 기간 근로 계약은 제외)와 ②고용노동부 장관의 승인을 받은 감시 또는 단속적 근로에 종사하는 자이다.

사업장에서 지급하는 임금이 최저임금 위반인지 여부를 판단하기 위하여 ① 월 단위로 받는 임금에서 최저임금에 포함되는 임금 총액을, ② 월 소정 근로시간으로 나누어 시간당 임금으로 환산해, ③ 고시된 최저임금과 비교하여야 한다.

최저임금 산정시 포함되는 임금 범위는 ①단체협약·취업규칙 또는 근로 계약에 임금 항목으로서 지급근거가 명시되어 있거나 관례에 따라 지급하는 임금 또는 수당, ②미리 정해진 지급조건과 지급률에 따라 소정 근로에 대하여 매월 1회 이상 정기적·일률적으로 지급하는 임금 또는 수당이다(최임법 시행규칙 제2조 별표2).

최저임금에 포함되지 않는 임금의 범위(최임법 시행규칙 제2조 별표1)는 다음과 같다.

1. 매월 1회 이상 정기적으로 지급하는 임금 외의 임금

①1월을 초과하는 기간의 출근 성적에 의하여 지급하는 정근수당.

②1월을 초과하는 일정 기간의 계속 근무에 대하여 지급하는 근속수당.

③1월을 초과하는 기간에 걸친 사유에 의하여 산정하는 장려수당, 능률수당 또는 상여금.

④기타 결혼수당, 월동수당, 김장수당, 체력단련비 등 임시 또는 돌발적인 사유에 따라 지급하거나, 지급조건이 사전에 정하여진 경우, 그 사유 발생일이 확정되지 아니하거나 불규칙한 임금·수당이 이에 해당한다.

2. 소정의 근로시간 또는 소정의 근로일에 대하여 지급하는 임금 외의 임금

①연 · 월차휴가 근로수당, 유급휴가 근로수당, 유급휴일 근로수당.

②연장시간근로, 휴일근로에 대한 임금 및 가산임금.

③야간근로에 대한 가산임금.

④일 · 숙직수당.

⑤기타 명칭 여하와 관계없이 소정근로에 대하여 지급하는 임금이라고 인정할 수 없는 임금이 이에 해당한다.

3. 기타 최저임금액에 산입하는 것이 적당하지 아니한 임금

식사, 기숙사, 주택제공, 통근차 운행 등 현물이나 이와 유사한 형태로 지급되는 급여 등 근로자의 복리후생을 위한 성질의 것이 이에 해당한다.

이번 최저임금 인상을 통해 세 가지가 기대된다.

첫째, 현행 임금구조를 단순화시키는 계기가 될 것이다. 최저임금 범위에 포함되는 기본급, 성과상여금, 법정수당으로 임금구조가 재편될 가능성이 크다.

둘째, 급격한 임금상승으로 장시간 근로가 줄고, 새로운 고용 창출로 이어질 수 있다.

셋째, 정규직과 비정규직의 근로 조건에 있어 양극화를 극복할 수 있는 계기가 될 것이다.

이번 최저임금 인상을 통해 중소기업에 있어 경영상 부담감을 주는 것에 못지않게 긍정적 효과도 있기를 기대해 본다.

06

근로기준법의 이해

-외국인 강사의 퇴직금 미지급 사례

우리나라 어학원 중 가장 큰 규모인 C어학원은 지난 20여 년 동안 외국인 강사를 근로자가 아닌 프리랜서 자영업자로 계약하여 사용하면서 근로기준법상 발생하는 퇴직금 등 법정수당을 지급하지 않았다. 외국인 강사 몇 명이 본 강남노무법인을 찾아와 맡게 된 사건이다.

이 사건을 통해 근로기준법의 가장 기초가 되는 질문 3가지를 이해하는 좋은 사례가 되었다. ①외국인 강사가 근로 계약서를 작성하지 않고 프리랜서 계약서를 작성할 때도 근로자로 인정받을 수 있는지, ②퇴직금을 포함해서 임금을 받았다고 한다. 그러므로 다른 학원 강사보다 임금을 훨씬 더 많이 받았다. 그러면 임금을 많이 받으면 퇴직금을 지급하지 않아도 되는가? ③외국인 강사가 퇴직금을 받지 않겠다고 계약서에 서명했는데, 나중에 퇴직할 때 퇴직금을 청구하는 것이 당사자 간에 약속을 저버리는 행위이기 때문에 무효인가? 이처럼 이번 외국인 강사에 대한 퇴직금 미지급 사건을 해결하면서 근로기준법의 기초적인 문제를 살펴보았다.

퇴직금 미지급 사건에 대해 구체적으로 살펴보면 다음과 같다.

국내의 한 대형 어학원에서 근무하였던 외국인 강사 17명이 2011년 2월 22일 어학원을 상대로 강남노동사무소에 퇴직금 등 1억여 원의 미지급 체불임금에 대해 진정을 제기하였다. 어학원은 '강의서비스 계약서'를 작성한 해당 강사는 프리랜서들이기 때문에 이들에게 근로기준법상의 퇴직금을 지급할 의무가 없다고 주장하였다. 이에 대해 해당 강사들은 비록 상기 계약서가 프리랜서 계약서이지만, 실질적으로 어학원의 지휘 · 감독을 받으면서 엄격한 통제 속에 근로를 제공하였다고 주장하였다.

이에 대해 강남노동사무소는 1년 6개월의 조사 기간을 통해 어학원 강사 17명은 프리랜서고 근로자가 아니라 판단하고 사건을 종결하였다(근로 개선지도 4과, 2012.9.28.). 이에 외국인 강사 17명과 추가된 근로자 7명을 포함하여 24명이 민사소송을 제기하였다. 이에 서울중앙지방법원은 2013년 10월 17일에 C어학원의 외국인 강사들은 근로기준법상 근로자에 해당한다고 판단(2011가합121413)하여, 퇴직금, 주휴수당, 연차휴가 근로수당을 지급해야 한다고 판결하였다. 이와 관련하여 어학원은 재심을 신청하였으나, 고등법원과 대법원은 모두 외국인 강사의 근로자성을 인정하였다.

• 사실관계

C어학원은 지난 20여 년 동안 외국인 강사를 근로자가 아닌 프리랜서로 사용했다. 어학원은 외국인 강사와 외국어 강의서비스를 제공하는 「강의서비스 계약」을 체결하였으며 계약 기간은 1년으로 하였다.

강사는 어학원이 지정한 강의교재를 사용하여야 하고, 계약상 강의 이외에도 학부모 상담 등의 추가업무를 수행하였다. 강사에게 적용하는 별도의 취업규칙·인사규정은 존재하지 않으나, 어학원이 제시한 「행동수칙」에 따라 품위 있는 복장, 교사로서의 복무규정을 준수하였고, 강의실에 CCTV를 설치하여 강의내용을 촬영하였다.

강사는 어학원이 지정한 강의 시간대에 어학원이 제공한 강의실을 사용하여 강의해야 했다. 강사들은 강의시간에 비례하여 시간당 최초 3만 원의 시간급을 받았고, 근로소득세 대신에 사업소득세를 내고, 4대 보험에 가입하지 않았다.

• 어학원의 주장

① 외국인 강사 계약명칭을 강의서비스 계약(Agreement for Teaching Services)으로 하고, 계약서상 외국인 강사들의 명칭을 강사(Instructor)로 정하는 등의 계약서를 작성하였다.

특히, 외국인은 주로 미국 등 선진국 명문대 출신으로 한국문화를 체험함과 동시에 자유로운 생활을 영위하면서 단기간 높은 보수를 받고 일하다가 다시 본국으로 귀국하려는 사람들로, 그 특수성으로 인하여 사회·경제적으로 피고와 대등 또는 우월한 지위에 있었으며, 이러한 점에서 이 사건 외국인 강사 계약은 위임계약이거나 도급 성격을 가진 강의서비스계약에 해당한다."라고 주장하였다.

②외국인 강사는 주당 평균 24시간만 강의를 하였음에도 불구하고, 한국인 학원 강사의 월평균 소득보다 높고, 피고의 정규직 직원들의 보수보다 높았다. 특히, 외국인 강사 계약에 따르면, "퇴직금, 건강보험 및 연금을 포함하여 정규직 근로자에게 제공되는 여타의 이행금 지급에 해당하지 않음에 동의하고, 이들 사항은 강사의 단독 책임으로 한다."고 규정되어 있다.

③외국인 강사의 퇴직금 등 청구가 받아들여지면 어학원은 퇴직금은 물론 기타 법정수당 및 4대 보험료 등 부담으로 외국인 강사들과 계약조건을 정할 당시 전혀 예정하지 않았던 추가적인 손실을 부담할 수밖에 없고, 반면 외국인 강사는 자신들이 의도하지도 않은 추가적인 이득을 누리게 된다. 이는 어학원이 예상치 못한 대규모 손실을 초래할 뿐만 아니라, 당사자 간의 약속을 위반하는 내용으로 수용할 수 없다고 주장하였다.

- **법원의 판단**

외국인 강사는 실질 임금을 목적으로 종속적인 관계에서 어학원 회사에 근로를 제공한 근로기준법상 근로자에 해당하므로 어학원은 원고들에게 퇴직금, 주휴수당과 연차휴가 수당을 지급할 의무가 있다고 판결하였다.

①프리랜서 계약서 작성하였다는 사실관계에 대해 법원은 계약명

칭이 '학원 강의 및 수강생 지도·관리에 관한 용역계약' 또는 '강의용역제공계약서'로 되어 있음에도 해당 강사들의 근로자성을 인정한 바 있으며, 설령 어학원의 영어학원에서 근무하는 일부 외국인 강사들이 어학원 주장과 같이 자신을 근로자가 아니라 프리랜서로 생각하고 있다고 하여, 외국인 강사들과 어학원 사이의 근로관계의 실질이 달라진다는 것은 아니라고 판단하고 있다.

즉, 법원은 계약의 명칭과 상관없이 그 실질에 있어 근로자가 사업 또는 사업장에 임금을 목적으로 종속적인 관계에서 근로를 제공하는지를 살펴보아야 한다고 판단하였다.

②퇴직금 포함한 임금 및 퇴직금 지급 제외약정

이에 대해 법원은 외국인 강사의 근로 내용 및 조건을 한국인 일반 학원 강사, 어학원의 정규직 직원과 같다고 볼 수 없을 뿐만 아니라, 노무 제공자가 받는 보수의 액수가 근로자인지를 결정하는 것도 아니라고 판단하였다.

특히, 퇴직금은 사용자가 일정 기간을 계속 근로하고 퇴직하는 근로자에게 그 계속 근로에 대한 대가로서 지급하는 후불적 임금의 성질을 띤 금품으로써 구체적인 퇴직금 청구권은 계속 근로가 끝나는 퇴직이라는 사실을 요건으로 하여 발생하는 것이고, 최종 퇴직시 발생하는 퇴직금청구권을 사전에 포기하는 것은 강행법규인 근로기준법에 위반되어 무효가 된다.

③신의칙 위반 적용 여부

이 사안에 대해 법원은 신의칙 적용을 통하여 퇴직금청구권과 같은 법률상 강행규정으로 보장된 근로자의 기본적 권리를 제약하려 시도하는 것은 헌법적 가치나 근로기준법의 강행 규정성에 정면으로 반하는 것이다. 근로기준법이 강행규정으로 근로자에게 일정한 권리를 보장하고 있음에도 사용자가 신의칙(信義則, 신의성실 원칙의 줄임말)을 내세워 사용자의 그릇된 신뢰를, 권리자인 근로자의 정당한 권리 찾기에 우선하는 것은 특별한 사정이 없는 이상 허용할 수 없다고 보았다.

이 사건의 청구가 받아들여지면 어학원에 중대한 경영상의 어려움이 초래되거나, 어학원의 존립이 위태롭게 될 것이 인정되지 않을 뿐 아니라, 어학원이 들고 있는 위와 같은 이유만으로 외국인 강사들이 근로기준법상 강행규정에 따라 제기한 퇴직금 등 청구가 신의칙에 반하는 위법한 것이라 볼 수 없다고 판단하였다.

어학원은 외국인 강사를 근로자가 아닌 프리랜서 자영업자로 계약하여 사용하면서 근로기준법상 발생하는 퇴직금 등 법정수당을 지급하지 않았다. 근로 계약이 아닌 사용자의 경제적으로 우월한 지위에서 사실상 임의로 정할 수 있는 도급이나 위임계약, 사업소득세 납부, 4대 사회보험 미가입 등은 근로자성 판단에 있어 비중이 높지 않은 요소로 보고 있다.

근로자성의 판단에 있어서 가장 중요한 부분은 실제로 강사가 어학원으로부터 얼마만큼의 구속을 당하면서 임금을 목적으로 근로를 제공하였는지 여부이다. 이러한 점에서 이번 법원판결은 이러한 실질적 근로관계를 가지고 판단한 것으로 평가된다.

특히, 외국인 강사들이 다른 강사나 정규직 직원의 임금보다 훨씬 많이 받았기 때문에 퇴직금을 임금에서 제외하기로 약정하였다. 이를 지급하지 않은 부분에 있어 근로기준법 제3조의 근로기준법의 강행규정 원칙과 제15조의 근로기준법에 미치지 못하는 근로 계약은 그 부분에 대해 무효로 한다는 조항에 따라 퇴직금 제외약정은 무효가 되고, 법정 퇴직금을 추가로 지급해야 한다.

이번 사건도 임금을 많이 받고 있으므로 퇴직금을 제외한다는 규정은 근로기준법의 강행규정을 위하여 무효가 된다. 특히, 어학원이 주장하는 외국인 강사와 사전에 퇴직금 지급을 제외하는 약정을 하였기 때문에 퇴직시 약속에 반해서 퇴직금을 청구하는 것은 계약 위반이라고 주장하였다. 그러나 퇴직금과 같이 강행규정은 신의칙을 이유로 무효로 할 수 없다고 분명히 하고 있다. 이것이 근로기준법에 정하는 강행규정의 원칙이라 할 수 있다.

따라서 이번 사건을 통해 근로기준법의 기초가 되는 3가지의 원칙을 이해할 수 있었던 좋은 사례라 할 수 있다. 첫째, 근로기준법은 도급계약 등을 통한 형식적인 내용이 있다고 하더라도 실질적 근로관계를 통해서 판단하여야 한다는 사실이다. 둘째, 임금을 많이 받는다고 하여 근로기준법을 배제할 수 있다는 것은 근로기준법의 강행규정 원칙을 위반한다는 사실이다. 셋째, 당사자 간에 강행규정에 속하는 퇴직금을 제외한다는 약정을 하였다 하더라도 이는 근로기준법을 위반하였기 때문에 강행법 위반으로 신의칙 원칙을 적용하지 않는다는 사실이다.

07

퇴직금 미지급 진정 _사례

사례 1 10개월 단위 근로 계약 체결한 원어민 교사의 퇴직금 미지급 사건

A국제외국인학교는 '초·중등교육법'에 의거 1999년에 설립된 외국인 학교로, 유치원, 초등학교, 중학교 정규과정을 두고 있다. 학교는 원어민 교사가 방학 기간을 제외한 10개월 단위로 매년 근로 계약을 갱신하여 고용하고 있었으며, 원어민 교사들이 학교를 그만둘 때 퇴직금을 지급하지 않았다.

이에 2018년 7월 학교를 그만둔 원어민 교사 일곱 명은 본 노무법인을 찾아와 "본인들은 근로자로 1년 이상 계속 근로를 제공하였는데, 학교에서 퇴직금을 지급하지 않았다"라면서 퇴직금 지급 청구를 의뢰하였다.

학교의 주장

학교는 매년 8월경에 새 학년을 시작하여 다음 해 6월 중순에 수업을 마감한다. 따라서 학교는 이 같은 학사 일정에 맞추어 방학 기간을 제외하고 매년 8월부터 이듬해 6월까지 10개월가량의 계약 기간을 정하여 교사들과 근로 계약서를 작성해 왔다.

이 근로 계약은 매년 교사와 면담을 통해 교사들이 원할 때 새로이 작성했다. 계약 기간이 끝난 2개월 동안에는 임금을 전혀 지급하지 않았다. 따라서 학교는 정당하게 근로관계를 종결하고 자유의사에 따라 원어민 교사를 새로이 채용한 것이므로, 퇴직금은 발생하지 않는다.

근로자의 주장

교사들은 근로자의 신분으로 매년 계약을 갱신하여 1년 이상 계속 근무하였기 때문에 학교는 법정 퇴직금을 지급해야 한다.

교사들은 본 학교에서 10개월 단위로 매년 기간제 교사로 계약을 체결하여 방학 기간을 제외한 기간 계속 근로를 제공했다. 교사들은 '사립학교 연금법'에 적용을 받지 않는 기간제 교사의 지위를 갖는 자들로서 퇴직금에 관해서는 '근로자퇴직급여 보장법'상의 보호를 받는 근로자에 해당한다. 근무시간은 월요일부터 금요일까지 매일 오전 7:45

부터 오후 15:30분까지이며, 급여는 기본급과 능률급을 포함하여 일정 금액을 받았다.

학교는 퇴직금 지급의무를 회피할 목적으로 10개월 단위의 근로 계약을 체결하고, 매년 반복 갱신해 왔다. 진정한 교사들의 평균근속연수는 4년이고, 학교에서는 교직 수행능력이 현저히 떨어지는 경우가 아니면 계속 근로 계약을 갱신했다. 근로 계약의 내용에서도 급여와 담당 학년을 제외하고 매년 같았다.

관련 행정 해석

①기간제 교원의 계속근로연수 판단 기준(2001.06.01, 근기 68207-1780). 수업이 없는 방학 기간을 제외하고 반복적으로 기간을 정하여 근무해온 경우 반복적으로 임용한 전 기간을 계속 근로로 인정할 수 있으며, 다만 실제 근로를 제공하지 않은 방학 기간은 계속근로연수 산정 시 제외할 수 있다.

②방학 기간을 제외하고 반복적으로 임용한 기간도 계속 근로로 인정할 수 있으나, 실제 근로를 제공하지 아니한 방학 기간은 퇴직금 산정 시 제외할 수도 있다(2004.06.07. 근로 기준과-2811). 학교에서 기간제 교사를 고용하면서 수업이 없는 방학 기간을 제외하고 임용하는 것을 반복한 경우, 방학 기간을 제외하고 반복적으로 임용한 기간을 포함한 전 기간을 퇴직금 산정을 위한 계속 근로로 인정할 수 있다고 본다.

이 사건의 결론

진정결과는 이 사건에 대해 노동부는 앞서 언급된 행정 해석에 근거하여 학교가 진정 교사들에게 법정 퇴직금을 지급하여야 한다고 지급명령을 내렸다.

사례2 연봉 속에 포함된 임원의 퇴직금과 관련 퇴직금 미지급 사건

D기업은 2010년 1월경 모든 임원에 대해 연봉제를 도입하면서 임원 전원에 퇴직금 중간정산을 하였다. 이후 근속기간에 대한 퇴직금은 연봉에 합산되어 있다는 연봉계약서 내용에 따라 퇴직금은 별도로 지급하지 않았다. D기업의 퇴직 임원 3명은 퇴직금이 임금에 포함되어 지급해서는 안 된다는 최근 판례에 대한 보도를 접하고, 본 노무법인을 방문하여 퇴직금 지급 청구를 의뢰하였다.

회사의 주장

회사는 직원이 임원이 되었을 때, 퇴직금 중간정산을 하는 것은 당해 직원이 더는 근로자 신분이 아니라는 것을 확인하는 절차이다. 부장까지는 경영진의 지휘 감독을 받는 사용종속관계에 놓여 있었지만, 임원이 된 이후로는 회사로부터 위임받은 업무 범위 내에서는 주도적으로 업무를 처리했고 대외적으로는 협회나 외부단체에 '임원 명함'을 사용하여 사업경영담당자로서 활동한다.

특히 '임원회의'는 부장 이하가 참석할 수 없으나 이에 참석하였으며

복리후생 면에서는 '종합검진 지원, 차량 유지비 혜택'이 임원 기준에 따라 직원과 다른 기준으로 보장되었으며, 경비사용의 경우 임원 선임 후 '법인 카드'를 사용할 수 있었다. 따라서 회사의 임원은 근로자로 볼 수 없음으로 임원에게는 퇴직금을 지급할 의무가 없다.

근로자의 주장

근로자 A와 B는 이사로 근무 중, 2010년 1월경에 회사의 일방적 지시로 퇴직금 중간정산을 하였고, 회사와 퇴직금이 합산된 연봉계약서를 작성하였다. 근로자 A는 연구소 소장인 상무급 임원으로 근무하였지만, 대표이사의 지시를 받아 사용종속관계에서 일하였다. 2020년 6월 부사장으로부터 계약해지 통보를 받고 사직하였다.

근로자 B는 D기업의 사업본부장으로 업무를 하면서, 회사의 지시에 따라 D기업의 자회사 부사장으로 등기가 되었으며, 급여도 자회사로부터 받았다. 그러나 실질적으로는 D기업의 사용종속관계에서 근로를 제공하다가 2020년 3월에 퇴직하였다.

근로자 C는 D기업 부장으로 재직하다가 2014년 4월에 상무로 승진하여 임원이 되었다. 회사의 요청에 따라 퇴직금 중간정산을 하였으며, 이후 퇴직금은 연봉에 합산되어 있다는 연봉계약서를 체결하였다. 근로자 C는 2020년 1월에 퇴사하였다.

관련 판례

①대표이사 등의 지휘·감독 아래 일정한 노무를 담당하고 그 대가

로 일정한 보수를 받아 왔다면 그러한 임원은 근로기준법상의 근로자에 해당한다(대법 2002다64681). 근로기준법의 적용을 받는 근로자에 해당하는지는 계약 형식과 관계없이 그 실질에 있어서 임금을 목적으로 종속적관계에서 사용자에게 근로를 제공하였는지에 따라 판단하여야 할 것이므로, 회사의 이사 또는 감사 등 임원이라고 하더라도 그 지위 또는 명칭이 형식적·명목적인 것이고 사용자의 지휘·감독 아래 일정한 근로를 제공하면서 그 대가로 보수를 받는 관계에 있다거나 또는 회사로부터 위임받은 사무를 처리하는 외에 대표이사 등의 지휘·감독 아래 일정한 노무를 담당하고 그 대가로 일정한 보수를 받아 왔다면 그러한 임원은 근로기준법상의 근로자에 해당한다.

②근로 계약에서 퇴직금을 미리 연봉 속에 포함해 지급하였다 하더라도 이는 근로기준법 제34조에서 정하는 법정퇴직금지급의 효력이 없다(대구지법 2006가단2947).

이 사건의 결론

근로감독관은 회사와 진정한 근로자들을 조사하여 근로자 A와 C는 근로자로 인정하였다. 그러나 근로자 B는 자회사의 등기임원이고 자회사로부터 임금을 받았기 때문에, 근로자가 아닌 것으로 판단하였다. 이에 따라 회사는 근로자 A와 C에 대해서만 퇴직금을 지급하고 이 사건을 종결하였다.

08

퇴직금 선지급, 퇴직금으로 인정받을 수 있는가

최근에 퇴직금을 선지급하여 퇴직금 미지급 사건을 수임하게 되어 관련 규정과 판단 기준을 구체적으로 검토하게 되었다. 관련 사건을 보면, 근로자는 A소방설비업체(회사)에서 2019년 10월부터 2021년 4월까지 근무하고 퇴직하면서 퇴직금을 청구하였으나, 회사는 퇴직금 선지급에 따라 월급여액의 10%를 퇴직금으로 매달 지급하였기 때문에 퇴직금 지급의무가 없다고 하였다.

회사는 근로자와 고용계약 체결시 2개의 서류를 별도로 나누어 주고 서명을 받았다. 하나는 퇴직금 월분 할 정산 신청서이고, 다른 하나는 각서인데 그 내용은 본인의 요청으로 퇴직적립금 상당액에 대하여 임시 지급을 신청하고 임시지급금과 본인이 받아야 할 퇴직금을 상계처리하는데 동의한다는 내용이다.

이 서류는 근로자가 모두 채용과정에서 반듯이 서명해야 하는 근로계약의 부속서류였다. 이 사건의 근로자는 퇴직금 상당액을 임시지급 형식으로 받아 퇴직금에 갈음한다는 내용에 대해 각서로 동의하였다.

그러면 ①임시지급형식으로 받은 금액을 퇴직금과 상계처리 할 수 있는가? ②근로자가 퇴직금을 받지 못했다고 고용노동청에 퇴직금 미지급으로 진정하는 경우 근로자는 퇴직금을 받을 수 있는가? ③근로자가 회사로부터 퇴직금 선지급에 따라 임시지급형식으로 매월 받는 임시지급금을 근로자가 회사로부터 법률상 원인 없이 받은 부당이득금으로 볼 것인지 아니면 정기·고정적으로 받았기 때문에 통상임금으로 보아야 하는지 의문이 생긴다.

이와 관련하여 퇴직금 선지급이 퇴직금으로 인정받을 수 있는지에 대한 퇴직금 제도와 관련 판례를 구체적으로 살펴보고 위의 의문에 대한 답을 찾고자 한다.

퇴직금 선지급과 퇴직금 중간정산의 구분

퇴직금 선지급은 사용자와 근로자가 매월 지급하는 월급이나 매일 지급하는 일당과 함께 퇴직금 명목으로 일정한 금액을 미리 지급하기로 한 약정이다. 퇴직금을 미리 받는 면에서 퇴직금 중간정산과 공통점이 있다.

하지만, 퇴직금 선지급은 아직 발생하지 않은 퇴직금을 가불형태로 미리 받고, 퇴직시에 퇴직금을 받지 않겠다는 것이다. 이에 반해 퇴직금 중간정산은 퇴직하기 전이라도 기왕의 근로에 대한 대가로 발생한 퇴직금을 근로자가 퇴직하기 전에 퇴직금으로 미리 받는 것이다.

퇴직금은 근로자퇴직급여보장법 제8조(퇴직금제도)와 제9조(퇴직금의 지급)에서 근로자가 퇴직하는 경우에 발생하는 임금으로 후급 임금임을 원칙으로 규정하고 있다. 판례에서도 퇴직금은 근로자가 퇴직시에 비로소 발생하는 후급 형태 임금으로, 퇴직금청구권을 미리 포기할 수 없도록 강행법규로 보장하고 있다.

퇴직금은 퇴직을 사유로 하여 발생하기 때문에 퇴직하기 전에는 발생하지 않는다. 퇴직금제도는 계속근로기간 1년에 대하여 30일분 이상의 평균임금을 퇴직하는 근로자에게 지급하여야 하는 제도로, 퇴직금은 법정임금이다(퇴직급여법 제8조 제1항).

따라서 퇴직금은 사전에 퇴직금 분할지급으로 대체할 수 없으나 예외적으로 근로자가 퇴직하기 전에 본인의 요구가 있는 때에만 사용자는 근로자의 계속근로기간에 대한 퇴직금을 미리 정산하여 지급할 수 있다(퇴직급여법 제8조 제2항).

퇴직금 선지급 판단 기준에 관한 대법원 전원합의체 판결: 2007다90760(2010년)

피고는 경영관리 컨설팅을 목적으로 하는 회사이고, 원고는 퇴직한 피고의 근로자들로 이루어져 있으며 이들은 회사의 퇴직금선지급제도

규정으로 인해 퇴직금을 받지 못했다.

회사는 연봉계약서를 통해 연봉과 퇴직금을 정하고 이를 12분의 1로 구분하여 매월 월 급여와 퇴직금을 분리하여 지급하였다. 이 연봉계약서에 "근로자는 본인의 자유의사에 따라 퇴직금을 매월 단위로 중간정산하여, 정규 급여일에 지급해 달라고 요청합니다."라고 기재되어 있었다.

이와 관련하여 1심은 근로자들에게 퇴직금 선지급으로 지급한 기 지급액은 통상임금이고, 퇴직금 선지급은 무효이므로 퇴직금을 지급하여야 한다고 판결하였다.

이에 대해 2심은 퇴직금 선지급은 무효이지만, 근로자들이 매월 받은 퇴직금 명목의 금액은 부당이득이므로 반환하여야 한다고 판결하였다. 이에 대해 대법원은 고등법원의 판결을 유지하면서, 다만 퇴직금과 상계하는 채권은 민사집행법 제246조 제1항 제5호에 따른 퇴직금급여채권의 2분의 1에 해당하는 금액으로 그 범위를 제한하였다.

퇴직금 중간정산제 남용 금지 법제화(2011년)

기존에는 기업들이 퇴직금 중간정산제도를 남발하여 근로자의 노후생활을 위협하는 경우가 많았다. 이에 2011년 7월 25일 퇴직금중간정산을 엄격히 제한하고자 퇴직급여법을 개정했다.

①주택구매, ②전세보증금 용도, ③6개월 이상 요양이 필요한 질병으로 요양이 필요한 경우, ④파산선고를 받은 경우나 ⑤개인회생절차를 시작한 경우, ⑥임금피크제 도입, ⑦재난 피해를 본 경우 등 7가지

사유만 근로자가 퇴직하기 전에 퇴직금을 청구하고 사용자가 이를 허가할 때 한해서만 퇴직금 중간정산이 가능하다.

따라서 근로자가 퇴직시 발생하는 퇴직금청구권을 사전에 포기하거나 발생하지 않은 퇴직금을 미리 지급하여 퇴직시에 퇴직금을 대체하는 퇴직금 선지급은 강행법규인 근로기준법에 위반함으로 무효이다.

"사용자가 근로자에게 퇴직금 명목의 금액을 실질적으로 지급하였음에도 불구하고 강행법규위반으로 퇴직금 지급으로써의 효력이 인정되지 않는다면, 근로자가 받은 퇴직금 명목의 금액은 부당이득이므로 사용자에게 반환하여야 한다. 그러나 퇴직금 제도를 강행법규로 규정한 입법 취지를 고려할 때, 사용자와 근로자가 체결한 당해 약정이 그 실질 임금을 정한 것에 불과함에도 사용자가 퇴직금의 지급을 면접에서 탈락하지 않기 위하여 퇴직금 분할 약정의 형식만을 취한 것이면 위와 같은 법리를 적용할 수 없다."

따라서 법원은 퇴직금에서 상계가 허용되지 않는다고 판단하였다.(대법원 2007다90760) 또한 퇴직금 지급을 회피하기 위한 퇴직금 분할 약정은 퇴직금 지급의 효력이 없고 지급된 퇴직금 상당액은 부당이득으로 볼 수 없으므로 반환을 청구할 수 없다(대법원 2010다95147).

2010년 대법원 전원합의체 판결에서 퇴직금 선지급 때문에 지급된 퇴직금이 부당이득이라는 사실과 근로자의 퇴직금 채권의 2분의 1에 해당하는 금액을 부당이득 채권과 상계할 수 있다는 판결을 내린 이후, 퇴직금 채권을 보호하기 위하여 2011년 퇴직금 중간정산에 대한 엄격한 제한 규정이 입법화했다.

이에 따라 퇴직금 중간정산은 이미 언급한 7가지 사유 외에는 사실상 불가능하게 되었다. 특히, 2013년 12월 대법원 전원합의체 판결에서는 여러 가지 이름으로 고정적으로 지급하는 각종 수당은 통상임금으로 판결을 하였다.

이러한 입법과 판례의 경향으로 퇴직금 분할지급은 퇴직금이나 부당이득으로 인정받지 못하고 있다. 앞에 문제로 제기된 퇴직금 선지급으로 인한 퇴직금 선지급 방식은 다시는 퇴직금(중간) 정산이나 근로자의 부당이득으로도 인정받을 수 없을 것이다.

09

퇴직연금제도

2005년 12월 이전에는 근로기준법 퇴직금제도(근로자가 퇴사할 할 때 일시금으로 받는 법정 퇴직금제도와 근로자가 재직 중에 받을 수 있는 퇴직금중간정산제도)만 존재하였으나, 2005년 12월 "근로자퇴직급여보장법(근퇴법)"이 제정되면서 퇴직연금제도가 도입되었다.

현행 퇴직급여제도는 퇴직금제도와 퇴직연금제도로 구성된다. 여기서 퇴직연금제도는 확정급여형 퇴직연금제도(DB), 확정기여형 퇴직연금제도(DC), 개인형 퇴직연금제도(IRP)로 3가지 형태로 구성된다.

퇴직연금제도는 회사가 근로자의 재직기간 동안 퇴직급여의 지급에 필요한 재원을 외부 금융기관에 적립하면, 근로자가 퇴직할 때 적립된 재원으로부터 연금 또는 일시금의 퇴직급여를 받아 노후 생활에 사용할 수 있도록 하는 제도이다.

2012년 7월 26일 개정된 근퇴법은 근로자의 퇴직급여가 생활자금으로 소모되지 않고 노후에 소득 재원으로 사용될 수 있도록 퇴직금 제도를 정비하였으며, 크게 2가지의 특징을 갖는다.

첫째 특징은 퇴직금중간정산의 엄격한 제한이다.

즉, 퇴직금을 재직 중에 중간정산할 수 있는 사유가 무주택자의 주택 구매나 전세금 등 7가지로 한정한다.

둘째 특징은 개인형 퇴직연금제도(IRP)의 도입이다.

이 IRP제도는 퇴직연금제도에 가입한 근로자가 중도 퇴직하는 경우 의무적으로 가입하여야 하며, 이직 또는 조기 퇴직으로 인해 받은 퇴직 일시금은 반드시 IRP 계좌로 이전되며, 이 적립된 퇴직급여는 55세까지 의무적으로 보관, 운용할 수 있도록 한 제도이다.

퇴직금제도와 퇴직연금제도의 비교

①먼저 퇴직연금제도는 근무 기간에 일정 금액의 퇴직급여를 금융기관에 사외 적립하고, 근로자 퇴직 시점에 금융기관이 퇴직급여를 지급하는 방식으로 운영한다. 퇴직금제도에서는 근로자가 퇴직할 때 회사가 산정된 금액의 퇴직급여를 직접 지급한다.

②DB제도는 퇴직급여 산정방식이나 지급되는 금액 등이 퇴직금제도와 같다. 따라서 퇴직금 제도와 DB제도의 경우 퇴직 전 최근 3개월

의 평균임금에 근속연수를 곱한 금액이 지급금액이 된다. 반면, DC제도에서는 연간 임금 총액의 12분의 1 이상을 매년 적립하고, 가입자 개개인의 운용성과에 따라 퇴직급여 수령액이 달라진다.

③지급방법은 퇴직연금제도에서는 퇴직 일시금을 받으면 반드시 IRP로 받아야 한다. 그러나 퇴직금제도에서는 퇴직급여의 IRP 강제이전 의무가 없으므로 기존방식처럼 일시금으로 퇴직급여를 지급하면 되고, 원하는 근로자는 별도로 IRP를 개설하여 퇴직급여를 받을 수도 있다.

④퇴직연금제도는 사외적립방식이므로 사외 적립된 비율만큼 수급권이 보호되며, DB제도 전액 정립시 지급액 전액에 대하여 수급권이 보호된다. 반면 퇴직금제도의 경우 퇴직급여를 사내에 유보하므로 회사가 도산하면 근로자가 퇴직급여를 못 받을 가능성이 크다.

⑤퇴직연금제도에서는 퇴직급여를 주기적으로 사외에 적립함으로써 비용 부담을 분산하고 있어 사용자의 재정부담이 경감되나 퇴직금제도에서는 근로자 퇴직시 일시에 퇴직금을 지급해야 하므로 회사의 재정부담이 가중된다.

퇴직연금제도의 필요성

근로자의 관점에서 퇴직연금이 필요한 이유는 ①사회보장제도의 보충 효과를 위해서 필요하다. 현재 노후자금은 국민연금에만 의존하고 있는 경우가 대부분인데, 노후 대비를 국민연금만으로 하기에는 많이 부족하다. 따라서 국민연금, 퇴직연금, 개인연금의 3층 노후보장수단이 필요하다. ②퇴직금 수급권 보장 차원에서 필요하다. 기업이 도산할 때 근로자는 퇴직금을 받을 수 없다. 이를 해결하기 위하여 퇴직연금제도를 통해 퇴직급여를 사외 금융기관에 안전하게 예치할 필요가 있다.

사용자 관점에서 퇴직연금이 필요한 이유는 ①법인세 절감 효과를 들 수 있다. 퇴직금제도로 사내적립금에 대한 손비 인정이 없지만, 퇴직연금제도는 추계액 범위 내에서 기업 납부금의 100%가 비용으로 인정을 받는다. ②회사의 부채비율 개선 효과가 있다. DB형 제도에 가입하게 되면 퇴직연금예치금을 퇴직급여충당금에서 차감형식으로 표시하여 기업의 부채비율 개선 효과가 있고, DC형 제도로 가입했을 경우 당해 회계 기간에 회사가 낸 퇴직연금 부담금 전액을 퇴직급여(비용)로 인식하므로 기업의 퇴직부채가 소멸하는 효과가 있다. ③퇴직연금제도를 도입한 기업에 대해서 임금채권부담금이 일정 부분 경감되어 이를 통한 추가적인 비용절감을 할 수 있다. 경감 금액은 부담금의 50%에 퇴직연금제도로 지급 보장되는 비율을 곱한 금액이다.

퇴직연금제도의 도입방법

퇴직연금을 도입하기 위해서는 사용자는 근로자대표의 동의를 얻어 연금규약을 작성하고 고용노동부의 승인을 받아야 한다. 퇴직연금사업자(금융기관)는 근로자 퇴직시 기업이 적립한 퇴직급여를 퇴직 근로자에게 일시금 또는 연금으로 지급한다. 퇴직연금사업자는 은행, 보험, 증권사 등의 금융기관이 있으며 운용관리와 자산관리의 업무를 수행한다. 운용관리 업무는 퇴직연금제도 설계, 자산의 운용방법 제시, 행정적 측면의 제도 운영이 있고, 자산관리 업무는 부담금 수령 및 퇴직급여 지급, 자산의 보관 및 관리, 계좌의 설정 및 관리, 운용지시를 이행하는 일이다.

퇴직연금제도의 종류

①확정급여 퇴직연금제도(DB)

DB제도는 회사가 기준책임준비금의 60% 이상을 사외 금융기관에 예치하고, 금융기관이 지급의무가 있는 범위의 100%를 지급하는 방식이다. 확정급여형은 근로자가 받을 퇴직금이 기존 퇴직금 제도와 같이 최종임금 수준에 따라 퇴직금을 결정한다. 퇴직금은 퇴직시의 평균임금에 근속연수를 곱하여 산정하며 이때 퇴직시의 평균임금은 최종 3개월간의 평균임금이다.

DB제도는 퇴직할 때 받을 급여 수준이 확정되었기 때문에 안정적인 노후설계가 가능하며, 부담금 납부와 적립금 운영을 기업이 대신하므로 근로자의 부담이 없는 반면 직장 이동에 따른 연금의 이동성이 원활하지 못하다.

또한, 추가납부나 중도인출은 불가하고 법정 사유로 담보대출만 가능하다. 그 법정 사유는 무주택자의 주택구매, 본인 또는 부양가족의 6개월 이상 요양, 파산선고, 개인회생절차 개시, 기타 천재 사변 등으로 노동부 장관이 인정하는 경우이다.

따라서 DB제도는 기업이 안정적이고 이직률이 낮으며, 임금상승률이 높은 경우에 적합한 제도이다. 퇴직시에 연금 또는 일시금으로 받는다.

연금수령은 연금가입자가 55세 이상으로서 가입 기간이 10년 이상, 이 경우 연금의 지급 기간은 5년 이상이어야 한다. 일시금은 연금수급 자격을 갖추지 못했거나 일시금 수령을 원하는 자에 지급하며, 일시금은 IRP계좌로의 전환을 의미한다.

②확정기여 퇴직연금제도(DC)

DC제도는 기업의 퇴직급여 부담금 수준을 노사가 사전에 연금규약으로 확정하고 부담금을 내는 제도로 근로자의 최종 퇴직급여 수령액은 기업이 부담한 금액과 근로자 개인의 운용수익에 따라 결정된다.

사용자는 가입자의 연간 임금총액의 12분의 1에 해당하는 금액을 퇴직급여의 부담금으로 내야 한다. 매년 발생하는 퇴직급여를 개인별로 적립하는 점에서 매년 중간정산을 하는 것과 유사하다.

근로자 개인의 운용성과에 따라 향후 받을 퇴직급여 수령액이 달라질 수 있으며, 운용결과에 대한 책임은 근로자가 진다. 근로자가 받을 퇴직급여는 기업부담금과 운용수익을 합한 금액입니다.

DC제도는 근로자 추가부담금 납부가 가능하며, 적립금이 개인별로 관리되므로 직장 이동시 적립금의 이동성이 편리하며, 운용수익률 예상치가 급여 상승률보다 높으면 확정 급여형보다 유리하다.

그러나, 적립금 운용을 위한 근로자 각자의 노력이 요구되고, 금융상품 선택과 운용에 따른 위험부담이 있다. DC제도가 적합한 기업은 임금인상률이 낮은 기업, 연봉제를 시행하는 기업 등이다.

사용자가 매년 근로자 연간 임금총액의 1/12 이상을 근로자 계좌에 적립하면, 근로자가 직접 적립금을 운용하다가 퇴직시, 연금 또는 일시금의 형태로 받을 수 있다. 연금수령은 연금가입자가 55세 이상으로서 가입 기간이 10년 이상, 이 경우 연금의 지급 기간은 5년 이상이어야 한다. 일시금은 연금 수급자격을 갖추지 못했거나 일시금 수령을 원하는 자에 지급하며, 일시금은 IRP 계좌로의 전환을 의미한다.

DC제도에 있어 법정 사유에 한하여 적립금 담보대출 또는 중도인출이 가능하다. 그 법정 사유는 무주택자의 주택구매, 본인 또는 부양가족의 6개월 이상 요양, 파산선고, 개인회생절차 개시, 기타 천재 사변 등으로 노동부 장관이 인정하는 경우이다.

③ 개인형 퇴직연금제도(IRP)

개인형 퇴직연금제도는 기업형 IRP제도와 퇴직 후의 개인형 IRP제도로 구분할 수 있다. 기업 IRP는 상시 근로자 10인 미만의 사업장이면 퇴직급여제도로 인정된다. 기본적 운용구조는 DC제도와 같으나, 퇴직연금규약 작성의무가 없다.

향후 근로자가 10인 이상이 되면 DC로 전환해야 한다. 개인형 IRP는 근로자가 이직 또는 조기 퇴직시 받은 퇴직급여를 은퇴할 때까지 보관, 운용할 수 있도록 한 제도이다.

퇴직연금제도에서 퇴직 또는 이직하는 경우에는 퇴직급여를 반드시 개인형 IRP로 이전해야 한다. 이 경우, IRP 적립금은 55세 이후에 연금으로 받거나 일시금으로 받을 수 있다. IRP의 적립금은 자유로이 찾을 수 없으며, 인출을 원할 때는 법정 사유(시행령 2조: 담보대출 사유)에 해당하여야 한다. 다만, 퇴직연금제도(DB, DC, 기업 IRP)에서 퇴직시 개인 IRP로 강제이전이 제외되는 경우는 다음과 같다(시행령 9조).

가입자가 55세 이후에 퇴직하여 급여를 받는 경우, 가입자가 퇴직급여를 담보로 대출받은 금액 등을 상환하기 위할 때, 퇴직급여액이 노동부 장관이 정하는 금액(150만 원) 이하인 경우이다.

2005년 12월 이후 도입한 퇴직연금제도가 기존의 퇴직금제도로 인해서 활성화되지 못하였다. 그러나 최근 근퇴법 개정으로 인해, 퇴직금의 중간정산을 엄격히 제한하고, 또한 퇴직연금제도에 많은 혜택을 부여하고 있어 점차 활성화될 것이라 예상한다.

퇴직급여가 퇴직을 위해서 사용되어야 함에도 급여에 덧붙여진 보너스 형태로 사용된 부분이 많았다. 그러나 퇴직금은 그 용어와 같이 근로자의 퇴직을 위해서 노후 보장용으로 사용하는 것이 원칙이라 할 수 있다.

따라서 앞으로 퇴직연금제도를 활성화하여 노후자금을 준비할 수 있는 자금확보 수단으로 사용해야 할 것이다. 이를 위해 퇴직연금제도에 대한 일관적인 정책적 지원과 기업과 근로자들이 퇴직금이 생활자금이 아닌 퇴직연금은 노후보장을 위한 저축이라는 인식의 전환이 필요하다.

10

사업주의 임금 체납을 신속하게 해결하는 소액체당금

근로를 제공하고 임금을 받지 못하는 것은 노예노동에 해당한다. 따라서 임금 체납은 중대범죄에 해당하므로 3년 이하의 징역 또는 3천만 이하의 벌금을 처벌받는다. 이 벌칙과 벌금은 체납된 근로자 개인에 해당하므로 다수의 근로자에게 임금을 체납하게 되면 가중처벌을 받는다. 이러한 강력한 처벌조항에도 불구하고 임금 체납을 해결하는 방법은 쉽지가 않다. 체납된 근로자가 노동청에 진정하여 임금체납 확인을 받고 사용자를 처벌하더라도 사용자가 임금을 지급하지 않을 때는 근로자는 별도의 민사소송을 통해서만 체납된 임금을 받을 수 있다.

사업주가 재산이 없는 경우 임금채권보장기금의 체당금 제도를 통하여 최우선 변제 임금을 일정한 한도 내에서 받을 수 있다. 이러한 민사소송과 체당금 제도를 통해 체불임금을 받는 것은 복잡한 과정과 오랜 시간이 소요되므로 실질적인 도움은 되지 않는다.

이러한 임금 체납을 해결하기 위해 새로운 임금 체납 해결책이 제시되고 있다. 체납된 근로자는 사용자의 임금 지급능력과 상관없이 노동청에서 임금체납확인서를 받고, 법률구조공단의 지원을 받아 법원에서 임금체납확인서의 확인절차를 받으면, 1000만 원 한도 내에서 체납된 임금을 국가로부터 받을 수 있다. 이를 소액체당금 제도라 하며 기존의 400만 원 한도에서 2019년 7월 1일부터 1000만 원으로 한도가 늘어 임금 체납 해결에 획기적으로 도움이 될 것이다.

임금 체납이 발생하여 근로자가 노동청에 진정을 접수하면 임금체납사건이 진행되는데, 근로감독관은 관계자 출석요구 등으로 사실관계를 파악하고, 그 과정에서 당사자 사이에 합의가 되거나 체불임금이 지급되면 종결처리가 이루어진다. 근로감독관의 시정지시에도 불구하고, 체불임금 청산이 이루어지지 않으면 사업주에 처벌절차가 진행된다. 근로자는 체납된 금액이 큰 경우에는 민사소송 절차를 통해 임금체납을 해결하지만, 그 체납액이 1000만 이하면 소액체당금 제도를 이용한다.

소액체당금을 받고자 하는 근로자는 노동청에서 체납금품확인원을 발급받은 후 법률구조공단에서 무료법률구조지원을 받아 법원으로부터 사실확인서를 받게 된다. 그러면, 근로자는 이 서류를 근로복지공단에 제출하면 14일 이내에 1000만 원 이하의 소액체당금을 받을 수 있다.

기존 일반체당금 제도는 사업장에 대해 파산선고 결정 또는 회생절차 개시결정이 있었거나, 법률상 파산 또는 회생에 이르지 못한 경우 노동청으로부터 사실상 도산인정을 받아야만 체당금 지급이 가능하다. 그러나 이와 달리 소액체당금 제도는 사업장의 도산 여부에 상관없이 체당금 지급이 이루어진다.

일반체당금과 소액체당금 모두 최종 3개월 치 임금(휴업수당 포함)과 최종 3년 치 퇴직금을 사업주 대신 지급하는 것으로 그 지급액 명세는 같다. 그러나 일반체당금은 나이에 따라 월 180만 원에서 300만 원까지(최대 1800만 원) 차등 지급한다. 소액체당금은 지급기준에 따라, 최대 1000만 원으로 하고 임금(휴업수당)과 퇴직급여를 구분하여 그 상한액을 각각 700만 원으로 한다.

기존 체당금 제도의 경우 '도산 등 사실인정'을 받거나 법률상 도산을 인정받아야 하는 복잡한 절차를 거쳐야 한다. 그러나 소액체당금 제도는 위 요건을 갖추지 않더라도 체당금을 받을 수 있다는 점에서 제도 활용 가능성이 크다고 볼 수 있다. 이번에 확대된 소액체당금 제도는 사업주의 일반적인 체납에 대해서까지 근로자의 임금채권을 보장한다는 면에서 획기적인 조치라고 할 수 있다. 이 제도가 근로자에게 신속하고 편리한 임금 체납 해소방안으로 적극적으로 활용해야 할 것이다.

PART 6

근로시간과 휴식

01

유연 근로시간제 활용 사례

생산성은 제한된 시간에 더 많은 성과를 내는데 달려 있다. 최근 주 52시간제라는 용어가 생기게 된 것은 근로기준법 제2조에서 "1주라 함은 휴일을 포함한 7일로 한다."라고 명시하면서부터다.

1주의 법정근로시간인 40시간에 연장근로 한도인 12시간을 더하면 52시간이 된다. 근로시간이 줄어들면서도 더 많은 성과를 내기 위해서는 업무의 특성에 맞추어 집중하는 유연 근로시간제가 절실하다.

필자가 2006년도 지하철 9호선 관리를 맡게 된 프랑스 회사를 임금 컨설팅하던 중, 관리자가 한 말이 아직도 귀에 생생하다.

"한국인들은 주당 44시간 근무하면서 주당 32시간 근무하는 자신들보다 생산성이 떨어진다."

이는 우리나라는 경직된 근무시간으로 인해 연장, 휴일근로 등이 상시화되었기 때문이다. 아직도 우리나라 대부분 기업은 근무시간이 월요일부터 금요일까지, 오전 9시부터 오후 6시까지 일한다. 이러한 전통적인 근무시간에 업무의 효율을 갖기 위해서는 근로기준법에서 허용하고 있는 다양한 '유연 근로시간제' 도입이 절실하다.

탄력 근로제

'탄력 근로제'란 어떤 근로일이나, 어떤 주의 주당 근로시간을 연장하는 대신에 다른 근로일, 다른 주의 근로시간을 단축하는 것이다.

①벽돌공장 도입사례

"우리 공장은 모래, 시멘트 특수원료, 물을 배합해서 차별화된 벽돌을 만들고 있다. 그런데 매년 1월이 되면 기온이 영하 20도 밑으로 내려가고 영하 20도에서는 물이 완전히 얼어 버리기에 벽돌 생산을 할 수가 없다. 그렇지만, 직원들은 정상으로 출근하여 청소 등 잡무를 수행한다. 그런데 3월이 되면 상황이 완전히 달라진다. 건설공사를 본격적으로 시작하기 때문에 벽돌 주문이 밀려들어 연장근로를 할 수밖에 없다."

이러한 회사의 경우 탄력 근로제도를 통해서 문제를 해결할 수 있다. 1월은 주당 30시간, 2월은 주당 40시간, 3월은 주당 50시간 근로한다. 이 경우 주 평균이 40시간이 되기 때문에 회사는 주당 40시간을 초과하는 3월에도 연장수당을 지급해야 할 의무가 없다.

②명품매장의 도입사례

연말인 12월은 성수기라 고객이 쇼핑을 많이 하므로 일손이 많아 직원은 연장근로를 한다. 이에 반해 1월에는 비수기라 고객들이 매장을 많이 찾지 않기 때문에 매장은 한가한 편이다.

이러한 매장의 경우, 탄력 근로제를 도입하여 인건비를 줄이고 업무의 효율을 가져올 수 있다. 성수기인 12월에는 매주 52시간을 근무하고, 비수기인 1월은 매주 28시간을 근무하게 한다면 매장의 생산성을 높일 수 있다.

선택적 근로시간제

선택적 근로시간제란 1개월 이내의 정산 기간의 총 근로시간만을 정하고 각 일, 각 주의 출퇴근 시각을 자유롭게 결정하는 근로시간제도이다.

①근무시간 확인이 어렵고 대기시간이 많은 업종

영업직의 경우 근무시간을 확인하기 어렵다는 이유로 연장근로수당을 지급하지 않아 직원들의 불만이 많았다. 특히, A/S 업무는 업무 특성상 불규칙한 연장근로가 자주 발생하였고 대기 상태가 많았다.

이 회사는 노사 간의 협의 과정을 거쳐 근로자대표와 서면 합의로 영업직과 A/S 팀을 대상으로 1개월 단위로 선택적 근로시간제를 도입하였다. 그 결과 업무량에 따른 근로시간 조정이 가능하여, 유연하고 효율적인 업무수행으로 불필요한 대기시간 및 연장근로를 감소시켰다.

②불규칙한 근로가 이루어지는 업종

냉동기기 설치와 관리 업체인 00기업은 업무 특성상 고객사 및 거래처가 원하는 프로젝트 일정에 따라 근로가 이루어져 불규칙한 연장, 야간, 휴일 근무가 발생하는 등 장시간 근로가 많이 발생했다.

이 기업은 선택적 근로시간제를 도입하여 각 근로자가 담당하고 있는 고객사의 사정에 맞게 출, 퇴근 시간을 운영할 수 있도록 하여 일률적인 출, 퇴근 시간에 따른 불필요한 연장근로 발생을 최소화하였다. 그 결과 고객사의 계획에 따라 근로자 스스로 근로시간을 조정할 수 있게 하여 불규칙한 근로시간에 따른 연장근로를 감소시켰다.

기업의 생산성을 높이고 근로자의 삶의 질을 향상하기 위해서는 근로자의 업무 속성에 맞춘 근로시간제도를 도입하여야 할 것이다. 이를 통해 근로시간과 효율이 양립하는 합리적인 직장문화를 만들 수 있을 것이다.

02

재택근무제 도입과 관리 방법

코로나바이러스가 전 세계적으로 확산하고 있고, 그나마 장기화 조짐을 보인다. 이러한 비상 상황에서 많은 기업은 재택근무제를 도입하여 근로자를 보호하고 사업수행을 계속하려 노력하고 있다.

이 경우 비대면에 업무를 계속할 수 있다는 장점도 있지만 다른 한편으로는 사전에 충분한 준비 없이 갑작스럽게 도입으로 업무 효율성이 저하되는 등의 부작용도 가져오고 있다.

도입 방법시 고려 사항

재택근무란 정보통신기술을 활용하여 "자택"에 업무공간을 마련하고, 업무에 필요한 시설과 장비를 구축한 환경에서 근무하는 유연한 근무형태이다. 재택근무는 대부분의 근무를 재택으로 하는 상시 재택근무와 일주일 중 일부만을 재택근무하는 수시 재택근무로 구분할 수 있다.

수시형 재택근무는 근무일 중 일부는 재택근무, 일부는 사무실에서 근무하는 형태로 실시할 수 있다. 예를 들면, 주 5일 중 월요일과 화요일에는 재택근무를 하고, 나머지 수요일에서 금요일까지 사무실에서 근무하는 방식이다.

재택근무를 통하여 업무의 효율을 높이기 위하여 ① 재택근무 도입의 필요성을 우선하여 고민하고, ② 관련 업무환경을 갖추고, 마지막으로 재택업무의 효율적인 관리 · 감독이 이루어져야 한다.

다시 말해 재택업무는 적합한 업무 분야에 도입해야 하고, 재택업무를 수행하기 위한 IT업무환경이 갖추어져 있어야 한다. 또한, 재택근무자의 근로 조건을 유지하고 관리하기 위한 근로기준법 적용을 명확히 하여야 한다. 그래야만 업무를 안정적으로 지켜보고, 업무상 보안 문제 등을 예방할 수 있을 것이다.

재택 가능 업무

재택근무는 독립적이면서도 개별적인 업무 수행이 가능하고, 고객과의 대면접촉이 거의 없는 직무, 특정한 장소에서 이루어지지 않아도

되는 직무 등에 적합하다.

특히, 프로그램 및 게임개발, 웹 디자인, 도서출판, 원격교육, 금융 및 보험마케팅 등의 업종이나, 민원 상담, 기획 및 행정처리 업무, 전산 업무 등의 분야에 도입이 쉽다.

도입방법

재택근무제의 도입을 하기 위해서는 ①근로자대표와 서면 합의, ②개별 근로자와 근로 계약서 작성, ③취업규칙의 변경절차가 필요하다.

일부 조건을 변경할 때도 위의 3가지 절차를 거쳐야 한다. 다만, 특정 근로자에 대한 재택근무의 경우, 혹은 간헐적으로 이루어지는 재택근무의 경우에는 해당 근로자의 동의만으로도 제도의 도입이 가능하다.

근로기준법 적용

재택근무에 종사하는 근로자도 근로기준법상의 근로시간 및 휴식에 관한 규정을 적용한다.

재택근무제 도입 시 반드시 해당 근로자에 대한 소정 근로시간 또는 업무 수행에 통상 필요한 시간, 그리고 노사합의로 정한 근로시간의 범위에 따라 연장근로수당이나 야간근로수당, 휴일근로수당에 대해 사전에 확정해 두어야 한다.

사용자의 지시에 따라 특정 업무를 수행하는데 필요한 시간이 연장·야간·휴일근로를 발생시킬 경우 원칙적으로 그에 대한 연장근로, 야간근로수당을 지급해야 한다.

재택 근로제를 도입하여 업무의 효율을 높이고 근로자의 사기를 진작시키기 위해서는 재택 근로에 적합한 업무 발굴과 업무환경을 갖추어야 한다. 이와 함께 근로자의 업무와 사생활 영역을 명확히 하여 지속적 재택근무가 가능하도록 관리하는 것이 중요하다.

따라서 1주일 전 일을 재택근무하기보다는 수시형 재택근무제를 도입하여 어느 정도 재택근무의 가능성을 확인한 후에 상시 재택근무제를 도입하는 것이 바람직하다.

03

휴식시간을 이용한 근로시간 설계

근로기준법에서는 1주의 근로시간은 휴식시간을 제외하고 40시간을 초과할 수 없고, 1일의 근로시간은 휴식시간을 제외하고 8시간을 초과할 수 없다고 기술하고 있다. 근로를 제공하지는 않지만, 작업을 위하여 근로자가 사용자의 지휘와 감독 아래에 있는 대기시간은 근로시간으로 보고 있다(법 제50조).

근로기준법상 휴식시간은 근로시간에서 제외하지만, 근로를 위해 대기하는 시간은 휴식시간이 아니라 근로시간으로 판단하고 있다. 이 경우 근로시간과 휴식시간의 관계가 명확하지만, 대기시간과 휴식시간은 구분이 모호한 면이 있다.

근로시간을 설계하면서 업무의 특성을 고려하여 적절한 휴식시간을 잘 이용한다면, 법정근로시간 내에서도 최적의 근로시간 확보가 가능하다.

① 식당의 휴식시간

식당의 경우 손님이 점심이나 저녁을 먹으러 온다. 이 경우 종업원들이 오전 10시에 출근해서 저녁 9시에 퇴근하는 경우에는 휴식시간 1시간을 제외하더라도 10시간을 근무한다. 2시간의 연장근로수당으로 3시간의 임금을 추가로 주어야 한다.

이 경우 휴식시간을 이용하여 근로시간을 배분하면, 8시간을 근무하고 나머지 3시간을 휴식시간으로 처리하면, 연장근로수당 없이 하루 8시간 근무로 활용할 수 있다. 오전 10시부터 오후 2시까지 일하고, 오후 2시부터 오후 5시까지는 휴식시간으로 부여한다. 그리고 오후 5시부터 저녁 9시까지 근무를 하면 총 8시간 근무제로 연장근로수당 없이 근로자를 활용할 수 있다.

② 중동 건설근로자의 장시간 휴식시간

중동지방에서는 낮에는 기온이 상승하여 야외에서 작업하는 건설공사현장 근로자들이 작업할 수 없는 것은 사회 통념상 객관적으로 인정할 수 있다. 또한, 단체협약, 취업규칙 또는 근로 계약 등에 매일의 작업시간이 06:00~10:00까지의 작업, 10:00~16:00까지 휴식시간, 16:00~20:00까지 작업시간으로 정하여 작업한 경우, 동 휴식시간 중에는 근로자가 근로 행위로부터 완전히 이탈하여 자유로이 활용할 수 있다면 휴식시간이 장시간이라 할지라도 이를 휴식시간으로 인정한다.

휴식시간을 활용하여 근로시간을 설계할 때 주의해야 할 점은 휴식시간과 대기시간을 분명히 구분해야 한다.

대기시간과 휴식시간은 모두 출근한 상태에서 근로시간 중간에 부여한다는 공통점이 있다. 그러나 대기시간은 사용자의 지시가 있으면 바로 작업에 종사해야 하는 시간으로서 그 작업상의 지휘·감독하에 놓여 있다. 반면에 휴식시간은 사용자의 작업상 지휘·감독에서 이탈하여 근로자가 자유로이 이용할 수 있는 시간이다.

따라서 양자의 구별은 그 시간을 근로자가 자유롭게 이용할 수 있는지에 따라 판단한다. 작업의 진행 상황에 따라 근로자가 미리 작업개시 전에 휴식시간을 명백히 구분할 수 있는 상황에 있고, 그 시간 중에 사용자의 지휘·감독을 벗어나 자유로이 사용할 수 있다면 휴식시간으로 보아야 할 것이다.

다만, 사용자로부터 언제 업무지시가 있을지 불분명한 상태에서 대기하는 시간은 휴식시간으로 볼 수 없고 근로시간으로 본다.

①관광버스 운수회사의 근로자

출근 시간에 출근하여 퇴근시까지 어느 시간에 배차가 될지 불확실하여 사업장 내에서 어느 정도 자유롭게 대기는 하고 있으나 사용자로부터 언제 운행 요구가 있을지 모르는 상태에서 근로자가 대기 중이면 대기 중의 시간은 휴식시간이라고는 볼 수 없다.

②한 아파트의 경비원은 아침 7시부터 다음날까지 24시간을 근무하고, 그다음 날은 쉬는 격일제 근무를 해 왔다. 24시간 중 휴식시간은 총

6시간으로 구성했고 휴식시간은 점심 1시간, 저녁 1시간, 야간휴식시간(자정 12시부터 새벽 4시까지) 4시간으로 구분했다.

입주민은 경비원에게 야간휴식시간에 가수면 상태라도 급한 일이 발생하면 즉각 반응할 것을 서면으로 지시했다. 경비원이 야간휴식시간에 근무복을 입고 가수면 상태로 휴식을 취하면서 급한 일이 발생하면 즉각 반응할 수 있는 상태로 일했다면, 이러한 야간휴식시간은 근로시간으로 본다.

③3교대로 근무하는 요양보호사

근로 계약서에는 야간 근무시간 중 4시간의 휴식시간이 명시돼 있고 잠을 잘 수 있는 야간수면실도 운영했지만 실제로는 요양 대상자가 비상벨을 누르는 경우가 많아 잠을 이루지 못하고 늘 대기 상태에 대해 법원은 이들의 당해 야간근무 중 휴식시간은 근로시간으로 본다.

04

현행법에서 저축휴가제도 활용 방법

노무 자문을 하다 보면, 연차휴가에 대해 금전보상과 휴가보장 중에 어떤 것이 더 나은 근로 조건인가에 대한 질문을 종종 받는다. 이에 대해 나는 늘 휴가사용이 금전보상보다 더 나은 근로 조건이라고 말한다.

그 이유는 연차휴가의 목적은 휴가를 통한 근로자의 정신상, 육체상 건강을 회복하는 것이기 때문이다. 국제노동기구(ILO)의 유급휴가협약(제132조)에서도 연차휴가는 휴가보장을 원칙으로 하고 금전보상은 퇴직할 때 같이 예외적인 경우에만 미사용 연차휴가에 대해 금전보상을 하도록 하고 있다.

2003년 개정된 근로기준법에서 근로자대표와 서면 합의에 따라 연장근로, 휴일근로, 그리고 야간근로에 대해 임금을 지급하는 것에 갈음하여 휴가로 보상하는 방식이 도입되었다.

2015년 국가공무원 복무규정도 연가보상비를 받을 수 있는 연가 일수 중 사용하지 않고 남은 연가 일수를 그해의 마지막 날을 기준으로 이월·저축하여 사용할 수 있다고 규정하고 있다.

이와 맥락을 같이하여, 2016년 근로기준법상의 보상휴가제를 근로시간 저축휴가제로 확대 개편하는 법안이 제출되었다. 이 법안은 현행 '보상휴가제'를 보완하여 연장, 야간, 휴일근로 이외에 유급휴가에 해당하는 시간을 적립하여 근로자가 필요한 경우에 휴가로 사용하거나, 휴가를 먼저 사용한 이후에 근로 등으로 보충할 수 있도록 하는 제도이다.

이 법안의 특징은 기존의 보상휴가제와 달리 은행의 마이너스 통장과 같이 먼저 휴가를 사용하고 나중에 연장, 휴일, 야간근로로 상환하는 방식을 가지고 있다. 이는 유연근로제 형태로 될 가능성이 있으므로 입법화가 쉽지 않으리라고 전망된다.

따라서 현행 근로기준법을 가지고 연장, 야간, 휴일근로에 대한 보상휴가제와 연차휴가 이월을 통한 저축휴가제도로의 전환 방식을 설명하고자 한다.

1. 현행법의 보상휴가제와 근로시간 저축휴가제도

보상휴가제는 근로자대표와 서면 합의에 따라 가산임금을 지급해야 하는 연장근로, 야간근로, 그리고 휴일근로에 대하여 임금을 지급하는 것을 갈음하여 휴가를 지급하는 제도이다.

보상휴가에 대한 구체적인 시행방법을 근로자대표와 서면 합의로 정하도록 하고 있고, 세부적인 시행방법에 관해 기술한 내용이 없으므로 기존의 근로기준법을 적용하는 안의 범위에서 노사 간에 자유롭게 정할 수 있도록 하고 있다.

보상휴가제의 시행에 관하여 근로자대표와 서면 합의 내용은 대상 근로자의 범위, 대상 근로시간의 범위, 정산 기간, 보상휴가의 사용방법 등을 포함하여야 할 것이다.

①대상 근로자의 범위

전체 근로자에게 일률적으로 적용할 것인지, 희망하는 근로자만 적용할 것인지에 대한 대상 근로자의 범위를 설정할 수 있다.

②대상 근로시간의 범위

보상의 대상이 되는 근로시간은 연장근로, 휴일근로, 야간근로이다. 소정 근로시간 외에 추가로 지급되는 가산임금 전체를 할 것인지 아닌지를 결정한다.

③정산 기간

적립 가능한 보상 기간에 대해 단기로 할 것인지, 장기로 할 것인지에 대해 결정한다. 이 경우 최대 임금소멸시효를 고려하여 3년 이내로 한다.

④보상휴가의 사용방법

축적된 보상휴가에 대해 개별적으로 사용할 것인지, 아니면 집단으로 사용할 것인지에 대해 결정한다. 그리고 장기간의 휴가사용이 가능하도록 회사에서 필요한 조치 등에 관해 기술하여 장기간의 휴가보장이 될 수 있도록 한다. 또한, 보상휴가의 정산 기간에 대해 사용하지 못한 보상휴가에 대한 금전보상 내용을 포함한다.

보상휴가제를 근로시간 저축휴가제도로 변경하기 위해서 노사합의를 전제로 하여 현행법의 테두리 내에서 활용해야 한다. 가장 문제가 되는 것은 가산임금을 언제까지 저축할 수 있는지와 회사의 장기휴가 보장 정책이라 할 수 있다.

보상휴가제를 저축휴가제로의 변경시 현행법상 고려해야 하는 것이 휴가사용의 정산 기간과 미사용한 휴가에 대한 금전보상이다. 고용노동부는 연장근로, 휴일근로 및 야간근로를 저축하여 사용하는 것에 대해 긍정적으로 판단하고 있다.

고용노동부는 사용자가 근로자대표와 서면 합의에 따라 1년간 연장근로, 야간근로 및 휴일근로시간을 계산하여 다음 연도에 1년간 휴가를 사용하게 하고, 미사용한 휴가에 대하여 그다음 연도 첫 번째 달의 임금 정기지급일에 금전으로 보상하더라도 위법하지 않다고 판단하였다.

따라서 사용자는 특정 해에 발생한 근로자의 연장근로, 휴일근로 및 야간근로에 대한 대가로 저축된 보상휴가를 그 후 3년간 적절하게 사용할 수 있도록 보장해야 한다. 임금채권의 소멸시효를 고려하여 3년간 사용하지 못한 휴가는 반드시 임금보상을 하여야 할 것이다.

근로자의 귀책 사유로 휴가를 사용하지 않을 때도 남아 있는 보상휴가에 대해 금전보상을 하여야 한다. 이는 노사가 '보상휴가 사용 기간 내에 사용자의 귀책 사유 없이 근로자가 사용하지 않은 보상휴가에 대해 사용자는 임금 지급의무가 없다'라고 합의하더라도 그러한 합의는 효력이 없다.

이러한 취지를 볼 때, 매년 1년간 발생한 보상휴가는 그 후 3년간 사용하고, 소멸시효를 고려하여 3년간 미사용휴가에 대해 임금보상을 하는 방식으로 이용할 수 있다.

2. 현행법의 연차휴가와 저축휴가제도

연차휴가제도의 취지는 장기간 근로에 지친 근로자에게 충분한 휴가를 보장하여 정신적, 육체적 건강을 회복하도록 하는 동시에, 근로자의 사회적, 문화적 생활을 보장하기 위한 것이라 할 수 있다.

ILO(국제노동기구)의 제132호 협약은 연차휴가 기간이 분할되지 않는 2주간의 기간이 확보되도록 하고 있다. 우리나라 공무원도 10일 이상 연속된 연가 사용을 보장하고 있으며, 행정기관의 장은 공무원이 3개월 이전에 10일 이상의 연속된 연가 일수 사용을 신청할 때는 특별한 사정이 없으면 이를 승인하여야 한다고 규정하고 있다.

연차유급휴가 제도는 입사 1년 미만인 근로자는 1월 만근에 1개의 유급휴가가 발생하고, 1년 이상 근무한 근로자는 1년간 80% 이상 개근한 경우 15개의 유급휴가가 발생한다. 그리고 계속근로 3년 차마다 1개씩 누적된 휴가가 발생하고 최대 25개까지 부여된다. 이렇게 근로의 대가로 발생한 휴가는 1년간 행사하지 않으면 소멸하고, 금전보상

청구권으로 전환된다(근로기준법 제60조).

연차휴가의 사용 유효기간 1년 기간 내에 휴가를 모두 사용할 수 있도록 근로기준법에서 연차유급휴가 사용촉진제도(근로기준법 제61조)를 도입하고 있다. 이 연차유급휴가 사용촉진조치의 목적은 연차휴가의 목적이 휴가사용을 통해서 근로자의 정신적, 육체적 건강을 유지하는 것이지, 추가 임금보상을 받기 위한 것아 아님을 설명하고 있다.

근로자는 연차휴가 사용 가능 기간 6개월 전에 휴가 계획을 통보하고, 이를 사용하여야 한다. 그런데도 휴가사용 유효기간 2개월 이내인 휴가에 대해서는 사용하지 못한 휴가에 대해 사용자가 휴가 시기를 지정하여 휴가사용을 강제하고 있다. 이러한 사용자의 휴가사용 조치에도 불구하고 근로자가 사용하지 않은 경우, 미사용휴가는 소멸한다고 규정하고 있다.

현행법에서 연차휴가에 대해 저축휴가제도로 사용하기 위해서는 현재, 연차유급휴가 사용 기간이 1년이고, 이 사용 유효기간이 지나면 금전보상 의무로 전환되기 때문에 미사용 연차휴가를 이월해서 사용할 수 있는지가 저축휴가제도의 쟁점이다. 이에 대해 행정해석은 미사용 연차휴가를 이월하여 사용하는 것은 가능하다고 해석하고 있다.

여기서 연차유급휴가 청구권이 소멸하기 전에 미리 휴가 수당을 지급하고 그만큼 휴가를 부여하지 않는 것은 법 위반이 될 수 있다. 그러나 미사용 연차유급휴가에 대해 금전보상 대신 이월하여 사용하도록 당사자 간에 합의하는 것은 무방하다고 보았다.

또한, 연차유급휴가 사용촉진조치에 있어서 사용자가 연차유급휴가 사용촉진조치를 취하였음에도 근로자가 지정된 휴가일에 출근하여 근로를 제공한 경우, 미사용 연차휴가가 소멸한다는 근로기준법 조항에 대해 엄격한 판단을 하고 있다. 이런 경우 법원은 미사용 연차유급휴가에 대해 사용자가 별다른 이의 없이 근로자의 노무를 받았다면 사용자는 미사용 연차휴가에 대한 보상 의무가 있다고 판시하고 있다.

따라서 행정해석과 판례의 내용을 가지고 판단할 때, 현행법 내에서도 연차휴가에 대한 저축휴가제도는 충분히 가능하다고 할 수 있다. 다만, 이 제도의 시행에서 근로자대표와 서면 합의가 아닌 근로자의 개별동의가 필요하다.

연차유급휴가를 이월하여 휴가로 사용하는 것은 개별 근로자의 임금채권과 같음으로 개별 근로자의 동의를 전제로 한다. 연차유급휴가 사용 기간이 끝나는 시점에서 임금채권으로 변경된 3년 동안 연차휴가를 적립하여 장기휴가로 사용할 수 있다.

도입 시에 참고할 만한 방식이 공무원 연가저축제도이다. 이는 권장 연가일수 이외 미사용 연가는 저축계좌에 최대 3년까지 적립해 장기휴가를 갈 수 있게 하는 연가저축제도이다.

예를 들어, 현재 6년 이상 공무원의 연가일수는 21일로 이 가운데 권장 연가일수 10일을 제외하고 매년 11일씩 3년간 총 33일을 저축한다면 한꺼번에 한 달 이상 휴가를 가는 게 가능해진다. 이 연가 저축휴가제 대상은 정부 부처에서 공공기관으로 확대되어 널리 사용되고 있다.

ILO(국제노동기구)의 유급휴가협약(제132호)에서도 1년 근무 기간에 대해 3주의 휴가를 보장하여야 하고, 이 휴가 중 최소 2주는 연속하여 부여하여야 한다고 규정하고 있다(제3조, 제8조). 근로의 대가로 사용하는 장기휴가를 통해 근로자는 정신적, 육체적 건강을 회복하고, 인간으로서의 사회적, 문화적 활동을 통해 인간의 존엄성을 회복할 수 있다.

따라서 장기휴가의 보장은 금전보상보다 더 바람직한 근로자의 복지라는 인식이 필요하다. 또한, 이것은 회사의 집단휴가 사용정책이나 취업규칙을 통한 사용자의 보장의무 규정 도입 등을 통해 체계적으로 이루어지지 않으면 사실상 불가능하다. 따라서 근로시간이나 연차유급휴가에 대해 저축휴가제도의 도입과 함께 장기휴가보장 정책의 도입이 절실하다.

05

대법원
-1년 기간제 최대 연차휴가는 11개

연차유급휴가의 목적은 장기간 근로에 지친 근로자에게 충분한 유급휴가를 보장하여 신체적, 정신적 건강을 회복하고 문화적 생활을 가질 수 있도록 하기 위함이다.

금전보상은 휴가를 사용할 수 없는 예외적인 경우에만 적용한다. 최근 이러한 연차휴가의 목적에 충실한 대법원 판례가 일관성 있게 나오면서 기존에 근로의 대가성에 대한 금전보상에 근거한 판례를 수정하고 있다.

2021년 10월 14일 대법원(2021다227100)은 1년 기간제 근로자의 연차휴가 수당은 26일이 아니라 11일이라는 판결을 하였다. 기업의 정년 퇴직자도 2018년 6월 28일 대법원(2016다48297)은 연차휴가 기산점을 매년 1월 1일부터 12월 31일로 하는 경우, 퇴직일이 12월 31일인 경우 그다음 해에 발생하는 연차휴가 수당은 없다고 판시하였다.

현재, 고용노동부는 연차휴가 설명자료에서 "근로 계약 기간이 1년인 기간제 노동자가 1년간 출근율 80% 이상 충족 후 계약 기간만료 시 미사용수당으로 최대 26일분을 지급해야 한다."고 명시하고 있다.

이는 근로기준법 제60조 제1항에 1년간 80% 이상 개근 시 15일의 연차휴가와 제2항에서 1년 미만자에 매 1개월 만근 시 발생하는 월차휴가 총 11개를 합친 것이다. 이를 근거로 일선 근로감독관은 사업주가 26일분의 수당을 지급하지 않을 때는 근로기준법 위반으로 사업주를 처벌하고 있다.

따라서 기간제 근로자나 정년 퇴직자의 경우 기간만료에 따라 퇴직이 예정된 경우 발생했던 연차휴가 수당은 이번 판례로 그 효력을 잃게 되었다. 이와 관련하여 퇴직자의 연차휴가 계산이 어떻게 되는지? 그리고 고용노동부의 연차휴가 발생기준은 어디에 있었는지에 대해 구체적으로 살펴보고자 한다.

대법원 기간제 근로자의 연차휴가 판결 내용

근로자는 2017년 8월 1일부터 2018년 7월 31일까지 1년간 노인 요양복지시설에서 요양보호사로 근무하면서 15일의 연차휴가를 사용하였다. 고용노동부는 2018년 5월 "1년 미만 근로자 등에 대한 연차휴가

보장 확대 관련 개정 근로기준법 설명자료를 배포하였는데, 위 자료에서 "1년 기간제 노동자의 계약 기간이 만료되는 경우에는 최대 26일분의 연차휴가 미사용수당을 지급하여야 함"이라고 기재되어 있었다.

근로자는 중부지방노동청에 11일분의 연차휴가 수당을 받지 못하였다는 내용의 진정서를 제출하였다. 사용자는 근로감독관의 계도에 따라 근로자에게 11일분의 연차휴가 수당으로 717,150원을 지급하였다.

이에 사용자는 1년 기간제 근로 계약을 체결한 근로자에게 최대 26일의 연차휴가가 발생한다는 취지의 이 사건 설명자료는 잘못되었고, 근로자가 자신에게 부여된 연차휴가를 모두 사용하여 더 연차휴가 수당을 청구할 수 없는데도 사용자가 근로감독관의 잘못된 계도에 따라 11일분의 연차휴가 수당을 추가로 지급하였으므로 근로자는 사용자에게 이를 반환할 의무가 있다고 주장한다.

이에 대해 원심(2심)은 사용자의 주장을 인정하여 근로자에게 지급명령을 내렸다. 이에 근로자는 대법원에 상고하였다. 대법원은 "연차휴가를 사용할 권리 또는 연차휴가수당 청구권은 근로자가 전년도에 출근율을 충족하면서 근로를 제공하면 당연히 발생하는 것으로, 연차휴가를 사용할 해당 연도가 아니라 그 전년도 1년간의 근로에 대한 대가에 해당한다.

근로기준법 제60조 제1항이 규정한 유급 연차휴가는 1년간 80% 이상 출근한 근로자에게 부여되는 것으로, 근로자가 연차휴가에 관한 권리를 취득한 후 1년 이내에 연차휴가를 사용하지 아니하거나 1년이 지나기 전에 퇴직하는 등의 사유로 인하여 더는 연차휴가를 사용하지 못하게 되면 사용자에게 그 연차휴가 일수에 상응하는 임금인 연차휴가 수당을 청구할 수 있다.

다만, 연차휴가를 사용할 권리는 다른 특별한 정함이 없는 한 그 전년도 1년간 근로를 마친 다음 날 발생한다고 보아야 한다. 그 전에 퇴직으로 근로관계가 종료되는 경우에는 연차휴가를 사용할 권리에 대한 보상으로 연차휴가 수당도 청구할 수 없다."라고 판단하였다. 따라서 1년 기간제 근로 계약을 체결한 근로자에게는 최대 11일의 연차휴가가 부여된다고 보았다.

근로기준법의 연차휴가 변경 내용과 고용노동부의 지침

2017년 11월 28일 법률 제15108호로 개정되어 2018년 5월 29일 시행된 근로기준법은 제60조 제3항에 규정되어 있던 "사용자는 근로자의 최초 1년간의 근로에 대하여 유급휴가를 줄 때는 제2항에 따른 휴가를 포함하여 15일로 하고, 근로자가 제2항에 따른 휴가를 이미 사용한 경우에는 그 사용한 휴가 일수를 15일에서 뺀다."라는 규정을 삭제하였다.

이처럼 개정한 이유는 최초 1년간의 근로에 대한 유급휴가를 사용한 경우 이를 다음 해 유급휴가에서 빼는 규정을 삭제하여 1년 차에 최대 11일, 2년 차에 15일의 유급휴가를 각각 받을 수 있게 하기 위한 것이다. 이는 최초 1년간 연차휴가를 사용한 경우 그다음 해 연차휴가가 줄어드는 것을 방지하기 위한 것이다.

그러나 고용노동부 "개정법 시행 후 근로 계약 기간이 1년인 기간제 노동자가 1년간 출근율 80% 이상 충족 후 계약 기간만료시 미사용수당 지급방법"을 설명하였다. 판례는 근로 계약 기간을 1년으로 한 기간제 노동자의 1년간의 출근율이 80% 이상이면 계약 기간만료시 15일분의 연차휴가보상청구권이 발생한다는 태도다.(대법원 2005.5.27. 선고 2003다48549, 48556 판결)

고용노동부는 "법 개정에 따라 1년 차 때 1개월 개근 시 1일씩 발생하는 유급휴가도 별도로 인정되는 만큼, 개정법 시행 이후 1년 기간제 노동자의 계약 기간이 만료되는 경우에는 최대 26일분의 미사용수당을 지급하여야 한다."고 행정지도하였다.

따라서 근로의 대가로 1년 미만의 기간에 대해서는 11개의 연차유급휴가와 1년의 근로에 대한 대가로 유급휴가 15개가 추가로 발생하므로, 총 26개의 연차유급휴가를 보장해주어야 한다는 의견을 견지하고 있다.

이번 대법원 판례로 인하여 고용노동부의 행정해석은 효력을 잃게 되었고, 앞으로 정년 퇴직자, 기간제 근로자의 1년이나 2년 기간만료로 인한 퇴직 등은 모두 이 규정을 적용하여 연차휴가수당 청구권이 발생하지 않게 되었다.

연차휴가에 대한 2018년의 정년 퇴직자에 대한 판례와 1년 기간제 근로자에 대한 판례는 연차휴가의 보장 취지에 맞춘 합리적인 판단이라고 본다. 연차휴가의 목적이 장기간의 노동에 지친 심신을 회복하기 위해 충분한 유급휴가를 보장하는 것이지 금전보상의 목적이 되어서는 안 된다.

그러나 아쉽게도 우리나라의 연차휴가가 특정일에 퇴직함에 따라 연차휴가의 발생 일수가 크게 달라지는 점은 형평성의 원칙에 어긋날 수 있고, 이는 근로자가 퇴직시점을 결정하는 이유도 될 수 있다. 따라서 앞으로 연차휴가 개선에 있어 어느 시점에 퇴직하더라도 근로의 대가에 대한 형평성 있는 유급휴가의 보장이 이뤄진다면 더 합리적이지 않을까 생각한다.

06

연차휴가 부여 방식

현행 근로기준법상 '연차유급휴가'는 장기간 근로한 근로자가 유급휴가를 받는 것이다. 이는 근로를 통해 지친 육체적·정신적 휴양, 노동의 재생산 유지와 문화적인 생활의 확보를 위하여 마련한 것이다.

그런데 실무상 이러한 '연차휴가 부여방식'에 대하여 기업 인사담당자들이 혼란을 느끼고 문의해 오는 경우가 종종 있다. 근로기준법에 의하면, 연차휴가는 근로자 '개인별 입사일'을 기준으로 하여 산정·부여한다. 근로자 수가 많은 사업장의 경우, 근로자 개인별 입사일을 기준으로 개별적으로 연차휴가를 산정해 부여하는 것이 쉽지 않고, 연차휴가 사용촉진제도를 활용하는 것도 간단하지 않다.

회사의 취업규칙이나 단체협약에 연차휴가는 근로기준법에 따라 지급한다는 규정이 명시되어 있음에도 실제로는 사용자가 노무관리의 편의를 위해 '회계연도 기준'으로 모든 근로자에게 연차휴가를 일률적으로 관리한 후, 퇴직시 개인별 입사일을 기준으로 재정산하는 경우가 많다. 연차휴가 부여 방식에 따라 산정되는 연차휴가일 수가 달라질 수 있고, 연차휴가 부여에 대하여 회사마다 조금씩 다른 방식을 취하고 있다.

다음은 실무상'연차휴가 부여 방식'에 대하여 구체적으로 설명한다. 검토해 보고자 한다.

1. 근로기준법-입사일

근로기준법 제60조에서는 근로자 개개인의 '입사일'을 기준으로 연차유급휴가를 부여하도록 규정하고 있다.

①사용자는 1년간 80% 이상 출근한 근로자에게 15일의 유급휴가를 주어야 한다.

②사용자는 계속하여 근로한 기간이 1년 미만인 근로자 또는 1년간 80% 미만 출근한 근로자에게 1개월 개근 시, 1일의 유급휴가를 주어야 한다.

③사용자는 3년 이상 계속하여 근로한 근로자에게는 제1항에 따른 휴가에 최초 1년을 초과하는 계속 근로 연수 매 2년에 대하여 1일을 가산한 유급휴가를 주어야 한다. 이 경우 가산휴가를 포함한 총 휴가

일수는 25일을 한도로 한다.

2. 행정해석-회계연도

행정해석은 회계연도를 기준으로 연차휴가를 관리하는 방식을 인정하고 있으며 구체적인 관리 방식은 다음과 같다(근로환경 개선정책과-5352, 2011.12.19.).

근로기준법 제60조의 연차유급휴가를 부여하기 위한 출근율 산정 대상 기간의 기산일은 근로자 개인별로 정함이 원칙이며, 사업장에서 노무관리의 편의를 위하여 단체협약이나 취업규칙으로 회계연도(1.1~12.31) 등을 기준으로 일률적으로 정할 수도 있다.

회계연도를 기준으로 휴가를 계산할 경우 연도 중 입사자에게 불리하지 않게 휴가를 부여하려면, 입사한 지 1년이 되지 못한 근로자에 대하여도 다음 연도에 입사 연도의 근속기간에 비례하여 유급휴가를 부여하고 이후 연도부터는 회계연도를 기준으로 연차유급휴가를 부여하면 된다. 다만, 퇴직시점에서 총 휴가 일수가 근로자의 입사일을 기준으로 산정한 휴가 일수에 미달하면 그 미달하는 일수에 대하여 연차휴가 근로수당으로 정산해야 한다.

3. 연차휴가 부여 방법 예시

① 2년 10개월 시 연차휴가

입사: 2017년 06월 01일, 퇴사일: 2020년 03월 31일

A 방식: 입사 하루기준 부여	B 방식: 입사일+회계연도	C 방식: 사전 지급+비례 정산
2017.06.01. 입사 2018.06.01. 월차 11개 2019.05.31. 15개 2020.03.31. 퇴사	2017.06.01. 입사 2018.05.30. 월차 11개 2018.01.01. 9개 (입사 하루기준 비례 발생) 2019.01.01. 15개 2020.01.01. 15개 2020.03.31. 8개 삭감 (입사일 기준 정산지급)	2017.06.01. 입사: 11개 (월차 미리 부여) 2018.01.01. 15개 2019.01.01. 15개 2020.01.01. 16개 2020.03.31. 4개 (=16 x 3/12: 퇴사 하루기준 정산)

② 3년 5개월 근무 시 연차휴가

입사일: 2017년 06월 01일, 퇴사일: 2020년 10월 31일

A 방식: 입사 하루기준 부여	B 방식: 입사일+회계연도	C 방식: 사전 지급+비례 정산
2017.06.01. 입사 2018.05.30. 월차 11개 2018.06.01. 15개 2019.06.01. 15개 2020.06.01. 16개 2020.10.31 퇴사	2017.06.01. 입사 2018.05.30. 월차 11개 2018.01.01. 9개 (입사 하루기준 비례 발생) 2019.01.01. 15개 2020.01.01. 15 2020.10.31. +7개 (입사일 기준 정산지급)	2017.06.01. 입사 11개 (월차 미리 부여) 2018.01.01. 15개 2019.01.01. 15개 2020.01.01. 16개 2020.10.31. 13개 (=16 x 3/12: 퇴사 하루기준 정산)
57개 부여	57개 부여(보전정산)	57개 발생

4. 연차휴가 부여 방법별 장 · 단점

① A방식(입사 하루기준 부여)

개인별 입사일을 기준으로 연차휴가를 산정하여 부여하는 방식이다. 장점은 근로기준법에 따라 정확하게 연차휴가를 계산한다는 것이

다. 반면, 단점으로는 다수의 인원을 개인별로 관리함에 따라 업무적으로 시간이 많이 소요되고 복잡하며, 근로기준법 제61조에 의한 연차휴가사용촉진조치가 어렵고, 근로자가 연차유급휴가를 부여받기 위하여 인위적으로 퇴직 일자를 조정할 수 있다는 것이다.

② B방식(입사일 + 회계연도 관리 절충)

입사 연도의 다음 해 1월 1일에 15일의 연차휴가를 근속기간에 비례해서 지급하면서 입사일을 다음년도 1월 1일로 하여 이후 연차휴가를 부여하고, 퇴사할 때에는 회계연도 관리에 의해 지급된 연차휴가 일수를 개인별 입사일자를 기준으로 산정한 연차휴가 일수에 맞추어 재정산하는 방식이다.

이때 회계연도를 기준으로 산정한 연차휴가 일수가 퇴직 시에 개인별 정산할 때, 회계연도 관리에서 추가로 지급된 휴가를 삭감하기 위해서는 취업규칙에 관련된 규정을 마련해 두는 것이 바람직하다고 본다. 이 방식의 장점은 회계 연도별로 휴가를 관리함으로써 휴가의 관리와 연차휴가사용촉진조치를 쉽게 할 수 있고, 근로기준법에 따라 연차휴가를 정확히 정산하여 지급한다는 것이다.

단점으로는 퇴직할 때 연차휴가를 개인별로 재정산하는 데 시간이 소요되고, 근로자가 연차휴가를 부여받기 위하여 불필요하게 퇴직 일자를 조정할 수 있다는 것이다.

③ C방식(사전 지급 및 비례 정산)

입사한 첫해의 각 월에 대해 월차를 미리 지급하고, 입사 연도의 다음 해 1월 1일에 15일의 연차휴가를 전부 미리 부여하고, 이후 회계연도를 기준으로 연차휴가를 미리 지급하는 방식으로 관리한다. 퇴직하는 연도에는 퇴직하는 일자를 기준으로 비례해서 연차휴가를 정산하는 방식이다.

장점으로 연차휴가 관리와 연차휴가사용촉진조치가 쉬우며, 퇴직하는 경우에는 퇴직 연도에 발생한 연차휴가 일수를 퇴직일 기준으로 정산하기 때문에 관리가 편리하다. 근로자들이 연차휴가를 후지급제가 아닌 선지급제로 부여받기 때문에 더 나은 복지제도로서 인정하게 된다. 근로자의 퇴직시점에 상관없이 연차휴가가 정산되어 지급되기 때문에 근로자의 불필요한 퇴직시점 조절을 차단할 수 있다.

단점으로는 실제로 회사가 입사일을 기준으로 산정한 연차휴가 일수보다 더 많은 연차휴가를 부여하여야 한다는 점이다.

일반적으로 회사에서는 회계연도를 기준으로 연차휴가를 관리하는 B방식을 사용하고 있다. B방식(입사일+회계연도)의 경우에는 근로자가 퇴직할 때 미리 지급된 연차휴가를 가지고, 개인별 관리의 연차휴가와 일치시켜야 하는 번거로움이 발생한다. 가장 바람직한 방법은 C형(사전 지급 + 비례 정산) 방식이다.

이 방식은 입사 연도에는 월차로 부여하고, 그 다음연도에는 15일의 연차휴가를 미리 지급하며, 퇴직 연도에는 근속일수에 비례하여 지급하는 형태이다. 특히, C방식은 계산이 편리할 뿐만이 아니라 회계연도별 연차휴가 관리의 장점을 살리고 근로자들의 수용성이 높으므로 가장 바람직한 연차휴가 부여방식이라 본다.

연차휴가는 일에 지친 근로자에게 휴식을 제공하여 재충전하는 기회를 보장해주므로, 이를 비용이 아닌 노동력 보전을 위한 투자로 간주할 필요가 있다. 또한, 연차휴가 부여방식의 결정시 몇 가지 원칙을 고려해야 한다.

①근로자 스스로 연차휴가 사용 가능 일수를 명확히 이해하고 예상할 수 있어야 한다.

②회사가 연차휴가를 일괄적으로 관리하면서 휴가 관리 및 휴가사용촉진조치를 쉽게 진행할 수 있어야 한다.

③근로자가 퇴직할 경우 연차휴가 정산이 쉬워야 하고, 근로자가 연차휴가를 부여받기 위하여 퇴직시점을 조정할 필요가 없어야 한다. 즉 퇴직 일자에 비례해 연차휴가 일수의 부여 방식이어야 할 것이다.

07

기업 상무가 청구한 미사용 연차수당과 미지급 연장근로수당

서울에 사무소를 두고 300여 명을 고용하여 의류 사업하는 한 외국기업에서, 2021년 4월에 임원 간의 갈등이 노동 사건으로 확대된 사건이 발생하였다. 부서가 통폐합되면서 한 부서에 전무와 상무가 같이 근무하게 되었는데, 전무가 상무에게 하나의 부서에 임원 둘이 같이 근무하는 것은 바람직하지 않으니, 퇴사할 것을 권유하였다.

이에 상무("근로자"라 한다)는 회사가 근로기준법을 위반하였다고 주장하면서, 2년 치 퇴직위로금을 주지 않으면 회사를 고용노동부에 고소하고, 다른 직원에 대한 위반사항도 고발할 것이라 압박하였다. 이에 대해 회사는 이 사건의 근로자에게 퇴직을 권유하지 않았으며, 근로기준법을 위반한 사실도 없다고 하면서 퇴직위로금의 지급을 거부하였다.

그러자 이 사건의 근로자는 회사가 미사용 연차휴가에 대한 연차수당을 지급하지 않았고, 연장근로에 대한 가산임금을 지급하지 않는 등 근로기준법을 위반하였다고 '강남 고용지청'에 회사를 고소하였다.

이 고소 내용에 대한 주요쟁점 사항을 살펴보면, ①회사는 취업규칙(연차휴가 사용촉진)을 통해 근로자에게 미사용 연차휴가는 보상하지 않는다고 규정하고 있고, 이메일로 개인별 휴가사용을 적극적으로 권장하였다. 이러한 이메일 상 휴가사용촉진조치를 한 경우, 사용자의 금전보상이 면제될 수 있는지다. ②이 사건의 근로자 직급이 임원에 속하는 '상무'로 근로기준법상 '근로시간, 휴게, 휴일의 적용제외자'로 인정받을 수 있는지다.

사건 A 미사용 연차수당

취업규칙에 '연차휴가 사용촉진' 규정을 두어 미사용 연차휴가는 보상하지 않는다고 명시하고 있고, 회사는 이메일을 통해 연초에 휴가 일수를 알려주었으며, 6개월이 지난 후에는 잔여일수를 알려주고 휴가사용을 적극적으로 권장하였다.

그리고 매월 10월에는 휴가사용에 대해 개인별로 미사용휴가 일수를 이메일로 알려주었고, 휴가를 사용하지 않을 시에는 금전보상이 없음을 이미 통지하였다. 또한, 실제로 휴가사용을 권장하는 등 수차례 관련 이메일을 발송하였다. 실제로 회사는 미사용 연차휴가에 대한 수당을 한 번도 지급한 사례가 없었다.

회사는 이메일로 연차휴가사용촉진조치를 하였지, 근로기준법에 따른 서면에 의한 사용촉진조치를 하지 않았다. 또한, 근로자가 휴가신청을 한 경우에도 불구하고 휴가신청 기간에 근로를 제공한 경우에 근로거부 표시를 명확히 하지 않았다. 이러한 사실에 대해 회사는 근로기준법에 정한 휴가사용촉진조치를 하지 않았다는 것을 인정하고, 2021년 6월 급여에서 전 직원의 최근 3년 기간의 미사용 연차휴가수당을 모두 지급하였다.

①연차유급휴가 사용촉진조치와 관련해 이메일로 통보하는 것이 근로자 개인별로 서면촉구 또는 통보하는 것에 비해 도달 여부의 확인 등이 불명확한 경우 서면으로 촉구 또는 통보로 인정되기 어렵다(행정해석 근정과-6488).

②휴가사용촉진조치 때문에 근로자가 휴가사용 시기를 정하여 사용자에게 휴가 사용 계획서를 제출하였다면 그 지정된 시기에 연차유급휴가를 사용하겠다는 의사표시로 볼 수 있을 것이므로 휴가를 청구한 것으로 볼 수 있다.

다만, 근로자가 휴가사용 시기를 지정하고도 출근한 경우 사용자가 노무 수령 거부의 의사표시 없이 근로를 받았다면 휴가일 근로를 승낙한 것으로 보아야 하므로 연차유급휴가 근로수당을 지급하여야 한다(행정해석 현장 방문 팀-285).

사용자가 연차휴가사용촉진조치에 대해 형식적 조치 만을 취하고 실질적으로 연차휴가를 부여하지 않으면서도 미사용 연차휴가수당을 지급하지 않는 경우가 많다. 즉, 연차휴가사용촉진조치를 이메일로 통보하면서, 휴가 일자에 출근하여 근무하는 경우에 회사가 휴가사용촉진조치를 다 하였기 때문에 미사용 연차수당을 지급하지 않아도 된다고 생각하는 경우가 많다.

하지만, 이러한 경우에 사용자가 휴가를 보장하지 않은 것이라 볼 수 있으므로 사용자의 귀책 사유로 휴가를 사용하지 못한 것으로 간주하여 미사용 연차휴가수당을 지급해야 한다.

사건 B 미지급한 연장근로수당

이 사건의 근로자는 근무 기간에 연장근로와 휴일근로를 많이 하였음에도 한 번도 가산임금을 받아본 적이 없다고 주장하면서, 과거 3년간 연장근로수당과 휴일근로수당을 청구하였다. 근로자는 관련된 자료를 기록하고 있지 않기 때문에 '본인 업무용 컴퓨터 사용기록(on-off 자료)'을 요청하였다.

이에 대해 회사는 이 사건의 근로자는 직급상 상무직급으로 회사의 임원에 해당하므로 근로기준법 제63조의 규정에 따른 '관리 감독자'로 연장근로, 휴일근로에 대해 적용대상자가 아니라고 판단하여 지급하지 않았다.

본 사건에서 외국기업의 '상무'와 같이 상당한 직급을 가지고 있음에도 불구하고, 단지 관리자이지 부서장이 아니면 관리 감독자인지 아닌지를 판단하기 어려운 경우가 많다. 이 사건의 근로자면 부서의 통폐합으로 인해 부서장은 아니지만, 고위 직급에 임원급의 임금, 일반 근로자의

2배 이상의 인센티브를 받고 있으며, 출퇴근 시간에 대해서도 일반 근로자와 달리 엄격히 통제받지 않았다.

이러한 사정을 고려하여 이 사건을 담당한 강남노동지청은 이 사건의 근로자를 근로기준법 제63조에 따른 근로시간, 휴일, 휴게에 대해 예외를 인정받을 수 있는 관리·감독자로서 인정하였다.

'관리·감독업무에 종사하는 근로자(제63조 제4호)'는 근로기준법 제4장 및 제5장에서 정한 근로시간, 휴게와 휴일에 관한 규정을 적용하지 않는다.

판례는 "부하직원의 근로 조건 결정 기타 노무관리에 있어 경영자의 지위에 있으면서 기업 경영상의 필요에 따라 출·퇴근에 관하여 엄격한 제한을 받지 아니하고 자기의 근무시간에 관한 융통성을 가지고 있어 회사의 감독, 관리의 지위에 있던 자는 근로기준법에서 정한 근로시간, 휴게와 휴일에 관한 규정이 적용되지 아니한다.

이러한 위치에 있는 자는 평일의 법 내 잔업시간은 물론 일요일 근무에 대해서도 근로기준법 소정의 시간 외 또는 휴일 근무라 하여 같은 근로기준법에 정한 가산금을 받을 수는 없다(대법원 88다카2974 판결)"라고 판시하고 있다.

외국기업의 상무가 연장근로에 대한 가산임금을 지급 여부에 관한 판단은 직급의 고하(高下)로 판단할 것이 아니라 관리자의 권한, 출퇴근 시간 준수의무, 지급에 따른 특별수당 지급 여부 등을 복합적으로 고려하여 판단하여야 할 것이다.

이처럼 이 노동 사건의 발단은 회사의 노동법 위반사항을 빌미로 근로자가 회사를 압박하여 퇴직위로금을 받기 위해서였다. 회사가 노무관리를 잘못하였을 때나, 회사가 근로자의 요구를 일부 수용하여 합의하는 경우에 다른 직원들이 얼마든지 같은 노동 사건을 제기할 수 있다는 점에서 시사점이 크다고 할 수 있다.

PART 7

근로 환경
_중대 재해 처벌, 직장 내 괴롭힘 방지

01

중대재해처벌법,
_2022년 1월부터 적용

중대재해처벌법이 2021년 1월 8일 사업장의 중대재해와 중대 시민재해를 예방하기 위해 제정했다. 산업안전보건법도 2020년 1월부터 전면개정 되어 중대산업재해를 강력하게 예방하고 있음에도 불구하고 중대재해가 줄어들지 않자 기존의 처벌 조항보다 훨씬 강력한 중대재해처벌법을 도입하게 되었다.

중대재해처벌법은 기업에서 발생하는 중대산업재해뿐만 아니라 세월호 참사, 가습기 살균제 참사와 같은 사회적 참사인 중대 시민재해까지 포함하고 있다. 이 법의 입법 취지는 안전보건 조치의무를 위반하여 인명사고가 발생한 중대재해에 대해 사업주와 경영책임자, 그리고 법인을 각각 처벌함으로써 안전관리 시스템 미비로 인해 일어나는 중대재해사고를 사전에 방지하는 데 있다.

이를 통해 근로자와 시민들의 생명과 신체를 보호하는 것을 목적으로 한다. 중대재해처벌법은 1년의 유예기간을 두고 있어 2022년 1월부터 적용된다. 또한, 상시 근로자 50인 미만의 사업장 경우(건설업은 50억원 미만 공사)에 대해서는 3년의 유예기간을 두고 있어 2024년 1월부터 적용한다.

중대재해처벌법에서 중대재해는 중대산업재해와 중대 시민재해로 구분한다.

중대산업재해는 고용노동부의 근로감독관이 맡고, 적용대상은 근로자와 그 사업의 지시와 감독을 받는 종사자이다. 중대 시민재해의 대상은 시설을 이용하는 일반 시민이 됨으로 이를 담당하는 것은 법무부 소속의 일반 사법경찰관이다. 중대재해처벌법에서 정한 중대재해라고 하면 사망자가 1명 이상 발생하거나 같은 사고로 6개월 이상 치료가 필요한 부상자가 2명 이상 발생 또는 같은 유해요인으로 급성중독 등 직업성 질환자가 1년 이내 3명 이상 발생한 재해를 말한다.

중대재해처벌법은 중대재해가 발생하였다고 해서 무조건 사업주를 처벌하는 것이 아니라, 사업주와 경영책임자가 안전 및 보건 확보의무를 위반해 중대재해가 발생한 경우에 처벌을 받는다. 따라서 사업주가 안전보건 조치의무를 다하면 처벌을 면할 수 있다.

중대재해처벌법은 중대재해에 대한 처벌 수준을 기존의 산업안전보건법보다 더욱더 엄격하게 적용한다.

특히, 벌금의 경우 최대 10배 높다. 안전보건 조치의무 위반으로 사망자가 1명 이상, 발생한 경우에 사업주 또는 경영책임자에게 1년 이상의 징역 또는 10억 원 이하의 벌금을 물린다. 같은 사고로 6개월 이상 치료가 필요한 부상자가 2명 이상 발생한 경우, 같은 유해요인으로 직업성 질환자가 1년 이내에 3명 이상 발생한 경우, 사업주와 경영책임자에게는 7년 이하의 징역 또는 1억 원 이하의 벌금을 물린다.

중대재해처벌법은 중대재해로 1명 이상 사망한 재해에 대해서는 양벌규정이 적용되어 법인은 50억 원 이하의 벌금, 부상자나 직업병 발생시에는 10억 원 이하의 벌금을 부과한다.

중대재해처벌법에는 산업법에 없는 징벌적 손해배상제도를 도입하였다.

사업주 또는 경영책임자가 고의 또는 중대한 과실로 안전보건 조치의무를 위반하여 중대재해를 발생하게 한 경우, 해당 사업주 또는 법인이 중대재해로 손해를 입은 사람에 대하여 그 손해액의 5배를 넘지 않는 범위에서 배상책임을 진다.

앞으로 산업현장에서 발생한 산재사망 사건에서 기존의 민사상 손해배상액에 추가로 5배까지 요구할 수 있다. 이로 인해 유족과 회사는 사업주의 과실에 대한 다툼으로 유족보상금 확정이 장기화할 것이고 이것은 기업체에 상당한 부담으로 작용할 것이다.

중대재해처벌법은 중대산업재해가 발생하였을 때 사업주가 산업안전 보건에 대해 조치를 하지 않아 발생한 중대재해에 대해 강력한 처벌을 통해 안전사고에 대한 경각심을 심어주기 위한 법이다. 이번 중대재해처벌법 제정을 계기로 각 사업장에서 사업주와 경영책임자는 중대재해 발생시 면책받을 수 있도록 사전에 근로자에 대한 안전조치, 보건 조치를 강화하고 주의 및 감독의무를 철저히 이행하여야 할 것이다.

02

중대재해처벌법 시행에 따른 사업주의 대응 방안

산업현장에서 끊임없이 발생하는 사망사고 등의 중대산업재해를 예방하기 위하여 2020년 1월에 산업안전보건법(산안법)이 전면 개정했지만, 중대재해를 예방하는 데 크게 이바지하지 못하고 있다.

그 이유는 산재사고가 발생한 경우에 작업현장의 안전을 책임진 담당자만 처벌되었지 죄형법정주의와 사업주의 고의과실을 입증할 수 없다는 이유로 사업주는 처벌을 받지 않기 때문이다.

산재사고에 대해 대법원은 현장소장이 현장에서 공사감독을 하였고, 그 공사에 관하여 대표이사의 관리 · 감독을 받지 않는 근로자가 작업 중 사고를 당하면 대표이사의 업무상 과실치사죄를 부정하였다. 사실상, 대표이사가 처벌을 받지 않는 이상 산재사고에 대한 경각심이 부족하고, 산재예방에 필요한 인원, 예산, 노력 등이 부족할 수밖에 없다.

2020년 4월 29일, 이천 물류창고 건설현장 화재사고로 인하여 38명이 사망하고 10여 명이 상처를 입은 사고가 발생하여 사회적으로 중대재해에 대한 경각심을 심어주었다. 이러한 중대산업재해를 예방하기 위해 국회는 2021년 1월 26일 중대재해처벌법을 제정했다.

이 법은 1년간 유예하고 2022년 1월 27일에 시행했다. 다만, 5인 미만 사업장은 적용을 제외하고, 50인 미만 사업장은 3년의 유예하여 2024년 1월부터 전면 시행한다.

이 중대재해처벌법의 목적은 "사업 또는 사업장에서 인체에 해로운 원료나 제조물을 취급하면서 안전·보건 조치의무를 위반하여 인명피해를 발생하게 한 사업주, 경영책임자. 공무원과 법인의 처벌 등을 규정함으로써 중대재해를 예방하고 종사자의 생명과 신체를 보호하는 것이다." 즉, 중대재해처벌법은 사업주의 안전조치 미흡으로 인하여 발생한 중대재해에 대한 사업주나 경영책임자까지도 엄격하게 처벌함으로써 산업재해를 예방하기 위한 법이다.

중대산업재해가 발생하더라도 사업주가 책임을 면하기 위해서는 산안법상의 안전과 보건 조치뿐 아니라 사업주로서 이 법과 시행령에서 요구하는 안전보건 확보의무를 이행하여야 한다.

"중대산업재해"라고 하면 ①사망자가 1명 이상 발생, ②같은 사고로 6개월 이상 치료가 필요한 부상자가 2명 이상 발생, ③같은 원인으로 3개월 이상 치료가 필요한 환자가 3명 이상 발생한 경우를 이른다.

산안법의 중대재해의 경우에는 시행규칙으로 정하여 모호한 부분이 있었지만, 중대재해처벌법에서는 법문으로 정해 중대산업재해의 개념을 명확히 하고 있다. 사업주 또는 경영책임자는 사업주나 법인이 실질적으로 지배·운영·관리하는 사업 또는 사업장에서 종사자의 안전·보건상 유해 또는 위험을 방지하기 위하여 그 사업 또는 사업장의 특성 및 규모 등을 고려하여 안전과 보건 확보 의무조치를 이행하여야 한다.

사업주와 경영 책임자의 처벌

안전보건 조치의무 위반으로 사망자가 1명 이상 발생한 경우에 사업주 또는 경영책임자는 1년 이상의 징역 또는 10억 원 이하의 벌금을 물린다. 부상이나 직업병 환자가 발생한 때도 처벌한다.

같은 사고로 6개월 이상 치료가 필요한 부상자가 2명 이상 발생한 경우와 같은 유해원인으로 직업성 환자가 1년 이내 3명 이상 발생한 경우 사업주와 경영책임자는 7년 이하의 징역 또는 1억 원 이하의 벌금을 물린다(법 제6조 제2항).

또한, 같은 중대재해가 5년 이내에 다시 발생한 경우에는 기존의 처벌에 2분의 1까지 가중한다(법 제6조 제3항). 그리고 중대재해가 발생한 법인의 경영 책임자는 안전보건 교육을 이수하여야 한다. 중대산업재해가 발생한 법인의 경영 책임자 등이 정당한 사유 없이 20시간 이내의 안전보건 교육을 이수하지 아니한 경우에는 5천만 원 이하의 과태료를 부과한다(법 제8조, 시행령 제6조).

중대산업재해의 양벌 규정

중대재해처벌법은 중대재해로 1명 이상 사망한 재해에 대하여 법인은 50억 원 이하의 벌금, 부상자나 직업병 발생시에는 10억 원 이하의 벌금을 부과한다. 다만, 법인이 그 위반 행위를 방지하기 위해 상당한 주의와 감독을 한 경우에 벌금을 부과하지 않는다(법 제7조).

징벌적 손해배상

중대재해처벌법에는 산업법에 없는 징벌적 손해배상제도를 도입하였다. 사업주 또는 경영 책임자가 고의 또는 중대한 과실로 안전보건 조치의무를 위반하여 중대재해를 발생하게 한 경우, 해당 사업주 또는 법인이 중대재해로 손해를 입은 사람에 대하여 그 손해액의 5배를 넘지 않는 범위에서 배상책임을 진다.

다만, 법인이 해당 업무에 대해 상당한 주의와 감독을 한 경우에는 적용하지 않는다(법제15조). 중대산업재해가 발생하였더라도 사업주가 안전과 보건확보의 의무를 다하면 처벌받지 않는다. 중대재해처벌법 제4조의 제1항에 의해 요구되는 안전관리, 보건관리 체계에 관한 세부 내용은 시행령 제4조에서 9가지로 설명하고 있다.

이에 대해 사전 준비, 전담조직 구성과 배치, 위험성 사전평가, 종사자의 의견 청취, 재해 발생시 대응 매뉴얼 작성, 그리고 용역직원 관리 등의 6개 분야로 나누어 볼 수 있다.

모든 기업은 사업 또는 사업장의 규모, 특성, 등에 따른 각기 다른 유해, 위험요인을 가지고 있고 인력과 재정 사정이 다르므로 유해, 위험요인을 통제하는 구체적인 수단, 방법을 일률적으로 정하기 어려우며, 이것은 기업 여건에 맞게 자율적인 판단이 이루어져야 한다.

①안전 보건목표와 경영방침 설정, 그리고 예산의 편성과 집행(제1호, 제4호)

②전담조직과 인력의 배치(제2호, 제5호, 제6호)

③유해 · 위험요인의 평가(제3호)

④종사자의 의견 청취(제7호)

⑤중대산업재해 발생시 조치를 위한 매뉴얼 작성(제8호)

⑥용역직원 관리(제9호)

중대재해처벌법이 입법화되어 강력한 처벌조항을 두고 있는 것은 산업안전보건법을 준수하여 산업재해를 예방하기 위해서다. 산업재해가 발생하면, 그 피해자 자신뿐만 아니라, 가족에게 고통과 어려움을 가져다주고 사회적으로도 큰 비용이 발생한다.

산업안전은 자동차 사고와 같이 운전자가 조심하지 않으면 언제든지 사고가 발생할 수 있다. 따라서 주기적이고 계속된 관심과 예방에 필요한 비용을 지급해야만 중대산업재해를 예방할 수 있다. 이러한 측면에서 중대재해처벌법이 중대산업재해를 줄일 수 있는 큰 역할을 할 것이라 기대한다.

03

직장 내 괴롭힘 금지법

최근 대기업의 직장 내 괴롭힘이 언론에 보도되면서 사회 문제가 되고 있다. 회사의 임원이 직원을 향한 폭언, 폭행, 비인간적인 대우 등의 문제가 사실로 드러난 괴롭힘의 행위이지만, 여전히 이것은 빙산의 일각이라 할 수 있다.

2017년 12월 국가인권위원회 조사에 따르면, 1년간의 직장 내 괴롭힘 피해를 경험하였다고 응답한 응답자는 전체 응답자의 73.3%에 달했다. 이러한 직장 내 괴롭힘으로 인해 이직을 고민(66.9%)하거나, 상급자나 회사에 대한 신뢰가 하락(64.9%)하고, 그 밖에 업무 능력이나 집중도 하락(64.9%)하는 등의 부정적 영향이 발생하고 있다.

직장 내 괴롭힘의 피해가 커지고 있고, 이에 대한 개선을 위한 사회적 요구로 인하여 직장 내 괴롭힘 금지법이 2019년 7월 1일부터 입법화하여 시행하고 있다. 일반적으로 근로자들이 직장 내 괴롭힘을 이유로 권리구제를 받는 경우가 거의 없었다는 점에서, 근로기준법에 직장 내 괴롭힘의 정의를 명문화함으로써 사업주의 의무를 강화하고 근로자 보호 방안을 마련하였다는데 큰 의미가 있다.

직장 내 괴롭힘 발생시에 피해근로자나 제삼자가 사업주에 신고할 수 있다. 신고를 받았거나 직장 내 괴롭힘 발생을 인지한 사업주는 그 사실관계 확인을 위해 조사하여야 한다. 이 조사과정에서 피해근로자 보호를 위한 조치를 하여야 하고, 조사결과 직장 내 괴롭힘이 사실로 확인되는 경우에는 바로 징계 조치를 하여야 한다.

이러한 직장 내 괴롭힘 발생시에 사업장 내 신고 및 처리절차 규정은 남녀 고용평등법의 직장 내 성희롱 구제절차 규정과 동일하게 적용한다. 그런데도 남녀 고용평등법의 경우, 직장 내 성희롱 발생시 조사 및 적절하게 조치하지 않는 경우 일천만 원 이하의 과태료를 부과하는 규정이 있으나, 직장 내 괴롭힘 금지법에는 그에 관한 어떠한 처벌조항도 없다.

다만, 남녀 고용평등법과 같이 직장 내 괴롭힘을 신고한 근로자와 피해근로자에게 불리한 처우를 한 경우에는 3년 이하의 징역 또는 삼천만 원 이하의 벌금을 물릴 수 있다.

또한, 사업주는 직장 내 괴롭힘과 관련한 자체적인 회사의 조치 사항을 취업규칙에 명문화하여 이를 노동부에 신고하여야 한다. 즉, 직장 내 괴롭힘에 대한 예방과 발생시 조사하여 합당한 조치를 하여야 하는 사업주의 의무는 법정 의무가 자치 규정으로 사업주 스스로 지켜야 하도록 제정했다.

기존에도 직장 내 괴롭힘이 발생한 경우에는 때에 따라 그에 대한 민사상 손해배상이나 형사상 고소가 가능하였으나 그러한 법적 조치는 상당한 시간과 비용이 들기 때문에 일반 근로자가 현실적으로 직장 내 괴롭힘으로부터 구제받기는 쉽지 않았다.

그러나 이번 근로기준법 개정안은 직장 내 괴롭힘의 개념을 분명히 하였고, 특히 사업주의 직장 내 괴롭힘 금지와 구제절차 이행 의무를 규정함으로써 피해근로자가 직장 내 괴롭힘으로부터 보호와 구제를 더욱 신속하게 받을 수 있게 했다.

직장 내 괴롭힘이 직장 내에서 근로자의 인권향상에 많이 이바지할 것임에도 몇 가지 부족한 점이 있어 지적하면 다음과 같다. ①사업주의 직장 내 괴롭힘 행위에 대한 법정 제재 규정이 마련되지 못했다. ② 직장 내 괴롭힘 발생시 사업주의 합당한 조치 미이행에 대한 법정 제재 규정이 없다.

비록 미흡한 부분이 많더라도 이번 직장 내 괴롭힘 금지법 도입은 사업주의 직장 내 괴롭힘 금지 의무와 근로자들 사이에 괴롭힘이 발생하지 않도록 예방하여야 하는 사업주 의무를 명문화하였다는데 큰 의미가 있다. 비록 사업주에 대한 직접적 처벌 규정은 없지만, 공정하고 바람직한 직장 문화를 만드는데 기여할 것이라 기대한다.

04

직장 내 괴롭힘 개념과 판단 기준

직장 내 괴롭힘 금지법이 2019년 1월에 제정되어 동년 7월부터 시행되었다. 직장 내 괴롭힘 금지법 제정에 결정적인 계기가 되었던 세 가지 사건이 사회적 논쟁거리가 되었다.

첫째, 사건은 2014년, 대한항공의 '땅콩 회항' 사건이다. 대한항공 소유주 일가인 조00 부사장이 마카다미아(Macadamia) 땅콩을 봉지째 서비스한 것을 문제 삼아 승무원에게 폭언하고 사무장을 불러 무릎을 꿇리고 빌도록 했다. 그래도 화가 풀리지 않자 뉴욕 공항에서 서울로 향하던 항공기를 돌려 사무장을 내려놓은 뒤 출발한 사건이다. 2019년

이 사건으로 인사상 불이익을 받은 박00 전 사무장에게 대한항공이 7,000만 원을 배상해야 한다는 판결이 나왔다.

둘째, 사건은 2018년 2월 서울아산병원의 신입 간호사가 "태움(병원 내 집단 괴롭힘) 때문에 일하기 힘들다"는 유서를 남기고 자살한 사건이다. 이 사건에 대해 2019년 3월 근로복지공단의 질병판정위원회는 직장 내 괴롭힘으로 인해 발생한 산업재해로 인정하였다.

셋째, 사건은 2018년 말 신생 IT기업 위 디스크의 양○○ 회장이 퇴사한 직원을 불러 사무실에서 무차별 폭행하는 동영상이 공개된 사건이다. 그는 현재 이 사건과 더불어 불법 기업활동으로 법정구속되어 형을 살고 있다.

직장 내 괴롭힘에 대한 조사와 처리는 전적으로 회사에 맡겨져 있다. 이 법 제정시에 관련 규칙이 두 가지만 있었다. ①직장 내 괴롭힘에 관한 내용과 구제절차를 취업규칙 필수기재 사항으로 하였고, ②직장 내 괴롭힘을 신고한 자에게 불이익을 주는 경우 해당 사업주를 처벌하도록 하는 내용이었다.

이러한 취업규칙에 근거하여 괴롭힘 사건을 처리하는 방식은 사업주에게 전적으로 맡겨 놓았기 때문에 실질적 문제해결이 되지 못했다. 이에 2021년 4월 관련 법 개정을 통해, 사용자의 실질적인 직장 내 괴롭힘에 대한 국가적 관여를 강제하면서 다음의 5가지 사항을 추가하였다.

① 사업주의 직장 내 괴롭힘 금지의무, ②직장 내 괴롭힘 사건에 대해 객관적 조사 실시 의무, ③ 피해근로자에 대한 적절한 보호 조치 의무, ④ 직장 내 괴롭힘 행위자에 대한 필요한 징계 조치, ⑤직장 내 괴

롭힘 조사와 관련된 내용에 대해 비밀준수 의무 등 신설조항과 과태료 조항의 도입이다.

직장 내 괴롭힘을 판단하면서 사용자의 재량적 인사권과 근로자의 인격권 사이에서 직장 내 괴롭힘 판단 기준에 대해 다소 모호한 점이 많아 다음에서는 이와 관련된 내용과 판단 기준에 대해 구체적으로 살펴보고자 한다.

근로기준법(제76조의2)은 직장 내 괴롭힘을 금지하고 있다. 직장 내 괴롭힘을 "사용자 또는 근로자는 직장에서의 지위 또는 관계 등의 우위를 이용하여 업무상 적정 범위를 넘어 다른 근로자에게 신체적 · 정신적 고통을 주거나 근무환경을 악화시키는 행위"로 규정하고 있다. 직장 내 괴롭힘의 구성요소는 다음의 4가지이다.

사용자 또는 근로자인 주체가 누구인가, 지위의 활용: 직장에서의 지위나 관계 등에서의 지위 활용적인 측면에서, 업무의 적정 범위 이상의 행위, 근로자에게 신체적, 정신적 고통을 가하거나 근무환경을 악화시키는 행위 등과 같은 4가지 요소를 모두 충족해야만 직장 내 괴롭힘에 해당한다.

①주체: 사용자 또는 근로자

직장 내 괴롭힘에서 금지의 주체는 사용자와 근로자이다.

근로기준법(제2조 제2항)에서 사용자라고 하면 사업주 또는 사업경영 담당자, 그 밖에 근로자에 관한 사항에 대하여 사업주를 위하여 행위하는 자를 말한다. 사업경영 담당자는 사업주가 아니면서 사업경영 일반을 책임지는 자로서, 사업주로부터 사업경영의 전부 또는 일부에 대해 포괄적인 위임을 받고 대외적으로 사업을 대표하거나 대리하는 자를 말한다.

근로자에 관한 사항에 대해 사업주를 위하여 행위를 하는 자는 사업주 또는 사업경영 담당자로부터 권한을 위임받아 자신의 책임 아래 근로자 채용, 해고 등 인사처분을 할 수 있고, 직무상 근로자 업무를 지휘, 감독하며 근로 조건에 관한 사항을 결정하고 집행할 수 있는 자를 말한다.

특히, 2021년 근로기준법 개정을 통해서 사용자 범위에 사용자의 친족도 포함하였다(제116조). 여기서 금지의 주체인 근로자라고 하면 다른 근로자에 대해 직장에서의 지위나 관계 등의 우위를 가진 자를 말한다.

②지위 활용: 직장에서의 지위나 관계 등에서의 우위

직장 내 괴롭힘은 조직문화나 권위주의적 위계질서가 강한 곳에서 주로 발생한다. 이는 사회적 경제적으로 우월한 지위에 있는 사람들이 사회적 약자를 대상으로 권력형, 우월적 지위를 이용한 행위의 형태로 주로 발생한다.

우위성이라고 하면 피해자가 괴롭힘 행위에 대해 저항 또는 거절이 어려울 가능성이 큰 관계를 의미한다. 지위의 우위는 괴롭힘 행위자가 지휘명령 관계에서 상위에 있거나 직접적인 지휘명령 관계가 아니어도 직위, 직급 체계상 상위에 있음을 이용하는 것이다.

관계의 우위는 행위자가 피해자와 관계에서 우위에 있는지는 특정

요소에 대해 사업장 내에서 통상적으로 이루어지는 평가를 바탕으로 판단한다. 따라서 직장에서 지위나 관계 등의 우위를 이용한 것이 아니라면 직장 내 괴롭힘에 해당하지 않는다.

③업무 일탈: 업무의 적정 범위 이상의 행위

업무의 적정 범위를 넘는 것으로 인정하는 행위는 다음의 7가지로 분류할 수 있다.

폭행 및 협박

신체에 직접 폭력을 가하거나 물건에 폭력을 가하는 등 직, 간접의 물리적 힘을 행사하는 폭행이나 협박은 업무상 적정 범위를 넘은 행위이다.

폭언, 욕설, 험담 등 언어적 행위

공개된 장소에서 이루어지는 등 제삼자에게 전파되어 피해자의 명예를 훼손할 정도인 것으로 판단되면 업무상 적정 범위를 넘는 행위이다. 특히, 지속 반복적인 폭언이나 욕설은 피해자의 인격권을 심각하게 해치고 정신적인 고통을 유발할 수 있으므로 업무상 적정 범위를 넘는 행위이다.

사적 용무 지시

개인적인 심부름을 반복적으로 시키는 등 인간관계에서 용인될 수 있는 부탁의 수준을 넘어 행해지는 것은 업무상 적정 범위를 넘는 행위이다. 예) 사적인 심부름 등 개인적인 일상생활과 관련된 일을 하도록 지속적, 반복적으로 지시하는 것

집단 따돌림과 배제

업무수행 과정에서의 의도적 무시와 배제는 사회통념을 벗어난 업무상 적정 범위를 넘어선 행위이다. 예)정당한 사유 없이 업무와 관련하여 중요한 정보제공이나 의사결정 과정에서 배제하는 것. 정당한 이유 없이 부서이동 또는 퇴사를 강요하는 것. 정당한 이유 없이 훈련, 승진, 보상, 일상적인 대우 등에서 차별하는 것 등이다.

업무와 무관한 일을 반복 지시

근로 계약 체결 시 명시했던 업무와 무관한 일을 근로자의 의사에 반하여 지시하는 행위를 반복하고 그 지시에 정당한 사유를 인정하지 않는다면 업무상 적정 범위를 넘어선 행위이다. 예) 근로 계약서 등에 명시하지 않은 허드렛일을 시키거나 일을 거의 주지 않는 것.

과도한 업무 부여

업무상 불가피한 사정이 없음에도 불구하고 해당 업무수행에 대해 물리적으로 필요한 최소한의 시간마저도 허락하지 않는 등 그 행위가 타당하지 않은 것으로 판단되면 업무상 적정 범위를 넘어선 행위이다.

원활한 업무수행을 방해하는 행위

업무에 필요한 주요 비품(컴퓨터, 전화 등)을 제공하지 않거나, 인터넷 사내 인트라넷 접속을 차단하는 등 원활한 업무수행을 방해하는 행위는 사회통념을 벗어난 행위로서 업무상 적정 범위를 넘어선 행위이다.

④인적, 환경적 침해 행위

사용자나 근로자가 다른 근로자에게 직장 내 괴롭힘을 통해 근로자에게 신체적, 정신적 고통을 주거나 근무 환경을 악화시키는 행위이다. 사업주가 의도적으로 특정 근로자를 화장실 앞으로 업무 자리를 옮겨 창피를 주거나 근로자가 제대로 된 업무를 수행할 수 없는 환경을 조성하는 경우 근무 환경을 악화시켰다고 볼 수 있다.

행위자의 의도가 없었더라도 그 행위로 인해 신체적, 정신적 고통을 느꼈거나 근무 환경이 예전보다 나빠졌다면 인정될 수 있다.

2019년 7월 도입된 직장 내 괴롭힘 금지법은 직장 내에서 기존의 가부장적 권위주의적 조직문화를 개선하고 근로자의 인격권 보장에 큰 역할을 하였다. 그런데도 회사의 자율에 맡겨져 노사 간 스스로 문제해결을 시도하면서, 사용자가 실질적으로 직장 내 괴롭힘 사건에서 큰 열의가 없을 때는 실효적 효과를 가져올 수가 없었다.

그래서 이번 2021년 4월에 새롭게 도입된 직장 내 괴롭힘 금지법에서 사용자가 직장 내 괴롭힘 행위자면 처벌을 할 수 있는 조항이 신설하고, 사용자가 직장 내 괴롭힘을 인지한 경우 객관적 조사를 하여야 할 의무조항을 도입하여 실질적으로 근로자에게 도움을 준다는 것에 그 의미가 있다.

앞으로 직장 내 괴롭힘 사건 발생시 고용노동부에서는 적극적 개입을 통해 사용자가 사건을 철저히 조사하여 관련자를 처벌하게 할 것이고, 이로 인해 차후 사건 재발을 방지할 수 있는 획기적인 변화를 가져올 것이다. 이를 통해 직장 내 괴롭힘 사건에 대한 실질적 구제조치와 예방조치가 동시에 이루어질 수 있을 것이라 기대한다.

05

직장 내 괴롭힘 발생시 사업주의 적절한 조치

우리나라의 직장문화는 상명하복 군대식 위계질서의 오랜 전통을 가지고 있었으나, 최근에 "직장 내 괴롭힘 방지법"이 엄격하게 적용됨에 따라 새로운 직장 문화가 생기고 있다. 개인의 인격이 존중되는 바람직한 방향으로 가고 있다. 상급자는 업무지시권이 있고, 하급자는 이에 따라 업무를 수행해야 할 의무가 있다. 그러나 무리한 업무지시, 폭언이나 위협적인 고성 등이 반복되는 경우에 근로자의 인격권을 침해한다.

이러한 '직장 내 괴롭힘' 처리 절차를 위해서 근로기준법 제93조 (취업규칙의 작성과 신고) 제11호에서는 "직장 내 괴롭힘의 예방 및 발생 시 조치 등에 관한 사항"을 취업규칙의 필수 기재사항으로 두고 있다. 이에 따라 10인 이상을 사용하는 모든 사업장은 취업규칙에 규정된 직장 내 괴롭힘에 관한 내용에 따라 필요한 조치를 해야 한다. 즉, 직장 내 발생한 근로자 간의 괴롭힘 문제에 대해서는 사업주가 전속적으로 책임을 갖고 처리해야 한다. 노동청에 신고된 경우에도 근로감독관은 사업장에서 발생한 직장 내 괴롭힘에 대해 사업주가 근로기준법 제76조의3(직장 내 괴롭힘 발생 시 조치)에 따라 객관적인 조사를 했는지, 조사결과에 따른 적절한 조치를 하였는지, 피해근로자 보호에 대해 합당한 조치를 했는지 등만 조사한다.

따라서 사용자는 직장 내 괴롭힘에 대한 신고가 접수되었거나 직장 내 괴롭힘 발생 사실을 인지한 경우에는 바로 당사자 등을 대상으로 그 사실관계를 확인하기 위하여 객관적으로 조사하여야 한다. 이와 관련하여 직장 내 괴롭힘 사건 발생 시 회사의 대응을 통해 바람직한 처리방법을 살펴보고자 한다.

1. 처리 원칙

직장 내 괴롭힘에 대한 사건이 접수되었거나 인지된 경우 회사의 인사담당자는 바로 당사자 대상으로 사실관계를 확인하기 위하여 객관적으로 조사하여야 한다. 여기서 당사자라고 하면 신고자인 피해근로자, 가해 근로자(행위자), 관련 사항에 대한 목격을 한 직장 동료 등 참고인을 의미한다. 조사를 시작하기에 앞서 조사 당사자들에게 비밀

준수 서약서를 작성하게 하여 해당 조사로 인한 2차 피해가 발생하지 않도록 유의해야 한다.

2. 신속한 조사와 적절한 조치

직장 내 괴롭힘 사건이 접수되었거나 인지된 경우에는 사용자는 바로 당사자를 조사해야 한다. 조사는 최대한 신속하게 이루어져야 한다. 그 이유는 첫째, 피해근로자에 대한 신속한 구제가 필요하기 때문이다. 둘째로 시간이 지남에 따라 사실관계에 대한 당사자들의 기억이 희미해지기 때문이다. 따라서 이른 시일 내에 사실관계를 확정하는 것이 필요하다. 셋째로, 신속한 조사가 이루어지지 않으면 사업주가 법에 따라 조처를 하지 않는 것으로 간주할 수 있기 때문이다.

사용자는 당사자에 대한 조사가 시작된 경우 피해자와 행위자 사이에 2차 피해가 발생하지 않도록 피해자의 요청이 있는 경우에는 재택근무, 유급휴가 등 적절한 조치를 해야 한다.

3. 객관적인 조사

조사는 피해자인 신고자(피해자)부터 실시한다. 처음에 제출된 진술서의 사실관계를 확인하면서, 될 수 있는 대로 사실관계에 대해 육하원칙에 따라 명확히 사실관계를 확정한다. 핸드폰의 녹취록이나 카톡 메시지, 이메일 등 객관적인 자료가 있는지 확인한다. 피해자를 조사할 때는 피해자의 심리와 정서적 상황을 고려하여야 한다. 조사는 피해자의 관점에서 사실관계를 확인하고 피해자를 긴급구제한 내용이 무엇인지 우선 청취하여 조치한다.

두 번째 조사는 피해자의 진술서에 기술된 사실관계를 확인할 수 있는 관련인들에 대한 진술확보이다. 이 조사단계에서는 피해자의 판단이 아닌 사실관계의 여부를 중심으로 확인해야 한다. 될 수 있는 대로 소수의 인원을 조사대상으로 삼되, 한 사안에 대해 2인 이상을 조사하여 객관적 시각을 유지하는 것이 필요하다.

세 번째는 행위자 조사이다. 피해자와 관련자를 주제로 조사된 사실에 대한 사실 여부를 확인해야 한다. 인사담당자는 행위자 조사과정에서 사실관계를 확인하면서 그 사실에 대한 법률적 판단을 해서는 안 된다. 그리고 가해자의 입장에 대한 조사를 통해 왜 그러한 행동을 했는지에 대한 내용을 청취하여 행위의 업무상 필요성 여부를 확인해야 한다. 될 수 있는 대로 가해자에게 조사과정이나 징계 과정은 직장문화의 개선을 위한 것이지, 처벌을 위한 것이 목적이 아님을 알려주어야 한다.

당사자들에 대한 조사과정에서는 기록만으로는 놓칠 수 있는 것이 많다. 그래서 녹취를 통해 조사내용을 보완하는 것이 필요하다.

조사는 회사 내 인사부서에서 이루어지지만, 괴롭힘이 인사부와 관련되었거나 사용자가 직접적인 가해자면 사실관계의 공정한 조사를 위해 외부 전문가에 맡겨서 조사하는 것이 당사자들의 신뢰감을 얻을 수 있고, 조사가 객관적으로 이루어질 수 있다.

4. 사실관계에 관한 판단과 적절한 회사의 처분

피해자가 신고한 직장 내 괴롭힘에 대한 사실관계를 확정하고 나면, 해당 행위 등이 직장 내 괴롭힘에 해당하는지에 대한 판단을 해야 한다. 이 부분에 대해서 인사담당자는 법률전문가가 아니므로 법률적인 판단은 사실관계를 기초로 하여 노동부 질의회신을 통하거나 법률전문가인 공인노무사의 의견서를 받아 판단하는 것이 좋다.

사실관계에 대한 확정되고, 이에 관한 법률전문가의 의견을 얻어 직장 내 괴롭힘으로 혐의가 인정되는 경우에는 회사의 사내 규정인 취업규칙에 따라 징계위원회를 열어 징계를 결정해야 한다. 특히, 징계위원회는 사실관계에 관한 확인과 가해자에게 소명의 기회를 주어 투명한 징계가 이루어질 수 있도록 해야 한다.

징계위원회에서 양정을 결정할 때에는 직장 내 괴롭힘의 정도, 가해자의 근속 기간과 역할, 기존의 취업규칙 위반 여부 등 객관적인 사실을 함께 고려하여 징계권이 남용되지 않도록 해야 한다. 이 경우 사용자는 징계 등의 조치를 하기 전에 그 조치에 대하여 피해근로자에게 설명을 해주고 의견을 들어야 피해자와 가해자로부터 징계의 수용성을 높일 수 있다.

조사과정에서 피해자의 직장 내 괴롭힘의 신고가 사실로 확인된 경우에는 피해자의 의견을 들어 근무 장소의 변경, 배치전환, 유급휴가의 명령 등 적절한 조치를 해야 한다.

마지막으로 회사는 본 직장 내 괴롭힘 사건에 대한 가해자, 피해자, 관련 조사대상이 된 직원에게 조사과정에 관한 내용에 대해 비밀준수를 엄격히 지키도록 안내해야 한다. 이를 위반한 경우에는 2차 피해를 일으킬 수 있기 때문이다.

직장 내 괴롭힘은 업무의 적정범위에 관한 판단이 모호하다. 이러한 직장 내 괴롭힘의 문제가 사법적 판단으로 이어지게 되면, 가해자, 피해자, 회사조직 모두에게 피해를 주게 된다. 또한, 결과도 바람직하지 않은 방향으로 이어질 수 있으므로 직장 내 괴롭힘의 문제는 회사 내부의 처리 절차에 따라 종결되는 것이 바람직하다. 이를 위해서 인사 담당자는 관련 사건에 대한 처리 능력을 키워야 하고, 근로자들도 직장 내 괴롭힘이 항상 발생할 수 있다는 사실을 인지하여 자신이 직장 내 괴롭힘의 가해자가 될 수도 있고 피해자가 될 수 있다는 사실에 대한 경각심이 필요하다.

이미지 자료 (인터넷) 한국일보 "직장 내 괴롭힘 기소 0.36%에 불과…
괴롭힘 방치법 될라" 2021. 2. 27.자) - 2022. 10. 1. 구글 검색 : 직장 내 괴롭힘

06

직장 내 괴롭힘 처리 사례 -신입직원

직장 내 괴롭힘 방지법이 2021년 4월부터 사업주에 대한 강행규정으로 도입되어 시행됨에 따라 많은 사업장에서 직장 내 괴롭힘에 대한 문제가 제기되고 있다. 기존에는 신입직원이나 하급직원들이 직장 내 적응과정으로 수용되었던 일반적인 직장 내 분위기가 더는 개인의 문제가 아닌 조직개선의 문제로 대두되고 있다. 이번에 도입된 사업주의 의무는 근로자가 직장 내 괴롭힘에 대해 회사에 신고하는 경우 이에 대하여 회사는 바로 객관적으로 조사하여야 한다. 그 밖에도 직장 내 괴롭힘으로 확인된 경우, 피해근로자의 요구에 따른 적절한 조치가 이루어져야 하고, 가해 근로자에 대해서도 징계 조치를 해야 한다. 그리고 직장 내 괴롭힘을 신고한 피해근로자에게 불리한 처우를 하여서는 아니 된다. 특히, 해당 직장 내 고충 부서와 관련 사람들은 사건에 대한 비밀 준수의무가 있다. 이러한 과정에 대해 사업주가 절차를 위반한 경우 500만 원 이하의 과태료 처분조항을 적용받는다.

최근, 한 외국계 IT 회사에서는 입사한 신입직원이 해당 팀장으로부터 수차례에 걸쳐 직장 내 괴롭힘을 당했다는 신고가 접수되었다. 여기서 어떤 내용이 직장 내 괴롭힘이 되는지, 판단기준은 어디에 있는지, 그리고 직장 내 괴롭힘으로 인정된 경우 회사에서의 징계절차에 대한 처리방법을 사례를 바탕으로 살펴보고자 한다.

본 사건의 사실관계

2022년 5월 15일, 회사의 전체회식을 마친 후 신입사원(신고자)이 대표이사를 찾아와 본인이 직장 내 괴롭힘을 당하고 있다고 신고하였다. 이에 인사부서장은 5월 17일 그 신고자와 면담하고, 해당 내용을 구체적 증거자료를 가지고 서면으로 제출하라고 지시하였다. 신입사원(피해근로자)은 작년 12월에 입사하여 기술영업팀에 배치되었고, 해당 팀장(가해자)으로부터 10회 이상의 괴롭힘을 당한 사실을 해당 근거자료를 가지고 제출하였다.

그 내용은 다음과 같았다. ① 3월 16일에 있었던 일이다. 팀장이 다른 직원과 진지하게 얘기할 때 팀장실 앞의 화분에 물을 주기 위해 안쪽으로 들어가 물을 주었다. 화가 났던 팀장은 점심시간에 피해근로자에게 "(앞 생략) 너는 남 걸을 때 뛰어야 하고, 남들 계단 하나씩 오를 때 세 개씩 올라야 하고, 남들 뛸 때 너는 매우 뛰어야 해. 알아? 넌 그렇게 안 하면 진짜 아무것도 안 돼, 나중에~" 라는 발언을 하여 피해근로자에게 자책감과 비하감을 느끼게 했다. ② 3월 21일, 피해근로자가 3개월간의 수습 기간을 마치면서 PPT로 자신에 대해 발표하는 시간을 가졌다. 여기서 팀장은 피드백으로 "여기는 네 정신과 상담하는 곳이 아니야," "너 되지도 않는 영어와 무슨 대학교 발표하나? 여기는 학교가 아니야."라는 발언을 하였다. ③ 4월 1일 같은 팀원의 장례식장을 방문하면서, 왕복 5시간 이상을 피해근로자에게 운전하게 하였다. 특히 이 자리에서 "내가 너 옷가지고 얘기한 게 대체 몇 달째냐?"며 구박을 하였다. ④ 4월 22일, 회사의 다른 부서로부터 기술영업팀의 업무를 불평하는 메일을 수신하게 되었다. 이에 대해 팀장은 다른 팀원과 자신을 불러서 한 시간 내내 업무처리 미숙에 대해 질타를 하였다. 여기서 피해근로자가 팀장을 무시하였다고 여겨 굳은 표정으로 피해자를 심하게 노려보았고, 이어 피해근로자의 왼쪽 허벅지를 손뼉으로 내리쳤다. 이에 대해 피해근로자는 "팀장님, 저는 정말 팀장님을 무시할 생각은 없었고, 그런 의도도 전혀 없었습니다. 죄송합니다."라고 사과를 했다. 피해근로자는 한 시간 동안 무슨 죄인인 것처럼 숨이 막혔고, 팀장실에서 나왔을 때 머리가 아프고 어지러움을 크게 느꼈다고 한다.

⑤ 4월 29일, 팀장이 팀원들과 회의를 하면서 피해근로자의 업무태

도에 대해 문제로 삼았다. "요즘 너네 90년생들 이해를 할 수 없어. 뭐 워라벨(일과 삶의 균형)? 그딴 썩어 빠진 생각, 정말 그건 썩은 마인드 아니냐?" "너는 받은 만큼 일할 거라는 마인드로 일하는데, 반대로 회사는 신입에 3,400만 원 주는 만큼 뽑아 먹어야 해, 아니야?" 자신을 보면서 90년생 요즘 애들 심리가 썩어 빠졌고 이해가 안 간다는 발언을 했다. "너 일 제대로 진지하게 안 할 거면 그냥 나가라. 그럼 돼. 난 일할 사람 수두룩해 많아. 아니 그냥 시작할 필요가 없잖아. 맞지? 그냥 너 보고 나가라 그럴 거야, 알겠어?" ⑥ 5월 17일. 신입사원 세 명과 팀원들이 함께 식사하는데, 피해근로자가 한마디도 하지 않자 이에 대해 팀장은 "회사가 꼬라지 부리고 싶으면 부리는 데냐? 네 성질 부리는 데냐?" "네 마음대로 해라. 인상 쓰고 말 안 할 거면 말하지 말고, 난 다시는 너한테 관여하지 않을 거야. 이 시간 이후로, 나가."라고 말했다. 이날 이후 팀장은 인사를 해도 받지 않고 부서의 다른 직원을 불러 회의하고, 피해근로자가 처리하던 일들을 다른 팀원에 맡기고 업무에서 배제 시켰다. 사실 이 일은, 전날 피해근로자가 과음하고 지각을 해서 반성문을 쓰게 한 것이 원인이 되었다.

평소에 자주 피해근로자를 비하한 말은 다음과 같았다. ⑦ "너 옷 제대로 입어라. 셔츠 없냐, 이제 좀 사라. 너 월급이 얼마지? 돈 여유가 있을 때 바지도 좀 사고 구두는 없냐?

⑧ "OJT 시험 너 통과 못 했으면 너 잘릴 뻔했어 알아? 너 일 진지하게 안 할 거면 그냥 나가라 그럴 거야. 너 이번 3개월 수습 때까지도 정신 못 차리면 너 잘린다고 알아.

⑨ "너 그깟 되지도 않는 영어 실력 진짜, 언어능력이 너무 떨어져 너는, 어디서 되지도 않는 그따위 영어, 그 아무것도 아닌 너 영어 실력" ⑩ 팀 회의 중에 "너 마스크 왜 끼냐? 이 새끼, 지만 코로나 안 걸리려고." ⑪ 행위자가 피해근로자에게 000주임이라 직함을 부르지 않고, "야" "너" "000"이라고 이름을 직접 불렀다.

본 사안의 판단과 회사의 조치

1. 사실관계를 통해서 본 직장 내 괴롭힘 여부

사실관계에서 가해자인 팀장은 업무 수행 과정에서 근로자의 인격권을 인정하지 않고 오로지 업무처리에 대해서만 열중하고 있다. 여기서 팀장인 상급자가 직장 내의 팀장이라는 우월적 관계를 이용하여 업무의 적정범위를 넘어 신입사원에게 정신적 육체적으로 고통을 주었다. 특히, 직장 내 괴롭힘과 관련하여 적절치 못한 용어나 비하하는 발언을 반복적으로 실시하였고, 피해근로자를 업무에서 배제하여 정신적인 고통을 줌으로써, 그 수인 한계를 넘어 신입직원이 회사의 대표에게 괴롭힘에 대해 호소하는 상태까지 발전하였다. 본 직장 내 괴롭힘 사례에서 볼 때 회사 차원에서는, 신입사원이 제대로 회사에서 계속 근무를 할 수 있도록 부서 배치전환 등을 통해 보호조치를 하고, 팀장은 업무 수행 과정에서 부하직원들의 인격권을 침해하지 않도록 특별한 징계 조치와 더불어 관련 교육 이수 등 재발 방지의 노력이 필요하다.

2. 회사의 조치

회사는 5월 15일 직장 내 괴롭힘에 대한 신고를 접수하였다. 관련하여 인사팀장은 5월 17일부터 19일까지의 피해직원과의 면담을 통해 직장 내 괴롭힘 내용에 대해 인지하였고, 관련 증거자료를 보충하도록 요구하였다. 그리고 회사는 5월 27일 직장 내 괴롭힘에 대하여 객관적인 조사가 필요하다는 판단으로 노무법인에 직장 내 괴롭힘 내용에 대한 조사를 의뢰하였다. 노무법인은 피해자, 이해 관계자, 가해자 등을 조사한 후, 7월 10일 직장 내 괴롭힘 사실관계에 관해 조사내용과 판단 내용을 보고하였다. 이에 따라 회사는 취업규칙에 정하는 바(징계위 7일 전 해당자에게 사전 통보)에 따라 가해자에게 직장 내 괴롭힘에 관련하여 징계계획 통지를 하고, 2022년 7월 20일에 징계위원회를 개최하였다. 징계위원회에서 회사는 확인된 사실관계에 대해 근로자에게 통보하고, 주어진 변명의 기회를 통해 가해 근로자의 의견을 청취하였다. 그 후 회사는 징계 양정을 고려하여 6개월간 당사자의 감봉 징계를 하고, 1년간 성과급 지급 제외와 승진에서 제외하는 처분을 하였다. 피해근로자에 대해서는 본인 의견을 반영하여 기술영업팀과 유사한 업무를 수행하는 개발팀으로 인사발령 내기로 하였다.

직장 내 괴롭힘 방지법은 회사의 직원들 간에 서로 존중하고 근로자의 인격권을 보호하자는 취지에서 도입되었다. 이러한 직장 내 괴롭힘이 강행법으로 도입된 것은 우리나라의 오랜 전통의 연공서열식 인사관리가 뿌리 박혀 있으므로 회사의 자율적인 취업규칙의 도입만으로는 이를 예방할 수 없다는 확신으로 인해 법제화가 되었다. 따라서 앞에서 언급한 사례와 같이, 업무의 적정범위를 넘은 행위는 근로자에 대한 회사의 보호 의무를 위반하므로 회사가 차후 피해근로자에 대한 정신적 손해 배상도 할 수 있다는 사실을 인식하여야 할 것이다. 기업에서 가장 빈번하게 발생하는 신입 근로자와 기존의 선임자나 상급자 사이에 업무를 가르친다는 명목으로 발생하는 직장 내 괴롭힘에 대한 사례에 대해 살펴보았다. 이와 유사한 사례가 많이 발생하는 현시점에서 시사하는 바가 크다고 할 수 있을 것이다.

07

직장 내 괴롭힘, 사례와 교훈

직장 내 괴롭힘 금지법은 근로기준법 개정으로 2009년 1월에 도입했다. 당시 입법의 목적은 직장 내 괴롭힘 문제를 예방하고 괴롭힘 사건 발생시 회사 내에서 합리적으로 처리하여, 재발 방지를 막기 위한 자율적인 조치였다.

근로기준법 제76장의 2(직장 내 괴롭힘의 금지) 도입으로 직장 내 괴롭힘의 정의와 사용자의 직장 내 처리 의무를 명시하였고, 같은 법 제93조에 취업규칙의 필수적 기재 사항에 "직장 내 괴롭힘의 예방 및 발생시 조치 등에 관한 사항"을 도입하였다.

예외적으로 사용자가 직장 내 괴롭힘 발생 사실을 신고한 근로자나 피해근로자에게 불이익 처우나, 벌칙 규정을 두고 있었다. 지난 2년 동안 직장 내 괴롭힘 방지 효과를 검토할 때, 이에 대한 처리절차와 처리방식이 전적으로 사업주의 재량에 맡겨져 있다 보니, 법의 실효성이 없었다.

이러한 문제를 해결하기 위하여 2021년 4월 직장 내 괴롭힘 발생시 조치의무를 위반한 사업주를 처벌하는 조항을 갖추어 직장 내 괴롭힘 금지법을 보강했다. 그 내용은 사업주나 사업주의 친족 근로자가 직장 내 괴롭힘의 가해자가 된 경우 1000만 원까지 과태료 부과 규정을 신설했다(근로기준법 제116조).

특히, 근로기준법 제76조 3에 각 괴롭힘 발생시 사업주의 의무를 구체적으로 기술하고, 불이행 시 과태료 규정을 적용한다. 앞으로 직장 내 괴롭힘 발생시, ①사실확인을 위한 객관적 조사, ②괴롭힘으로 인정될 경우 피해근로자 보호 조치, ③행위자에 대한 필요한 징계 조치, 그리고 ④제2차 피해를 예방하기 위한 불리한 처우 금지 조치와 비밀유지 의무에 대한 현실적 조치를 제시하고 있다.

사례 1 직장 내 괴롭힘(청주지방법원 2021. 4. 6. 선고 2020고단245 판결)

A는 병원 구내식당 등을 위탁 운영하면서 상시 근로자 30여 명을 고용하고 있는 사업주이다.

2019년 7월 27일 근로자 B는 상사 C로부터 직장 내 괴롭힘을 받았다는 사실을 내용증명 우편을 통해 A에게 신고했다. 신고 내용에 따르면 C는

2019년 7월 12일부터 24일까지 신고식 명목으로 B에게 회식비를 지급할 것을 강요하고, 업무편성 권한을 남용하여 자신의 말을 듣지 않는 직원들은 업무시간을 조절하여 수당을 적게 받게 하고, 업무 과정에서 마음에 들지 않으면 욕설과 폭언을 일삼는다는 내용이었다.

특히, 2019년 7월 24일경, C는 B에게 "벼락 맞아라, 자식도", "차에 갈려서 박살이 나라", "눈알이 다 빠져라", "그놈의 X을 빨았나, 그게 좋았었나, 그러니까 착 달라붙어서 거기까지 간 거지"라는 등의 상스러운 말과 폭언을 하였다.

정당한 이유 없이 사직서 작성을 강요하는 등 회사 상사 C가 직장 내에서의 우월적 지위를 이용하여 업무상 적정 범위를 넘어 근로자인 B에게 신체적, 정신적 고통을 주거나 근무환경을 악화시켰다는 내용이었다.

사업주 A는 2019년 7월 27일 근로자 B가 직장 내 괴롭힘을 신고하고 출근하지 않자, 무단결근을 사유로 2019년 7월 29일 근로자 B를 해고하였다. 이후, 회사 A는 2019년 8월 27일 인사위원회를 개최하여 근로자 B의 해고처분을 복직 명령으로 변경하였으며, 1개월의 기간에 대해서는 무급으로 처리하였다.

인사위원회는 상사 C의 직장 내 괴롭힘에 대해서는 상사 C의 의견만 청취하였고, 신고자인 근로자 B를 출석시켜 의견을 듣지 않았다. 그 결과 상사 C에 대하여는 업무상 지시에 오해가 있었다고 서면 인사경고(견책) 조치를 내리는 데 그쳤다. 직장 내 괴롭힘 이유가 아니라 "오해가 있을 수 있는 의사소통"을 했다는 이유였다. 회사 A는 근로자 B를 9월 2일자로 회사가 운영하는 다른 구내식당으로 전보 발령을 냈다.

그런데 새로이 전보된 식당은 멀리 떨어져 있어 출근할 수 없는 거리였다. 회사는 B의 가족이 병구완이 필요한 상황임을 알고 있었음에도 이를 고려하지 않고 불리한 전보 발령을 냈다. 회사는 2019년 11월 14일 노동위원회가 근로자 B의 부당전보 구제신청을 인용하자, 근로자를 원직에 복직시켰다.

이 사건에 대해 검사는 회사 대표 A에 대해 근로기준법 제76조 3 제6항에 의거, 괴롭힘 신고에 대해 불리한 처우를 한 것을 이유로 구약식으로 벌금 200만 원을 청구하였는데, 법원은 이를 넘어 징역 6개월에 집행유예 2년, 그리고 보호관찰과 120시간의 사회봉사라는 무거운 형량의 판결을 내렸다.

법원의 판단기준

이 사건과 관련하여 법원의 판단에는 두 가지 논점이 있다. ①더 낳은 근로 조건의 기준이 일반적 기준이 아니라 개별 근로자의 특수한 사정을 반영하여 구체적으로 판단하였다는 점이다. ②본 사건에 대해 검사의 형량 청구보다 더 무거운 중형을 선고하면서 의미 있는 기준을 제시하고 있다는 것이다.

우선, 직장 내 괴롭힘에 대한 보호조치로 인한 전보 발령에 있어 일반적인 전보 발령의 기준이 아닌 해당 근로자의 주관적인 관점에서 판단하였다. 사용자는 객관적인 측면에서 볼 때, 전보 발령한 사업장이 근무 강도도 약하고, 기숙사 아파트도 제공하고, 식당을 직영으로 운영하기 때문에 기존의 구내식당보다 더 나은 근로 조건이라고 주장한다. 그러나 근로자는 현 거주지에서 출퇴근할 수 없고 돌보아야 할 가족 환자가 있음으로 전보에 응할 수 없다는 주관적인 입장이 있다. 여기에 근로기준법 제76조의 3 제4항은 "행위자에 대한 직장 내 괴롭힘이 확인된 경우에는 피해근로자를 보호하는 데 필요한 경우 해당 피해근로자에 대하여 근로 장소의 변경, 유급휴가명령 등 적절한 조치를 하여야 한다"라고 규정하고 있다. 즉, 사용자의 객관적 입장에 따른 근로 조건 근무환경이 아니라 피해근로자 개별사항을 반영하여야 한다는 것이다. 둘째, 이 사건은 검사가 구약식으로 벌금 200만 원을 청구하였는데, 법원은 이를 넘어 징역 6개월에 집행유예 2년, 그리고 보호관찰과 120시간의 사회봉사라는 엄격한 형량의 판결을 내렸다. 그 이유로 사용자는 근로자에게 생명, 신체, 건강을 해치지 않도록 하여야 할 보호 의무나 안전 배려의무가 있기 때문이다. 현대의 노동환경을 비추어 볼 때, 생명, 신체, 건강에는 유형적, 물리적 위험으로부터 보호, 안전배려뿐 아니라 무형적, 정신적 위험으로부터 보호, 안전배려가 포함되어 있다고 명시한다.

본 사안에 있어 부당전보 하나만 가지고 판단한 것이라 아니라 일련의 직장 내 괴롭힘에 대한 회사의 처리 내용에서 근로자에 대한 배려를 조금도 찾을 수 없었다. 그 결과 본 사안과 같은 직장 내 괴롭힘이 발생할 수 있다고 보았다. 이러한 입장에서 구약식 청구된 벌금 200만 원을 넘어 피고인을 징역형에 처했다. 다만, 중소기업으로서 처리가 미숙한 면을 고려하여 형 집행을 유예하되, 재범 예방을 위해 특별준수사항을 담아 보호관찰을 명하고, 회사의 대표가 근로자의 위치에서 노동의 의미를 일깨우기 위하여 사회봉사를 부과한다는 내용을 담고 있다[양형의 이유].

〈시사점〉 이 사례는 직장 내 괴롭힘을 당한 근로자가 직장 내 구제신고를 하였다. 이는 피해근로자에 대한 구제조치나 아무런 보호조치 없이 무단결근을 이유로 해고한 사업주에 대해서 징역형을 선고한 사례로 시사하는 바가 크다.

특히, 이 사례는 직장 내 괴롭힘 방지에 대한 사업주의 조치의무에 대한 법적 처벌 규정이 도입되기 전에 판결한 사례라서 앞으로 개정법에 따라 직장 내 괴롭힘에 대한 사업주의 처리 방향에 큰 영향을 줄 것이라 판단된다. 이번 판례에서 직장 내 괴롭힘에 대한 사업주의 안전배려의무는 단지 신체적 안전뿐만 아니라 근로자의 인격권까지 보호하는 안전배려를 갖추어야 한다고 판단하고 있다.

이번 개정법의 직장 내 괴롭힘 방지에 대한 사업주의 준수의무에 대해 법원이 판단기준을 제시하였다는 면에서 의미 있는 판결이라고 본다. 직장 내 괴롭힘 방지를 위한 강력한 처벌 규정의 도입으로 인하여 회사에서 직장 내 괴롭힘 사건 발생시 엄격한 처리가 요구되고 있다.

앞에서 언급한 판례는 사업주가 직장 내 괴롭힘 사건에 대한 부적절한 대응으로 인하여 엄격한 법원의 처분이 내려진 사례이다. 해당 사례는 직장 내 괴롭힘 발생시 사용자의 조치의무 위반에 대한 벌금이나 과태료를 부과하여 엄격한 준수의무를 제시하고 있다. 궁극적으로 사업주는 직장 내 괴롭힘을 예방하고 근로자의 인격권을 보장하여 행복한 직장생활을 영위하는 데 노력하여야 할 것이다.

PART 8

산업재해 보상

01

산재사망사고 발생시 사업주의 조치 의무

산재사망사고가 발생하면 사용자는 관련법에 따라 유가족에 대해 필요한 조치 등을 신속하고 적절하게 해야 한다. 근로자가 업무수행 중 사고로 인하여 사망한 경우, 바로 경찰이 개입해서 관련 사건을 조사하며 이와 동시에 회사는 분노하는 유가족과 향후 손해배상 등에 대해 바로 논의를 해야만 장례절차를 진행하고 사고수습을 적절하게 할 수 있다.

실제로 A회사에 발생한 산재사망사고시 취해진 대응방안을 검토해 보고 향후, 산재사망발생시 취해야 할 관련 조치를 사전에 준비하는

데 참고할 수 있도록 하고자 한다.

A회사는 수원비행장 내의 창고를 관리하고 있다. 2021년 9월 6일(금) 오전 8시 20분경, 창고 내에서 지게차로 야외용 에어컨을 유도자(재해자)의 지시에 따라 옮기던 중, 지게차에 실린 에어컨이 좌측으로 기울어지면서 유도자인 재해자를 덮쳤고 재해자는 중상을 입고 급히 수원에 있는 아주대병원으로 옮겨 응급조치를 받던 중 사망하였다.

이에 회사는 신속히 112로 경찰서에 신고했다. 곧 경찰이 병원을 찾아와 사망 사실을 확인하고, 사고사업장 현장을 조사했다. 이와 동시에 9월 6일, 오후에 A회사를 자문하고 있는 본 노무사에게 연락하여 긴급한 사후 처리 방법에 대해 자문하였다.

회사가 질문한 내용은 다음 3가지로 일반적으로 산재 사망 시에 필요한 조치에 대한 질문이었다. ① 일차적으로 회사가 어떻게 유가족 및 사고를 어떤 관점으로 처리하는 것이 좋은지에 대한 의견과 ②산재보험 처리시에 회사에 대한 다른 법적(민사 또는 형사) 책임이 있는지와, ③산재처리 방법이었다.

먼저, 회사는 산재 사망 사건이 중대재해로 간주하는 만큼, 즉시 노동관청에 신고해야 하고, 현장소장이 유족과 장례절차에 대해 협의함과 동시에 인사팀에서는 회사 차원의 법적·도덕적·사회적 책임 등의 대응방안을 마련해야 한다.

아래는 근로자의 산재 사망 사건의 주요 대응 내용으로서, 중대재해 발생신고, 산재보상금액 및 방법, 민사상 손해배상금 등을 미리 준비하여 대응할 수 있도록 해야 한다.

1. 중대재해 발생시 즉시 보고

본 사건은 사고로 인하여 1명이 사망한 사건이므로 중대재해에 해당한다. 이때 사망 사실에 대해 경찰서에 신고함은 물론, 중대재해라는 사실에 대해서는 즉시, 관할 노동청에 신고해야 한다. 이를 위반하여 미신고나 24시간을 초과하는 지체 신고 시에 1,000만 원 이하의 과태료에 해당하는 처분을 받는다.

2. 유가족 대응 자료 준비

유족은 장례를 치르는 조건으로 다음 3가지 사항을 문자로 회사에 요청하였다. ①산재처리 여부 확인. ②산재 이외 회사 책임에 대한 합의 여부 및 일정. ③병원비 및 장의비 선지급. 이에 대해 회사는 다음과 같은 답변으로 회신하여 이것을 근거로 유가족은 장례를 미루지 않고 일요일(삼일장)에 진행하였다. 문자 메시지로 요청하신 아래 세 가지 항목에 대하여 다음과 같이 회신한다.

1. 산재처리 여부 확인

산재처리를 약속드리며, 신청서 기재 내용 중 유가족측의 관련 정보가 필요한 바, 빠른 시일 내 처리토록 하겠습니다.

2. 산재 이외 회사 책임에 대한 합의 여부 및 일정

회사에서 책임질 부분이 있으면 회피하지 않고 책임을 질 것이며, 이에 대한 합의는 회사측 대표, 회사가 선임한 노무사 및 유가족(또는 유가족이 선임한 노무사)과 유가족분들이 원하시는 날짜에 협의가 진행될 수 있도록 하겠습니다.

3. 병원비 및 장재비 선지급

갑작스럽게 발생한 일이고 공교롭게도 주말이 겹쳐서 은행을 통한 입·출금할 수 없어 마음과 달리 요청하신 선지급은 힘들 것으로 생각합니다. 유가족분들께서 먼저 처리를 하신 후, 이른 시일 내 정산이 이루어지도록 최선을 다하겠습니다. 유가족분들이 원하시면 은행거래가 가능한 9월 9일 (월요일) 병원비 및 장재비(葬祭費)에 대해선 유가족분들께 지급이 되도록 할 수 있습니다.

3. 산재보상금(유족급여 및 장의비) 산정

이 산재 사망 사건에 대해 회사의 산업재해보상보험에 따라 유족급여와 장의비를 청구할 수 있으며, 그에 대한 계산을 미리 해놓아야 한다. 산재보상금액은 병원비, 유족급여, 장의비로 구성되어 있다.

"재해자의 나이는 72세의 고령자이었고, 월 평균급여 3,000,000원(일일 평균급여 100,000원임)을 받았다. 그 금액은 유족보상 일시금 130,000,000원과 장의비 12,000,000원으로 총합계 142,000,000원이다."

그 계산의 세부 명세는 다음과 같다.

유족보상

평균임금의 1,300일분으로 수령방법은 ①전액 연금 ②연금 50%: 일시금 50%이다. 유족보상 일시금은 100,000원×1,300일= 130,000,000원이다.

①기본연금: 100,000원×365일×0.47=17,155,000원

②가산금: 100,000원×365일×0.05×1인= 1,825,000원(가산 인원은

최대 4명까지: 재해자가 실제 부양했던 배우자, 60세 이상 부모, 24세 이하 자녀)

연금 100% 수령 시 위의 ①과 ②의 합계는 연간 18,980,000원이다. 따라서 연간 금액을 1/12로 나눈 금액을 매월 1,581,667원을 받는다.

장의비: 평균임금의 120일분

2021년 최저11,729,120원~ 최고16,334,840원이었다. 상기 사고자의 장의비 계산은 100,000원×120일=12,000,000원이다.

유족연금을 받던 배우자가 유족연금을 받던 중에 유족일시금 100%에 해당하지 못하는 연금 금액을 받고 사망하게 되면 그 다음 연금수령권자에게 유족일시금과 실제 받은 차액을 계산하여 일시금을 지급한다.

4. 민사상 손해배상 산정

이 사건과 같이 근로자가 산재 사망한 경우에 회사는 산업재해보상보험으로 처리하고, 그 보상책임을 면하게 된다. 그러나 근로자의 사망에 있어 회사의 안전조치 미흡 등 회사의 과실 책임이 있을 때는, 회사는 재해자의 유족에 대해 산재보상 외에 민사상 손해배상책임을 져야 한다.

민사상 손해배상의 범위는 회사의 과실과 상당 인과관계에 있는 재해자의 모든 손해를 말하며, 판례에서 인정하는 손해배상의 범위는 적극적 손해, 소극적 손해, 정신적 손해로 구분하고 있다. 일반적으로 근로자가 사망한 경우, 그 범위는 소극적 손해로 ①일 실수입(사망한 시점에서 퇴직 시점까지의 잃게 된 수입금)과 ②일 실퇴직금(조기퇴직으로 인해 발생하는 퇴직금 손해액), 적극적 손해로서 ③장의비, 그리고 정신적 손해로서 ④위자료로 구성되고 있다.

통상 재해사고를 입은 근로자의 나이가 적거나 본인 과실이 적으면 민사상 손해배상액이 산재보상금액을 훨씬 초과하여 발생한다. 그러나, 본 재해 근로자의 경우 나이가 72세이므로 일 실수입과 일 실퇴직금은 발생하지 않고, 위자료만 발생했다고 하겠다.

산재 사망사고가 발생한 경우 「산업재해보상보험법」에는 요양급여, 유족급여, 장의비만 규정하고 있을 뿐 위자료는 규정되어 있지 아니하여 재해보상의 대상이 아니다. 재해보상금의 수령은 민법상의 위자료 청구에 대하여 아무 영향을 줄 수 없으며 또한, 재해보상을 가지고 위자료의 배상책임을 면할 수 없다. 따라서 사고가 사용자의 과실로 인하여 발생한 경우에는 산재 보상금을 받았다고 하여도 회사를 상대로 한 정신적 손해에 대해 위자료청구가 가능하다. 법원은 재해자의 나이, 과실 정도, 받은 보상금 등.

산재보상과 민사상 손해배상 책임

사용자의 과실이 없는 경우에도 재해자는 「산업재해보상보험법」에 의한 재해보상은 받을 수 있지만, 사용자를 상대로 「민법」상 불법행위로 인한 손해배상은 청구할 수 없다. 그러나 사용자의 과실이 인정된다면, 과실 정도에 따라 「민법」상 불법행위로 인한 손해배상책임을 지게 되는 것이고, 다만 산재보험 처리된 범위의 한도 내에서 손익상계할 수 있다.

산재보상과 형사상 책임

산재 사망사고에 대해 직접적 가해자와 피해자 관계가 발생한다면 피해자의 유족이 가해자 개인을 상대로 과실치사로 형사고소가 가능하다. 이 사건 회사의 경우에는 근로자의 직접적 고소대상이 되지 않았으나, 중대재해 발생 사업장에 대해 「산업안전보건법」에 따른 산업안전 준수 여부에 대해 근로감독관 점검을 받게 되고, 여기서 산업안전 준수사항에 대해 위반 여부가 있는 경우에 처벌을 받게 된다.

따라서 중대재해가 발생한 사업장이므로 산업안전과 관련하여 철저한 준비를 통해 근로감독관의 점검에 준비하고 중대재해가 다시 발생하지 않도록 철저히 준비해야 할 것이다.

산재처리 방법

산업재해보상 업무는 고용노동부로부터 위임을 받아 근로복지공단이 처리하고 있다. 유족은 관할 근로복지공단지사에 「유족급여 및 장의비신청서」를 작성하여 회사와 공동 이름으로 도장을 찍어 신청하여야 한다.

이 사건과 같이 중대재해면 노동부에 즉시 신고를 하여야 하지만, 일반적인 업무상 사고면 사고 발생일로부터 1개월 이내에 산재신청을 하면 된다. 그렇지 않으면, 회사는 관할 노동청에 산업재해조사표를 작성하여 제출해야 한다.

본 산재사망 사건과 같이 사실 관계가 명확한 경우에는 2~3주 이내에 산재승인과 함께 관련된 보상이 이루어지지만, 업무상 질병이면 산재신청 처리에 최소 2개월의 시간이 소요된다. 그 절차는 요양신청서 접수, 상병 상태 확인, 재해 상황과 상병 상태 관계 확인, 자문의가 확인, 질병 판정위원회를 통한 최종 승인·불승인 결정 순서로 이루어진다.

02

업무상 사망 관련한 합의 사례

지난 2015년 10월에는 세계불꽃 축제 행사가 한강공원에서 열려 많은 사람에게 감동과 추억거리를 선사하였다. 아름답고 환상적인 행사 전날에는 이 행사를 준비하다가 보트에서 물에 빠져 사망한 일용직 근로자(이하 "재해자")가 있었다.

이 사건은 전날 저녁에 불꽃놀이용 레이저 장비를 보트에서 바지선으로 옮겨 싣던 중 재해자가 보트에서 균형을 잃고 수중으로 떨어져 사망한 사건이었다. 이 재해자는 레이저 전문 운용업체(A회사)에 일용직으로 채용되어 일하였고, A회사는 불꽃놀이 행사 원수급인 B회사와 하도급 계약으로 레이저 부분만 담당하였다. 이 산재사고가 발생한 보트는 제삼자 회사인 C회사에서 운영했다.

재해자의 유가족과 합의가 이루어지지 않아 장례식을 미루던 중, 동년 10월 6일에 A회사 대표가 노무법인을 찾아와 이 산재사건에 대한 업무처리를 요청하였다. 이에 본 노무법인은 이 사건을 맡아 각 당사자의 이해관계를 설명하고 원만한 합의를 유도하여 이 사건을 해결하였다.

2015년 10월 3일(토), 여의도 한강공원에서 '서울세계불꽃축제 2015' 행사를 진행했다. A회사는 이 불꽃 축제를 위해 불꽃놀이를 관장하는 B회사와 레이저 장비대여, 설치 및 운영업무에 관하여 도급계약을 체결하였다. A회사는 레이저 장비설치를 위해 본 재해자를 일용직으로 일당 10만 원에 9월 29일부터 채용하였다.

재해자는 불꽃놀이 하루 전인 10월 2일(금) 오후 2시부터 A회사의 사장을 도와 밤늦은 시각까지 레이저 장비를 설치하였다. 저녁 10시 30분경, 여의도 부근의 원효대교와 한강철교 사이에 A회사의 직원 3인(사장, 직원, 재해자)은 축제에 사용할 레이저 기기를 5m 크기의 모터보트로 실어 물에 뜨인 바지선까지 이동시켰다.

재해자는 모터보트에서 레이저 기기를 들어 바지선 위의 직원에게 올리는 작업을 수행하던 중, 균형을 잃고 수중으로 떨어졌다. 직후에 경찰이 수중수색을 하였으나 재해자를 당일 발견하지 못하였다. 결국, 2일이 지난 10월 4일 일요일 오전 8시 30분경 여의도 한강공원 앞 수중 100m 지점에서 표류 중인 재해자의 익사체를 발견하여 경찰이 인

양했다.

재해자는 사망일 현재 미혼 상태였고, 동거 중이거나 생계를 함께하는 가족이 없었으며, 부모는 모두 오래전에 사망하였다. 재해자의 유족은 형제자매에 해당하는 형과 누나가 전부였다. 유족은 이 사건 축제 행사장의 원수급인 B회사 대표와 하수급인 A회사 대표, 2인을 상대방으로 하여 2015년 11월 6일 산재보상에 합의하였다.

총 합의 금액은 2억 6,000만 원으로 그 합의 내용으로 산재보험급여는 유족이 별도로 청구하되, 나머지 합의금 1억 5천만 원을 관계회사가 2015년 11월 10일 지급하기로 하는 것이었다.

이 사건의 불꽃놀이 프로젝트를 일괄적으로 수임한 B회사가 특정 레이저 업무를 A회사에 하도급을 주었고, A회사가 채용한 일용직 근로자가 레이저 장비 설치 업무를 수행하다가 제삼자인 C회사가 운용하는 보트에서 실족하여 수중으로 떨어져 사망한 사건이었다. 그러면 이 사건에서 누가 사업주로서 책임을 져야 할까?

근로기준법 제90조(도급 사업에 대한 예외) 제1항은 "사업이 여러 차례의 도급에 따라 행하여지는 경우, 재해보상에 대하여는 원수급인을 사용자로 본다."라고 명시하고 있다. 산재사고가 발생한 경우에는 사용자의 안전배려의무에 기초하여 근로자를 직접 고용하고 있는 사업주로서 수급인에게 그 책임을 물어야 한다.

또한 건설공사에서는 원수급인에게 산업안전보건법에 따른 안전시설, 안전망 등에 대한 안전보건총괄책임을 부과하고 있다. 따라서 원수급인이 안전조치를 이행하지 않으면 일차적인 배상책임을 져야 한다.

본 사안에 있어 재해자를 직접 채용한 A회사가 재해자의 사용자로서 재해보상에 대한 직접적 책임을 진다. 다만, A회사는 이 불꽃놀이 프로젝트에서 있어 원수급인의 업무 일부분만 하수급인으로 도급을 받았기 때문에, 근로기준법 제90조의 도급 사업에 대한 예외의 규정과 같이 원수급인 B회사도 손해배상에 대한 책임을 져야 한다.

따라서 본 재해에 대해서는 A회사와 B회사가 공동으로 책임을 져야 할 것이다. 실제로 이 사건에서 산재보험에 대해서는 재해자를 채용한 A회사가 책임을 지고, 산재보상금을 초과하는 보상에 대해서는 A회사와 B회사가 각각 책임을 지도록 합의하였다. 한편, C회사가 운영하는 보트에서 실족사하였기 때문에 유족은 C회사에 별도의 청구권이 있고, 이에 대해서는 이 합의 사건과 별도로 진행하기로 하였다.

유족과 원만한 합의를 위해서는 산업재해보상법상 보상금액과 민사상 손해배상금에 대해 구체적인 금액의 산정이 필수적이다. 이 산정금액이 정확히 나와야 유족이 청구할 수 있는 금액과 사용자가 부담해야 할 금액을 알 수 있기 때문이다.

1. 산재법상 손해배상 상정

① 기초 자료

1일 평균임금: 73,000원 (일당 10만 원×0.73 : 일용직 통상근로계수)

② 산재보상금 : 104,712,340원

유족 보상: 1일분의 평균임금×1300일=73,000×1300=94,900,000원

장의비: 1일분의 평균임금×120일=73,000×120= 8,760,000원 따라서 2015년 최저 고시금액인 9,812,342원이 적용된다.

2. 민사상 손해배상액

① 기초자료

- 생년월일 : 1972.5. 13.
- 재해발생일 : 2015. 10. 4. (사고 당시 만 43세 4월 21일)
- 1일 평균임금 : 73,000원 (일당 10만 원×0.73 : 일용직 통상 근로 계수)
- 시중노임단가 : 102,144원 (2015년 하반기 시중노임단가 조력고 기준)
- 노동력 가동능력 기간: 2037.5.12. (65세: 사망 시점 기준 잔여기간▸259월)

② 구체적 계산

- 재해자의 일 실수입

사망 시부터 65세까지 산정 (조력공 노임단가 적용, 노동능력상실률 100%)

- 시중노임 조력공 단가×22일×생계비공제×노동능력상실률×종결일로부터 65세까지의 호프만 수치
- 102,144원×22일×(1-1/3)×100% ×144.7001 = 216,776,956원
- 재해자의 과실 20% 적용 시: 216,776,956원×80% = 173,421,564원

- 위자료

- 100,000,000× 100%(노동능력 상실률)×[1-(피재자의 과실률×0.6)]
- 과실상계 20% 적용한 금액 기준으로 88,000,000원

③ 민사 배상액

- 일 실수입액(173,421,564원) + 위자료(88,000,000원) = 261,421,564원.

유족과 관계회사인 A회사와 B회사 사이에 합의가 도출되기 위해서는 정확하게 계산된 산재 보상금과 민사상 손해배상금액 산출이 중요하다. 근로자의 사망 사건에 대해 민사상 손해배상금 전체를 261,421,564원으로 산정하였고, 이 금액에 포함된 산재보험급여는 104,712,342원으로 계산되었다.

따라서 관계회사에서 부담해야 할 민사상 손해배상액은 산재보험료를 제외한 156,709,222원이다. 이 부분에 대해 유족, A회사와 B회사는 여러 차례 협상을 통해 회사가 150,000,000원을 직접 지급하고, 산재보험급여는 유족이 직접 청구하여 받는 합의안에 동의하였다.

이 합의서에 의한 관계회사의 보상금이 지급되면 유족은 회사를 상대로 민사, 형사상 손해 및 일체의 행정청구를 하지 않을 것을 서면화하였다. 또한, 이 산재사망 사건과 관련하여 A회사와 B회사에 대해 형사상 처벌을 완화하기 위한 탄원서를 관련 행정기관에 제출하기로 약정하였다.

이번 산재사건을 해결하면서 2가지의 교훈을 얻을 수 있었다.

①산업안전의 중요성이다. 이번 산재사건은 작업장 안전조치를 제대로 취하지 않아 발생한 사건으로 보트 위에서 일하는 근로자가 구명조끼 하나만 입고 있었어도 이러한 비극은 막을 수 있었을 것이다.

②이번 사건과 같이 이해관계가 복잡한 산재사건에서 전문가의 역할이 중요하다고 생각한다. 본 노무사는 이 사건의 관계 당사자에게

법적 책임소재를 정확히 설명해주었고, 또한 손해배상금액을 적절하게 제시하여 관계 당사자가 이 보상금에 대해 수용·합의하면서 사건이 원만히 해결될 수 있었다.

03

출장 중, 오염된 음식물로 인한 사망 _산재 사례

재해자는 D건설회사에 2005년 1월 1일 입사하여 전기직 연구원으로 D건설회사의 기술연구소에서 근무하던 중, 2016년 9월 25일부터 2016년 9월 26일(1박 2일)까지 대구 및 거제 출장 후, 9월 27일 복귀하여 오한 증상을 보였으나 정상 근무 후 퇴근하였다. 9월 28일 몸살 기운이 심하여 연차휴가, 9월 29일 건강상태가 악화하여 아주대학교병원에 입원하여 치료 중, 다음날(9월 30일) 12시 30분에 B형간염 바이러스성 간경화와 패혈성 쇼크로 사망하였다.

유족은 결정기관에 유족급여 및 장례비를 청구하였으나 결정기관에서는 재해자의 사망원인이 업무상 과로에 의한 사망으로 인정할 만한 의학적 근거 및 과로의 객관적 근거가 없다. 그리고 건강상태의 불량에 근거하여 출장 현지에서 비브리오에 감염된 음식을 섭취하여 사망하였다고 추정하더라도 음식 섭취 자체와 업무수행 사이에 인과관계가 성립할 수 없다는 이유로 지급 불가를 결정하였다.

이에 유족은 공인노무사를 찾아와 결정기관의 결정에 재심을 청구하여, 근로복지공단 본부의 재심 결정에서 업무상 재해로 인정받은 사건이다.

1. 결정 기간의 입장

재해자는 2016년 9월 29일 몸살 증상으로 입원하여 치료 중 다음날 아주대학병원에서 비브리오 감염으로 추정되는 패혈증으로 사망하였다. 전기 관련 연구원으로 주 5일 근무를 하였으며 극심한 스트레스나 육체적 과로는 없었던 것으로 조사되었으며 출장 간 곳의 식당에서 먹은 굴밥에 의해 비브리오에 감염되었다고 추정한다. B형간염 보균자로서 2014년 시행한 신체 검사상 간경화가 의심되어 추가 정밀진단을 권고받았으나 무시하였고 음주량이 많아 하루 소주 3병씩을 일주일에 3번 정도 마셨다는 기록이 있는 점과 비브리오에 의한 패혈증은 간 병변이 있는 사람에게서 발병한다는 점 등으로 미루어 자신의 건강상태의 불량으로 인한 감염으로 판단되므로 업무상 인과관계가 상당하다 하기 어렵다.

재해자의 사망원인은 패혈성 쇼크, 비브리오패혈증, 급성신부전증,

B형 간염 바이러스성 간경화로서 업무상의 과로에 의한 사망으로 인정할 만한 근거도 없다. 의학적 소견에서도 건강상태의 불량에 근거하여 출장 현지에서 비브리오에 감염된 것으로 추정하는 등 업무와 사망과의 사이에 상당인과 관계가 성립된다고 인정하기 어렵다. 유사 사건 대한 판례에서도 음식섭취 자체와 업무수행 사이의 관련성을 인정하지 아니한 사례에 비춰 볼 때, 업무 외 재해다.

관련사례 야근하면서 먹은 복어탕이 이차성 세균성 복막염을 일으켰다고 하더라도, 음식 섭취 자체와 업무수행 사이의 관련성을 인정하기 어려워 업무상 재해라고 볼 수 없다(2006.10.10, 서울행법 2006구합15202).

2. 근로자의 주장

산업재해보상보험법 시행규칙 제 36조(출장 중 사고) 제1항에 의하면 근로자가 사업주의 출장 지시를 받아 사업장 밖에서 업무를 수행하고 있을 때 발생한 사고로 인하여 사상한 경우에는 업무상 재해로 인정하고 있는데 이는 출장 중 행위가 전 과정을 통하여 사업주의 지배 관리하에 있는 것으로 판단된다.

재해자의 경우 회사의 지시에 따라 출장 중 의뢰업체에서 제공한 음식물을 섭취한 후 비브리오에 감염되었다. 이는 업무수행 도중 필요적 생리행위를 위한 것이며 비록 재해자가 평소 몸 관리를 소홀히 했을지라도 업무를 수행하는 데는 전혀 문제가 없었다. 의학적 소견에 따르면 재해자처럼 만성 간질환자는 정상인과 달리 비브리오에 감염되었을 때 치명률이 높다.

결정기관의 주장처럼 재해자의 건강상태가 불량했을지라도 사업주의 지배 관리하에 있는 출장 중, 필요적 생리행위인 음식물을 섭취하지 않았다면 비브리오패혈증에 병에 걸리지 않았을 것이며, 재해자가 사망에 이르지도 않았을 것이다

재해자는 출장 도중 필요적 생리행위인 음식물 섭취 후 비브리오에 감염되어 사망하였으므로 재해자의 사망과 업무수행 사이에는 상당한 인과관계가 성립된다고 볼 수 있으므로 이는 산업재해보상보험법상 업무상재해에 해당한다.

3. 관련 법령

①출장 중 사고 (산업재해보상보험법 시행규칙 제36조)

ⓐ근로자가 사업주의 출장지시를 받아 사업장 밖에서 업무를 수행하고 있을 때 발생한 사고로 인하여 사상한 경우에는 이를 업무상 재해로 본다. 다만, 다음 각호의 1에 해당하는 사상의 경우에는 그러하지 아니하다.

- 출장 도중 정상적 경로를 벗어났을 때 발생한 사고로 인한 근로자의 사상
- 근로자의 사적 행위·자해행위나 범죄행위 또는 그것이 원인이 되어 발생한 사상
- 사업주의 구체적인 지시를 위반한 행위로 인한 근로자의 사상

ⓑ근로자가 사업주의 지시를 받아 출·퇴근 중에 업무를 수행하고 있을 때 발생한 사고로 인하여 사상한 경우에는 제1항의 규정

을 준용한다.

ⓒ사업주의 지시를 받아 사업장 외의 장소로 출·퇴근하여 직무를 수행하고 있는 근로자(외근근로자)가 최초로 직무수행 장소에 도착하여 직무를 시작한 때부터 최후로 직무를 완수한 후 퇴근하기 전까지의 사이에 발생한 사고로 인하여 사상한 경우에는 제1항의 규정을 준용한다.

②업무상 사고 판단기준 (산업재해보상보험법 시행규칙 제32조)

사고로 인한 근로자의 사상이 다음 각호의 요건에 해당하는 경우에는 이를 업무상 재해로 본다.

ⓐ근로자가 근로 계약에 의한 업무를 사업주의 지배관리하에 수행하는 상태에서 사고가 발생하거나 사업주가 관리하는 시설물의 결함 또는 관리상의 하자로 인하여 사고가 발생하여 사상하였을 것

ⓑ사고와 근로자의 사상 간에 상당한 인과관계가 있을 것

ⓒ근로자의 고의·자해행위나 범죄행위 또는 그것이 원인이 되어 발생한 사상이 아닐 것.

4. 근로복지공단의 결정

재해자는 발병 이전 전기직 연구원으로 통상 업무를 수행하여 업무상 과로 및 급격한 스트레스 등은 확인되지 않았지만, 2014년 건강검진에서 B형간염 유 소견자로 간경변 등 추적검사가 필요한 상태였음에도 이를 이행치 않고 평소 과음 등 건강관리가 제대로 이루어지지

않았던 사실은 확인되나 2016년 9월 25일부터 2016년 9월 26(1박 2일)까지 사업주의 지시를 받아 출장업무를 수행했다. 그 과정에서 의뢰업체에서 제공한 음식물(굴밥, 굴 숙회, 굴전 등)을 섭취한 이후 발병한 사실이외 달리 비브리오의 감염경로를 확인할 수 있는 사실은 없다.

①법률자문 및 판단

재해자의 사망 원인인 비브리오 패혈증은 출장 중 오염된 해산물을 섭취한 데에서 기인한 것이라고 봄이 경험칙상 가장 합리적인 추론일 것으로 생각한다. 그 해산물은 출장 중에 의뢰업체가 제공한 점심 과정에서 섭취한 것이므로 다른 특별한 사정이 없으면 이는 사회 통념상 업무수행 과정에 수반한 것으로 생각한다.

비브리오 패혈증은 비브리오에 오염된 어패류를 생식하거나 균에 오염된 해수 및 갯벌 등에서 피부 상처를 통해 감염되었을 때 나타나는 질환이다. 특히, 만성질환자, 알코올 중독 및 습관성 음주자에게 발생률이 높은 급성세균성 질환이다.

재해자는 만성 간경화로 인한 고도의 간질환이 있었으나 건강관리 불량(과음)으로 면역이 약화한 상태에서 비브리오 감염으로 인한 패혈성 쇼크로 사망이 추단되는 경우이다. 따라서 기존 간질환이 사망의 중요한 원인이 된 것은 사실이지만 기존 간질환의 자연적 또는 정상적인 악화경로로 사망한 것이라기보다는 업무수행에 수반된 오염 해산물 섭취가 그와 같은 원인에 겹쳐서 기존 간질환은 자연적인 진행속도 이상으로 급격히 악화하여 사망에 이른 것으로 판단됨으로 업무상 재해로 인정함이 타당하다.

04

업무상 과로사로 인정받은 산재
_전직 경찰관

장시간 근로로 인한 만성과로는 근로자가 뇌경색, 뇌출혈이나 심장마비로 사망하는 주요 원인이다. 이렇게 과로가 원인이 되어 사망하는 경우에는 유족이 근로복지공단(이하 "공단")에 산재를 신청한다 해도 인정받기가 쉽지 않다.

오히려 법원이 업무와 질병과의 관계를 더 폭넓게 인정하고 있다. 이번에 경비근로자가 휴무일에 개인 활동을 하던 중 발생한 심장마비로 사망한 사건을 산업재해로 인정받은 것은 예외적인 경우라 할 수 있다. 이와 관련하여 자세히 살펴보고, 그 판단기준과 시사점에 대해 검토하고자 한다.

1. 사건 개요

재해자는 경찰공무원을 정년으로 퇴임한 후, 2018년 2월 26일 양천구의 재활용선별장에서 야간경비 근로자로 입사하여 일하던 중 6개월이 지난 동년 8월 22일 휴무일에 등산하다가 심장마비로 쓰러져 사망하였다.

이에 배우자는 재해자가 업무로 쌓인 과로로 인하여 사망하였다고 공단에 산재신청을 하였으나 공단은 2019년 2월, 재해자의 사망과 업무와 관련이 없다고 기각처분하였다. 이에, 배우자는 본 노무사를 찾아와 사건을 의뢰하였다.

그래서 본인은 재해자의 사망 명세를 조사한 후, 공단본부에 재심을 청구하였다. 공단 본부는 2020년 8월, 공단 자문 의사의 의견을 인용하여 본 사망 사건은 과로로 인정할 근로시간이 부족하고, 교대근무의 가중요인이 있더라도 단순 감시 경비업무이기에 근로자의 사망은 업무상 재해로 인정할 수 없다고 판단하였다.

이에 불복하여 본 노무사는 고용노동부 산재보험 재심사위원회에 노동부의 과로사 판단지침에 따라 재해자의 근무는 단순 경비가 아닌 매 1시간 단위의 야간순찰업무라는 사실과 사업장의 유해 및 위험한 작업환경을 입증하는 증거자료를 추가하여 재심사를 청구하였다. 다행히도 재심사위원회 심사위원들은 2021년 5월 4일 기존의 거부처분을 취소하는 결정을 내렸다.

2. 원처분기관 기각처분

공단 질병판정위원회는 본 경비원의 사망 사건에 대해 산재로 인정하지 않았다. 그 이유는 경비원의 근로시간이 노동부 지침의 만성과로 기준 근로시간에 미치지 못한다는 이유였다. 교대제라는 과중 요인이 있었지만, 단순 감시업무를 수행하기 때문에 이를 반영할 수 없다고 보았는데 그 내용은 다음과 같다.

“고인은 2018년 2월 26일부터 약 6개월간 양천구청 재활용선별장 경비원으로 근무하였고, 순찰일지 등을 근거로 업무시간을 산정한 결과, 사망 전 1주간의 업무시간은 46시간, 사망 전 4주간의 주 평균 업무시간은 52시간 15분, 사망 전 12주간의 주 평균 업무시간은 52시간 57분으로 확인되었다.

고인은 사망 당시 업무에 의한 돌발상황이나 급격한 작업환경의 변화는 관찰되지 않았다. 다만, 고인의 업무시간이 충분하지 않으나 격일제 근무여건 등을 고려하면 업무와 고인의 사망 간에 상당인과관계가 인정된다는 소수 의견이 있다. 그러나 다수 의견은 사망 전 12주와 1주 평균 업무시간이 52시간 57분으로 고용노동부 고시에서 정하는 만성과로 기준에 미달하고 교대제근무 이외 별다른 업무부담 가중요인이 없다.

이러한 사실을 종합적으로 고려하면, 사망에 이를 만한 업무상 과로나 스트레스가 있었다고 보기 어려워 업무와 고인의 사망 간에 상당인과관계가 인정되지 않는다.”라고 결정하였다.

3. 공단 본부 재심 신청과 기각 결정

양천구청은 2018년 11월에, 재해자가 업무상 과로사에 해당한다고 판단하여 공단관할지사에 산재신청을 하였다. 공단관할지사는 사업장을 방문하여 구체적인 사실조사 없이 양천구청에서 제출한 근로 계약, 업무일지, 근로자의 건강상태 등을 조사한 기초자료를 질병판정위원회에 제출하였다. 질병판정위원회는 본 유족급여 청구사건을 업무상 과로에 해당하지 않는다고 기각하였다.

이에 대해 본 노무사는 재해자와 관련하여 공단관할지사에 정보공개청구를 하고, 사업장인 양천구청에도 정보공개청구와 당시 업무조건과 작업환경에 대해 질의서를 만들어 요청하여 필요한 자료를 확보하였다. 그리고 양천구 재활용선별장을 방문하여 경비초소, 경비 경로, 작업장 환경 등을 자세히 조사하였다. 특히, 당시 맞교대로 근무하였던 직장동료와 당시 상황에 대해 대면조사를 하였다. 이 대면조사에서 근무시간 30분 전에 출근하여 업무인수인계를 하여야 했다는 사실을 확인하였고, 야간시간에 단순 경비가 아니라 매 1시간당 순찰뿐만 아니라 재활용품 운반 출입차량 70여 대에 대해 지원업무 등을 하였다는 사실과 2개 조 맞교대 근무는 너무 힘들어서 추가 근무 인원 투입을 지속적으로 요구하여 재해자가 사망한 후, 2개월 후에 1명을 추가로 증원하여 3개 조 업무로 전환하였다는 사실을 확인하였다.

본 노무사는 조사과정에서 밝혀진 사실관계를 추가하여 재심을 신청하였다. 우선, 재해자가 매일 30분 먼저 출근하여 업무인수인계를 하였기 때문에 30분을 근무시간으로 추가하였다. 둘째, 사용자는 근로시간에서 휴식시간을 일방적으로 공제하였다. 재해자의 야간 근무시간 중 1시간 30분을 휴식시간으로 공제하였으나, 재해자의 휴식시간은 일정하지 않았고, 작업장을 벗어날 수 없었기 때문에 휴식시간이 아니라 대기시간으로 봐야 한다고 관련 판례를 인용하여 주장하였다. 셋째, 근로환경에 있어 악취가 많이 나고, 대형 차량이 출입하면서 발생하는 소음과 쓰레기가 다량 적재된 위해한 사업장임을 입증하는 증거로 2017년 현 사업장을 보도한 MBC 뉴스 자료를 인용하였다.

공단본부는 본 노무사의 주장에서 업무인수인계를 위한 30분 미리 출근한 사실만 인정하고, 다른 주장에 대해서는 수용하지 않았다. 노무사가 주장한 야간 휴식시간 1시간 30분은 재해자가 단순 경비에 해당하므로 대기시간으로 볼 수 없다고 판단하였다. 그리고 교대제 근무의 가중요인에 대해서도 근로자가 단순 감시업무를 수행하였다는 이유로 고려하지 않았다.

4. 고용노동부 산재재심사위원회 재심사 신청

2020년 8월, 근로복지공단의 심사위원회도 사건의 구체적인 조사 없이 원처분기관의 조사내용과 공단 자문 의사의 의견을 가지고 심사청구를 기각하였다. 이에 대해 본 노무사는 고용노동부의 과로사 판단지침에 따라 객관적으로 입증된 자료에 근거하여 아래의 사항을 반영하여 재심사를 신청하였다.

①근로복지공단 심사위원회에서 발병 전 12주의 1주 평균 근무시간을 54시간 12분으로 인정하였다. 그러나 재해자는 평일 야간근무만 하

는 2인 2교대제 업무를 하고 있다. 이는 고용노동부 고시(제2020-155호)가 정한 가중요인의 내용에 해당하지만, 이를 반영하지 않았다. 이 규정에 따르면, "발병 전 12주 1주 평균 업무시간이 60시간이 미치지 못하더라도 52시간을 초과해도 업무 가중요인 7개 중의 1개 이상 해당하는 경우에는 업무와 질병과의 관련성이 있다.

②본 사건의 재해자는 야간 경비근무를 주목적으로 채용되었다. 재해자는 야간근무 중 매 1시간 단위로 순찰하고, 야간 출입 차량 70여대의 재활용품 중량 측정을 지원하는 업무를 부수적으로 수행하였다. 따라서 단순 감시업무가 아닌 매 1시간당 순찰을 하고 부가적 업무도 수행하였다. 이는 근로기준법 제63조 제3항의 감시 단속적 근로의 대상이 될 수 없는 업무이다. 따라서 노동부 고시(제2020-155호)에 따른 야간업무시간 근로에 따른 할증 30%를 가산해야 한다.

③쓰레기 재활용장은 음식물 쓰레기로 인한 악취와 스티로폼을 녹이면서 뿜어내는 퀴퀴한 냄새, 야간 차량 70여 대의 통행으로 야기되는 소음 발생, 순찰시 마스크, 안전모, 안전화를 착용하여 순찰하여야 하는 위해 위험한 사업장이었다. 특히, 재해자가 사망 후 맞교대를 하는 직장동료는 본인도 열악한 근무로 인한 과로로 죽기 싫다고 상급자에게 강하게 추가 근무 인원 확보를 건의하였다. 이에 양천구청은 재해 사업장에 대하여 재해자의 사망 후 2개월 지난 시점인 2018년 11월에 야간 2인 2개 조를 3인 3개 조로 변경하였다.

5. 산재 인정과 평가

2021년 5월 4일 고용노동부 산재보험 재심사위원회에서 본 사건에 대해 심판 회의가 있었다. 여기서 위원들은 원처분기관에서도 12주 평균 52시간 이상 근로하였음을 확인하였기 때문에 쟁점은 업무 가중요인인 교대제 근무를 반영할 여지가 있는지에 있었다. 여기서 원처분기관은 본 재해자의 업무가 단순경비였다는 전제하에 노동부 고시의 가중요인을 반영하지 않았다.

그러나 재심사위원회의 위원들은 유해 사업장으로 보도한 MBC 영상자료, 재해자가 사망한 후 업무 강도가 높아 2교대에서 3교대로 변경한 사실, 야간 근무 중 1시간 단위로 순찰하였다는 내용, 야간 근무시간 중 차량 70여 대의 재활용품 운반차량에 대한 지원 등 업무를 수행하였기 때문에 단순 경비가 아닌 것으로 판단하여 가중요인을 인정하였다(2020 재결 제4601호). 그런데도 본 노무사가 주장했던 야간근무에 대해서는 재해자가 야간감시업무를 하는 경비원이었으므로 야간근무 30% 할증에 대해서는 별도로 판단하지 않았다.

이 과로사 산재사건을 수행하면서 해당 사업장인 양천구청의 정보공개 내용과 현장 방문을 통해 확인한 자료들이 산업재해로 입증을 할 수 있는 중요한 자료로 활용되었다는 점에서 사실조사의 중요성을 다시금 인식할 수 있었다. 과로사 산재사건에서 아직 민간 기업들은 사업주가 협조하지 않은 이상 기본적인 자료를 제공해줄 법적 의무가 없으므로 산업재해로 인정받기가 쉽지 않다. 따라서 산재처리에 입증자료 획득에 도움이 될 수 있도록 노무사가 사업주를 상대로 사실관계를 조사할 수 있는 법적인 근거의 도입이 절실히 필요하다고 하겠다.

05

자택 심장마비 사망 산재 사례
_KTX 기장

근무시간이 과로사 산재 인정 기준에는 미치지 못하지만, 노조 간부의 비공식 조합활동시간을 회사의 업무수행으로 보아 산재로 인정한 판결이 나왔다 (서울행정법원 2021. 10. 27. 선고 2019구합86761).

지금까지 판례나 행정심판 사례는 유급전임자의 조합활동만 업무수행을 인정하였으나, 조합 간부의 근무시간 외 조합활동은 업무와 직접 관련성을 인정하지 않았다. 따라서 이번 조합 간부의 근무시간 외 조합활동에 대해 업무 수행성을 인정한 사례는 차후 유사한 사례에 있어 참조될 수 있는 의미 있는 판결이라 하겠다.

조합 간부의 근무시간 외 조합활동을 업무수행으로 인정한 산재 사례에서 근로복지공단(이하 '공단')이 산재신청을 불승인한 사유가 무엇인지, 법원은 어떤 관점에서 이러한 조합활동을 산재로 인정했는지에 대해 구체적으로 소개하고자 한다.

재해자는 1990년 12월 11일 한국철도공사에 입사하여 2006년 1월 2일부터 서울본부 KTX 기관사로 근무하였다. 재해자는 2018년 1월 24일 23시 30분 자택에서 사망한 채로 발견되었다.

재해자의 시체에 대한 국립과학수사연구원의 부검 감정 결과 사망원인은 심장마비로 추정되었다. 유족은 2018년 7월 2일 재해자의 사망은 업무상 재해라고 주장하며, 공단에 유족급여와 장례비를 청구하였으나, 공단은 이를 산재로 인정하지 않았다.

공단은 "①'재해자의 업무시간은 발병 전 1주 평균 38시간 56분, 발병 전 4주간 1주 평균 42시간 21분, 발병 전 12주간 1주 평균 36시간 28분으로 고용노동부 고시의 단기 및 만성과로 기준을 충족하지 못하였다. ②교대 업무를 수행하나 통상적으로 1달 전에 예정된 교대근무를 수행하였다. ③야간 운행할 때 다음 날부터 2~3일은 휴무하는 등 휴일이 확보되었다. ④사망에 이르게 할 만한 돌발 상황도 확인되지 않는 등 재해자의 업무와 사망과의 상당인과관계를 인정하기 어렵다" 라는 업무상 질병판정위원회의 심의 결과를 사유로 원고의 유족급여와 장례비를 지급하지 않는 것으로 결정하였다.

이에 대해 서울행정법원의 다음과 같은 이유로 공단의 결정을 취소하였다.

"재해자의 업무시간은 발병 전 1주간 38시간 56분, 발병 전 4주간 42시간 21분, 발병 전 12주간 37시간 48분으로 노동부 고시에서 정한 만성과로의 업무시간 기준에 미치지는 못한다. 그러나 재해자의 업무시간은 동료 기관사의 근로시간을 다소 상회하는 수준이고 이에 더하여 재해자는 노동조합의 부지부장으로서 업무를 수행하면서 근무시간 외에도 상당한 시간을 조합활동을 위해 투입하였던 것으로 보인다. 더불어 재해자에게는 불규칙한 교대제 업무, 정신적 긴장이 큰 업무를 하였다는 업무 가중요인도 인정된다. 실제로 재해자가 사망한 2018년 1월 24일은 재해자의 휴무일에 해당하였지만, 재해자는 노조 간부 워크숍에 참석한 후 교번 근무표 검토작업을 하였고, 열차지연사고와 관련하여 동료 기관사의 책임 없음을 본사 담당자에게 설득하는 등 이 사건 사업장 업무에 관련된 일을 수행하였다."

법원은 재해자의 업무시간 외의 조합활동을 업무수행으로 인정하여 과로로 인정하였다. 재해자는 서울 고속철도 노조 지부의 부지부장이자 산업안전부장으로 활동하면서 업무시간 외의 활동을 많이 하였다. 특히, 사망 전날 1박 2일 워크숍에 참여하였으며, 사망 직전까지 교번 근무표 검토작업을 하였고, 열차지연사고 발생에 대해 동료 기관사를 대변하는 업무수행을 하였다. 이러한 근로자를 위한 조합활동에 대해 공단은 업무수행으로 인정하지 않았다.

산업재해보상법은 조합활동 중 발생한 사고 및 질병이 '업무상 재해'에 해당하는지에 대하여 구체적으로 명시된 바가 없다. 다만, 판례에서 노조 전임자나 조합 간부는 단체협약이나 사용자가 승인한 활동에 한해서는 업무상 질병 기준을 적용하여 업무로 인정해준 사례가 다수 있다. 또한, 법원은 조합활동을 업무상 재해 해당 여부 판단과 관련하여 기존의 업무상 사고의 판단기준을 확대하고 있는 경향을 보인다. 판례에서 인정한 노동조합 전임자 또는 간부의 업무상 재해 인정기준은 다음과 같다.

첫째, 유급전임자의 조합활동이나 조합 간부가 회사로부터 유급으로 인정받은 활동시간인지의 여부이다. 전임자가 근로 계약상 본래 담당할 업무를 면하고 노동조합의 업무를 전임하게 된 것이 단체협약이나 사용자인 회사의 승낙에 의한 것이다. 이러한 전임자가 담당하는 노동조합업무는 회사의 노무관리업무와 밀접한 관련을 가지는 것으로 사용자가 본래의 업무 대신에 이를 담당하도록 하는 것이어서 그 자체를 회사의 업무로 볼 수 있다.

따라서 전임자가 노동조합업무를 수행하거나 이에 수반하는 통상적인 활동을 하는 과정에서 그 업무에 기인하여 발생한 재해는 업무상 재해에 해당한다.

둘째, 전임자가 근무시간 외에도 업무와 관련된 조합활동을 하다가 발생한 재해까지도 인정한다. 사용자가 원만하고 안정된 노사관계를 형성하기 위해 노조 간부에게 근로자의 지위는 여전히 보유한 채로 근로 계약상 본래 업무 대신 노동조합업무를 담당하도록 승낙한 것이 전임자 제도이다.

이러한 전임자 제도의 법적 취지를 고려해 보았을 때 노조 전임자가 노동조합업무를 수행하던 중 입은 재해를 산재법상 업무상 재해로 볼 수 있으려면, 그가 수행하던 노동조합업무가 사용자의 노무관리업무와 직접적이고 구체적으로 밀접한 관련이 있어야 한다.

셋째, 노동조합업무는 회사의 노무관리업무와 밀접한 관련을 가지는 것으로 사용자가 본래의 업무를 대신해서 이를 담당하도록 하는 것이다. 노동조합업무 전임자가 아닌 간부가 사용자인 회사의 승낙에 따라 노동조합업무를 수행하거나 이에 수반하는 통상적인 활동을 하는 과정에서 그 업무에 기인하여 발생한 재해도 마찬가지로 산재가 적용된다고 보아야 한다.

한편, 전임자나 조합 간부의 조합활동을 근로시간에 해당하지 않는다고 판단한 사례는 다음과 같다. ①당해 회사의 업무와 무관한 상급단체의 활동이나 불법적인 노동조합활동의 경우이다. ②노동쟁의 상태가 된 후부터 단체협약 체결 전까지 회사와 대립적인 노사관계에 있는 기간에 재해가 발생한 경우이다. ③전임자나 조합 간부가 업무시간 외에 사용자의 노무관리업무와 구체적인 관련성이 없는 활동을 한 경우가 이에 해당한다.

법원은 재해자의 근로시간뿐만 아니라 특수한 근무상황의 가중요인, 조합 간부로서 참여한 조합활동시간도 종합적으로 고려하여 업무상 재해 인정 여부를 판단하였다. 재해자의 ①근무시간은 4주 평균 42시간에 지나지 않지만, 정상적인 고속철도 기관사의 4주 평균 36시간보다 많은 점, ②재해자의 업무상 가중요소로 다수의 야간근무가 있었고, 불규칙한 교번근무, 고속철도의 1인 승무와 고속운행에서 발생하는 긴장감과 소음의 환경적인 요소가 있는 점, ③특히, 재해자는 노동조합의 간부 자격으로 재해 당일 전날 노조 규약에 명시된 1박 2일의 간부 워크숍에 참여하였던 점, ④그 밖에 당일 재해자는 자택에서 노조 교번 근무표 작성업무를 수행하였고, 또한 산안부장으로 철도운행 지연사고에 대해 조합원을 대변하여 회사 측 담당자에게 항의하기도 하였던 점 등을 비추어 보아 산재법상 '업무상 재해'에 해당한다고 판단했다.

법원은 본 과로사 사건을 판단하면서, 노동부 '업무상 질병 인정지침'의 근로시간에 더하여 노조 간부 조합활동시간을 회사의 노무관리 업무와 밀접한 관련이 있는 회사의 업무로 보아 재해자의 과로를 업무상 재해로 인정하였다. 따라서 이는 조합 간부의 노동조합활동시간이 회사 내부 인사관리의 한 부분으로 인정받았다는 사실을 의미한다.

06

소음성 난청 산재 판정 기준과 사례
_해양경찰

필자는 최근 공무원의 불승인된 소음성 난청 사건을 맡아서 심사청구에서 공무상 재해로 승인을 받아냈다.

소음성 난청은 공무상 재해(산재)로 잘 인정해주지 않고 있다. 그 이유는 업무상 인정요건이 까다롭기도 하고, 영구적으로 난청으로 인정받기 위해서는 고음의 작업장 (85dB 이상의 소음)에서 3년 이상 노출되어야 한다. 그 청력손실이 좌·우측 각각 40dB 이상이 나와야 한다.

이러한 난청의 결과는 사업장에서 근무 후, 곧바로 증상이 출현하는 것이 아니라 최소 10년에서 20년 정도의 기간이 흐른 뒤에 발생하기 때문에 고령으로 인한 난청으로 인정되어 산재로 인정받기가 쉽지 않다.

박남춘 의원의 2017년 국정감사 보도자료에 따르면, "소방공무원의 직업병 1위인 소음성 난청에 대해 공무원연금공단은 직업병으로 인정하지 않고 있다. 최근 10년간 (2007~2017.6) 소음성 난청으로 공무상 요양을 신청한 소방공무원 9명 중, 승인을 받은 사람은 단 2명에 불과했다. 그리고 승인을 받은 2명도 2008년 훈련에 사용할 폭음탄을 정비하던 중 폭음탄 4발이 동시에 터져 구급차로 이송됐고, 그 후유증으로 소음성 난청을 진단받았다. 반면, 구급, 구조, 화재 등 현장에서 소방활동을 하면서 사이렌 소리, 소방장비 기계음 등의 소음에 지속적으로 노출되어 온 소방공무원에 대해서는 소음성 난청에 대한 공상을 단 한 차례도 인정하지 않았다."

그러나 다행히도 최근에는 소방공무원의 소음성 난청을 산재로 인정하기 시작했다. 완화된 소음성 난청에 대한 산재 인정기준 덕분에, 공무원연금공단의 불승인 결정을 공무원재해보상위원회에 심사청구를 통해서 불승인 처분을 취소할 수 있었다고 본다. 이와 관련된 재심사건에 대한 주요쟁점과 소음성 난청 산재 인정기준에 대해 살펴보고자 한다.

1. 해양경찰청 공무원의 소음성 난청

해양경찰청 소속 간부(재해자)가 2021년 1월 정년퇴임하면서 소음성 난청에 대해 공무상 재해로 인정해 달라고 공무원연금공단에 신청하였으나, 불승인 받았다.

불승인 사유는 지난 17년 동안 소음과 무관한 사무직 근무를 하였기 때문에 질병과 업무와 상당인과관계를 입증할 수 없다는 사실 때문이다. 재해자는 1984년부터 2004년까지 13년을 해양순찰선 기계실에 근무하면서, 당시 귀막이 보호장치도 없이 근무하다가 소음성 난청을 얻게 되었다.

이에 본 노무사는 2004년 이전까지 같이 근무하였던 6명의 동료근로자에게 진술서를 받았고, 관련 승선 근무자료, 유사한 판결사례 등을 갖추어 심사청구하였다. 이에 공무원재해보상연금위원회는 최초 불승인 처분을 취소하였다.

대상 공무원의 함정 내 기관실 근무경력과 경비정 등 소음 노출 기간과 소음 측정값, 의사 소견서와 진단서 등을 종합해 보면, ①함정 근무 중 기관실 근무경력은 13년 5개월이며, 동료 진술서에서 확인된 바와 같이 귀마개 등 방음 장비 없이 엔진소음과 함포사격의 충격 소음에 노출되었다. ②함정 소음 연구보고서에 의하면, 대상 공무원의 승선 함정과 동급 함정 기관실의 소음은 평균 110dB로서 난청 유발 기준인 85dB을 훨씬 초과하였다. ③2개 의료기관은 진단서 상 과거 소음 노출로 인한 '감각신경성 난청'으로 진단하고 있다.

공무원 재해보상법 제4조 제1항에 의하면, 공무상 질병은 공무수행과 관련하여 발생한 질병으로 공무와 상당인과관계가 있는 경우로 정하고 있다.

원처분과 심사청구 시 우리 위원회로 제출된 일건 기록을 청구인의 주장과 함께 살펴보면, 청구인은 대상 공무원의 함정 내 기관실에 근무하였고, 소음 노출 기간 및 소음 측정값, 의사 소견 등을 종합했을 때 대상 공무원의 직무로 인해 난청이 유발, 악화하였다고 주장한다. 이에 청구인 상병(傷病) 경위와 진단서, 진료기록 등을 종합적으로 검토하여 보면, 청구인의 소음 노출된 이력은 인정할 수 있다.

재해자의 소음성 난청 산재 인정 사건을 볼 때, 다음의 2가지 내용에 관심을 가질 수 있다.

첫째, 같이 일한 직장동료 6명의 현실감있는 사실확인서 제출이었다. 이 진술서는 해양경비정 내 기계실은 85dB 이상의 소음이 발생하는 근무지이고, 훈련 시 함포사격의 고소음이나 폭발음에 상시로 노출되어 귀마개 착용도 없이 근무하였다는 내용이었다.

둘째, 2004년까지 경비정 현장근무를 한 후 고소음 없는 근무지에서 근무한 후 16년이 지난 2020년이 되어서야 소음성 난청을 진단받았다는 점이다. 이와 관련된 소멸시효도 소음 작업장을 떠난 시점에서 3년이 아니라, 산업재해보상보험법 제5조에서 정한 치유시점에 따라 병원에서 영구장해로 확진 받을 때 시작된다.

2. 직업성 난청 산재 인정기준

소음성 난청이란 소리의 강도가 높은 소음에 의해서 발생하는 감음신경성 난청을 말한다. 소리를 감지하는 기관, 즉 달팽이관이 손상된 경우이다. 보통 75dB 이하의 소리는 난청을 유발하지 않지만, 85dB 이상 소음에 지속적으로 노출될 때는 귀에 손상을 줄 수 있다.

100dB에서 보호장치 없이 15분 이상 노출하거나 110dB에서 1분

이상 규칙적으로 노출하면 청력손실의 위험에 처한다.

산업재해보상보험법 제37조에서 "업무상의 재해"란 업무상 사유에 따른 근로자의 질병을 말하며, 이 경우 근로자 업무와 질병 사이에 상당인과관계가 있어야 한다. 그 인과관계는 이를 주장하는 측에서 증명하여야 한다.

다만, 인과관계는 반드시 의학적, 자연과학적으로 명백하게 증명되어야 하는 것은 아니며, 제반 사정을 고려할 때 공무와 질병 사이에 상당인과관계가 인정되는 경우에는 그 입증이 되었다고 보아야 한다. 그리고 공무상 질병에 해당하는지를 판단하면서 상당인과관계의 유무는 보통 평균이 아닌 당해 공무원의 건강과 신체 조건을 기준으로 하여 판단하여야 한다.

산업재해보상보험법 시행령 제34조 [별표3]의 제7항에 따르면, 소음성 난청은 85dB 이상의 연속음에 3년 이상 노출되어 한 귀의 청력손실이 40dB 이상이어야 한다. 그리고 다음 요건 모두를 충족하여야 한다. ①고막 또는 중이에 뚜렷한 손상이나 다른 원인에 의한 변화가 없을 것. ②순음 청력검사결과 기도 청력역치와 골도 청력역치 사이에 뚜렷한 차이가 없어야 하며, 청력장해가 저음역보다 고음역에서 클 것. ③다만, 내이염, 약물 중독, 열성 질병, 메니에르증후군, 매독, 머리 외상, 돌발성 난청, 유전성 난청, 가족성 난청, 노인성 난청 또는 재해성 폭발음 등 다른 원인으로 발생한 난청은 제외한다.

최근 법원판결에서 업무상 요인과 업무 외 요인이 함께 청력 손실에 영향을 미치면 소음 노출로 인하여 업무 외 요인에 따른 청력 손실(노인성 난청 등)을 가속했다면 업무상 질병으로 인정하는 경향이다.

따라서 난청의 원인이 업무와 업무 외 원인이 혼합되었더라도 소음 노출 정도가 업무상 질병 인정기준을 충족하고 명백한 업무 외 원인에 따른 난청을 입증하지 못하면 업무상 질병으로 인정할 수 있다. 또한, 한 귀의 청력손실이 40dB 이상이나 소음 노출 정도가 인정기준(85dB 이상 연속음에 3년 이상)을 충족하지 않더라도 소음성 난청과 업무와 상당 인과관계가 있다면 업무상 질병으로 인정한다.

다만, 조사결과 양 귀 청력역치가 40dB 미만이거나, 소음 노출 기간 소음 노출 정도가 80dB 미만이면 업무상 질병을 불인정한다.

최근 법원의 판단사례

① 소음 사업장 이탈 후 25년 경과 후, 퇴직 후 8년 뒤 청구한 소음성 난청 산재사건

원고는 해양경찰청 소속 공무원으로 재직하다가 2008년 8월 21일에 퇴직하였다. 원고가 1991년 1월경 해양 경비정 근무를 마친 이후 약 25년이 지나간 2016년 8월경(당시 66세)에 이르러서야 이 사건 상병(傷病)을 진단받았는데 자연적인 노화의 진행이 원고의 청력 손실에 영향을 미쳤음을 부인하기는 어렵다.

그러나 원고가 해양 경비정에서 근무하면서 상당 기간 지속적으로 상당한 수준의 소음에 노출되어 소음성 난청이 발생하였고, 그로 인하여 노인성 난청이 자연 경과적 진행속도 이상으로 악화하여 현재의 난청 상태에 이른 것으로 판단된다. 따라서 이 사건 상병은 원고의 공무

와 상당인과관계가 있다고 할 것이다.

②소음 사업장에서 퇴직한 후 23년이 지난 시점에서 청구한 소음성 난청 사건

원고는 1980년 10월 19일부터 1986년 2월 28일까지(약 5년 4개월) A광산에서 굴착기 조작공으로 일하였다. 원고는 퇴직 후, 23년이 지난 2009년(당시, 72세)에 처음으로 감각신경성 난청 진단을 받았다.

원심은 '광산에서 근무하는 동안 지속적으로 소음에 노출되어 양쪽 귀에 난청이 발병했다'라는 주장에 대해 ①원고가 소음 노출작업장을 떠난 후로 23년 이상이 지난 시점에서 감각신경성 난청 진단을 받은 점, ②소음에 노출된 적이 없으나 난청 증상을 보이는 70세 이상의 청력손실 정도와 비슷한 점 등을 들어 원고패소 판결을 내렸다.

그러나, 항소심 재판부는 "원고가 굴착작업에 종사한 탄광은 '연속으로 85dB 이상의 소음에 3년 이상 노출되는 작업장'에 해당한다. 원고의 감각신경성 난청은 상당 기간 탄광에서의 작업 소음으로 유발된 '소음성 난청'에 해당하고, 소음성 난청으로 노인성 난청이 자연 경과적 진행속도 이상으로 진행되어 현재의 난청 상태에 이른 것으로 봐야 한다."며 1심판결의 장해급여 부지급처분을 취소하였다.

음성 난청은 소음 사업장을 벗어나면 더는 악화하지 않는 특징이 있어 퇴직 이후 청력손실은 대체로 노인성 난청으로 판단하여 재해 인정이 어려웠다. 최근 법원의 판단기준이 과거의 지속적인 소음의 노출로 인한 청신경의 병변이 노인성 난청의 발병이나 진행을 자연 경과보다

빠르게 악화시킨 경우에도 산재로 인정하고 있다.

소음성 난청에 대해 산재 인정을 확대하고 있다. 바람직한 방향이지만, 사업주가 소음을 유발하는 85dB 이상 사업장에 대한 근로자 보호를 위한 사전 예방대책이 필요하다. 산업재해는 회사의 금전적 피해뿐만 아니라 차후 회사의 안전배려의무 위반으로 사업주가 처벌될 수 있음을 명심해야 한다.

07

출퇴근 재해 산재 인정 기준

2018년 1월부터 통상적인 출퇴근 중에 발생한 사고도 업무상 재해로 인정하고 있다.

그동안 출퇴근 중 발생한 사고는 업무상 재해에 해당하지 않는 것이 원칙이었다. 근로복지공단에서는 예외적으로 사업주가 제공하거나 그에 따르는 교통수단을 이용하여 출퇴근 중에 발생한 사고만을 산재를 인정해주고 있었다.

이에 대해 헌법재판소는 같이 출퇴근하는 도중에 발생한 사고인데, 사업주가 제공한 교통수단을 쓰다가 발생한 산재는 인정하고, 도보나 자기 소유 교통수단 또는 대중교통수단 등을 이용하여 출퇴근하다가 발생한 사고는 산재로 인정하지 않는 부분에 대해 헌법상 평등원칙에 어긋난다고 결정하였다.

출퇴근 재해를 산재로 인정한다고 하더라도 일정한 요건을 갖추어야 한다. 출퇴근 중 개인 용무를 보다가 재해를 당한 경우, 출퇴근 시간을 한참 지난 이후에 발생한 재해는 인정하지 않는다. 관련된 내용을 구체적으로 살펴볼 필요가 있다.

"출퇴근 재해"는 근무와 관련하여 이동 중 경로상에서 발생한 재해이다. 출퇴근을 위해 이동하는 과정에서 발생한 재해는 해당하지만 경로상에 있는 특정 장소에서 머무르는 동안 발생한 재해는 해당하지 않는다.

출퇴근 재해는 출퇴근하던 중에 통상적으로 수반되는 위험이 구체화한 경우이므로 다음의 요건을 모두 충족하는 것을 말한다. ①자택 등 주거와 회사, 공장 등의 취업 장소를 시점 또는 종점으로 하는 이동 행위일 것. ②출퇴근 행위가 업무에 종사하기 위해 또는 업무를 마친 후에 이루어질 것. 즉, 취업과 관련성이 있을 것. ③출퇴근 행위가 사회통념상 통상적인 경로 및 방법에 따라 이루어질 것. 즉, 일탈 또는 중단이 없어야 한다.

통상의 출퇴근 시간을 현저히 벗어나 재해가 발생한 경우에는 출근 시간 이전 또는 퇴근 시간 이후의 구체적 행적, 주거와 사업장 간의 거리 등 사실관계를 확인하여 취업 관련성 여부를 판단한다. 업무종료

후 업무 외 사유로 사업장 내에서 상당한 시간(대략 2시간 이내로 판단)을 초과하여 머문 후 퇴근하는 경우에는 취업 관련성이 없는 것으로 해석한다.

출퇴근 경로의 '일탈'은 출퇴근 도상에서 통상적인 경로를 벗어나는 행위를 말하며, '중단'은 출퇴근 경로상에서 출퇴근과 관계없는 행위를 하는 것을 말한다. 출퇴근 경로를 일탈하거나 중단하는 경우에는 출퇴근 목적과 관계없는 사적 행위가 원인이므로 일탈 또는 중단 중의 사고 및 그 이후, 이동 중의 사고에 대하여 원칙적으로 출퇴근 재해로 인정하지 않는다.

다만, 출퇴근 중 통상적인 경로에서 발생하는 통상 30분 내외의 가벼운 행위(신문구매, 차량 주유, 커피 등 음료의 Take-out, 생리현상, 소나기를 잠시 피하는 행위 등)는 일탈 및 중단 행위로 보지 않는다. 그러나 범죄행위(음주, 무면허, 중앙선 침범 운전 등)로 인한 출퇴근 사고의 경우는 원칙적으로 출퇴근 재해로 인정하지 않는다.

출퇴근 재해가 자동차 사고와 관련된 경우 근로자는 보상의 정도에 따라 산재보험과 자동차보험 중에서 어떤 보험의 적용을 받을지 선택할 수 있다. 이러한 선택은 일반적 기준으로서 ①연금대상이 되는 장애등급 7급 이상이면 산재가 유리하다. ②본인 과실률이 낮거나 나이가 낮은 경우 자동차보험이 유리하다. 산재보험은 과실과 상관없이 정액으로 보상되기 때문이다.

출퇴근 재해로 인한 산재보험 처리의 경우 출퇴근 재해는 사업장 밖에서 발생하는 것이기 때문에 사업주의 지배관리하에서 발생하는 사고가 아니므로 보험수지율 적용에 있어서 개별실적요율에 적용되지 않으므로 산재보험료는 할증되지 않는다.

08

산재보험료 부과처분 취소 사건

산재보험료율은 회사의 보험료 부담과 직결된다. 산재보험료율은 재해 발생의 위험에 따라 분류된 사업집단별(업종별)로 보험료율을 세분화하여 적용된다. 여기서 소개하는 "산재보험료 부과처분 취소사건"은 근로복지공단이 한 회사의 사업업종을 잘못 판단하여 추가 징수한 1억 원의 처분을 취소하는 내용이다.

이 사건의 대상이 된 A엔지니어링주식회사(이하, 청구인)는 2005년 3월에 설립되어 상시 근로자 10여 명을 고용, 철근콘크리트 단순건설업으로 출발하여 점차 대형장비를 설치하는 전문건설업으로 성장하고 있었다.

2010년 3월 21일, 청구인의 한 일용직 직원이 작업 중 사고가 발생하여 근로복지공단 (이하 공단)에 산업재해 보상을 신청하였다. 공단은 해당 직원의 산재처리를 하던 중, 청구인의 업종을 조사했다. 그 결과 청구인의 사업 종류가 건설업이 아니라 제조업이었다는 사실을 확인하게 되었다.

공단은 사업자등록증에 건설업과 제조업이 같이 기재되어 있고, 2007년부터 재무제표에 제조원가가 건설원가보다 더 많이 표시되어 있었다. 또한, 제품매출이 공사매출보다 훨씬 많았다는 것을 확인했다. 이에 공단은 청구인의 업종을 건설업이 아닌 '건설용 금속제품 제조업'으로 업종을 변경하였다.

이로 인하여 2010년 12월에 공단은 사업 종류 변경에 따른 보험료 차액금과 가산금을 청구인에게 추가하여 부과하였다. 즉, 청구인이 전문건설업의 사업 종류에 기재되어 있어, 공사사업장 일용 근로자들은 모두 원청에서 산재보험에 가입되어 있으므로 본사에 상주하는 본사 직원에 대해서만 산재보험에 가입하여 '각급 사무소(905009) 보험료율: 10/1,000'으로 냈다.

그러나 공단은 청구인의 사업을 제조업으로 판단하여 '건설용 금속제품 제조업(21809) 보험료율: 49/1,000'으로 변경하면서, 미납보험료 1억 원의 보험료 부과처분을 하였다. 이에 청구인은 2011년 2월에 공단의 처분을 취소하기 위한 행정심판을 제기하였다.

이 사건의 처리 과정에서 청구인의 사업은 실제로 건설업으로서, 재무제표에 제조원가가 건설원가보다 그리고 제품매출이 공사매출보다 많은 것으로 기재된 것은 차후 은행 대출을 받기 위해 임의로 조작하여 작성한 것으로 밝혀졌고, 해당 기간에 대해 발생한 모든 세금계산서 매출에 대해 각각 입증자료를 제시하여 청구인의 사업이 제조업이 아닌 건설업이라는 것을 인정받을 수 있었다. 이하, 이 사건과 관련하여 부과처분의 내용과 이에 대한 입증과정에 대해 구체적으로 설명하고자 한다.

1. 근로복지공단의 부과처분 이유

청구인은 2005년 7월 1일부터 산업재해보상보험에 가입하여 사업의 종류를 기타 각종 사업 중 "각급 사무소"로 적용받아 왔으나, 2010년 3월 21일 동 사업장에서 업무상 재해가 발생하여 산재보험의 사업 종류를 검토하였다.

조사결과 동 사업장은 제조할 수 있는 공장은 없으나, 원재료를 사 현장에서 구조물을 조립하거나 제작하여 현장에서 설치하는 것으로 확인됨으로 제조업이 타당하다고 판단하였다.

이에 따라 2010년 11월 9일 청구인의 사업장에 대하여 사업 종류를 "건설용 금속제품 제조업"으로 변경하였음을 통보하고, 2007년부터 2009년도에 대한 산재보험 확정 보험료 및 2010년도 추가 개산보험료 등 총 101,536,050원을 추가하여 부과하였다.

청구인은 건설업 면허를 등록하였으나, 사업장은 별도의 공장등록 없이 구매자와의 계약 때문에 철 구조물을 반제품상태로 제작하여 현장에 설치작업하고 있으며, 2007~2009년 발주자인 M사, W사의 구매 계약서를 확인한바, 청구인은 철 구조물을 제작하기 위해 일용직을 고용하여 반제품 제작 후 현장에서 조립 및 설치작업을 행하고 있음이 확인됨에 따라 동 사업장에서 발생한 인건비는 당해 제품의 제조업으로 적용함이 타당하다.

따라서 청구인의 사업장은 건설업 면허를 소지하여 공사를 행하고 있고, 공사와는 별도로 구매자와의 계약에 따라 현장에 구조물을 설치하기 위해 재료를 사 청구인의 사업장에서 반제품상태로 제품을 만들어 현장에서 구조물 용접과 조립을 행하고 있었다. 비록 청구인의 사업장이 구조물을 제작하는 생산시설을 갖추고 있지 않으나 정기적·계속 주문자와 계약에 따라 구조물용 금속제품을 제작 설치하고 있어 현재 적용한 사업 종류가 타당하다.

2. 청구인(건설회사)의 취소 청구 이유

청구인은 소규모 건설회사로 2005년 3월에 자본금 2억 2천만 원으로 설립하여 꾸준히 사세를 확장하고 있다. 이러한 소규모 건설회사가 1억 원 이상의 산재보험료를 추가징수 처분을 받는 것은 회사의 존립과 직결되는 막중한 사안이다.

청구인은 회사 설립 이후, 10여 명으로 회사를 운영하고 있으며 건설하도급 여부에 따라 적게는 일용직 3명을 많게는 100여 명 이상을 채용하여 운영하고 있는 전형적인 건설회사이다.

근로복지공단은 청구인의 사업자등록상 "건설업, 제조업"이라는 기재된 명칭과 손익계산서상 공사매출보다는 제품매출이 더 많은 것으로 되어 있는 문서상의 기재 내용만을 가지고 판단하였다. 그러나 실제로는 회사에서 생산하는 생산제품이 없고, 생산공장도 없으며, 정기적으로 생산할 수 있는 인력도 없다고 하겠다. 따라서 본 회사를 제조업이라 할 수 없다.

[산업재해보상법 규칙 제4조(생산제품의 설치공사에 대한 적용 특례)]에 의하면 "사업주가 상시로 고유제품을 생산하여 그 제품 구매자와 계약에 따라 직접 설치하는 경우 그 설치공사 제품이 제조업에 포함되는 것으로 본다. 다만, 도급 단위별로 고유생산제품의 설치공사 외 다른 공사가 포함된 경우에는 그 제품의 제조업에 포함되는 것으로 보지 않는다."라는 규정이 적용되는 사업이라고 볼 수 있다.

청구인은 해당 기간 중 가장 큰 공사는 3개의 회사로부터 당해 회사의 물건을 원청회사에 설치해주는 작업이었다.

청구인은 하도급업체로 원청의 요구에 따라 ①S사의 경우 S사의 제품인 건조기 오븐(oven)을 현대자동차 울산공장에 기존의 설비를 철거하고 설치해준 것이었고, ②M사의 경우, 현대제철 당진공장의 가스관 보온설비공사를 한 것으로 이는 제조와 무관한 것이고, ③W사의 경우, 제강설치전문업체로서 파이프 설치작업을 한 것으로 이는 제조하고는 전혀 무관한 건설업에 해당한다.

3. 행정심판위원회의 판정

①공단은 청구인의 사업장에서 건설용 금속제품을 제조하여 현장

에 설치하고 있고, 청구인의 사업자등록상 청구인의 업태가 '건설업, 제조업'이며, 청구인의 손익계산서 등에 제품매출 명세가 확인된다는 등의 이유를 들어 청구인의 사업 종류는 '건설용금속제품 제조업'에 해당한다고 주장하고 있다.

이에 반해 청구인은 대출을 받기 위해 결산서 상 공사원가를 제품원가로 기재했을 뿐, 청구인의 사업장은 건설용 금속제품을 제조할 수 있는 인력, 장비, 시설을 보유하고 있지 않으며 청구인의 사업장에서 건설용금속제품을 제조한 사실이 없다는 등의 주장을 하고 있다. 이러한 주장들과 관련하여 청구인의 사업장 사업 종류는 사업자등록증, 등기사항전부증명서, 결산서 등에 기재된 명세가 아닌 청구인이 최종적으로 제공하는 재화 또는 서비스, 청구인 사업장의 작업공정 등을 기준으로 실질적으로 판단해야 할 것이다.

②사업종류예시표 상 '제조업'은 유기 또는 무기물질에 물리적, 화학적 변화를 가하여 신제품을 제조하는 사업으로 제조업에서는 일정한 장소와 시설을 보유하고 물품의 제조, 가공 및 조립 등의 작업이 수반된 산업활동을 행하는 사업이라고 되어 있는바, 공단의 직원이 작성한 조사 결과보고서와 행정심판 답변서를 통해 공단은 청구인이 제조업 공장등록을 하지 않고 구조물을 제작하는 생산시설을 갖추고 있지 않다고 인정하고 있다.

③2007년 재무제표의 손익계산서에 제품매출이 7,000만 원, 공사수입금이 13억 원으로 기재되어 있는데, 청구인의 매출처 별 세금계산서 합계금액이 13억 7,000만 원으로 손익계산서상 금액과 같으며, 실제

로 매출이 없었음에도 제품매출로 기재하였다.

2008년 손익계산서에 제품매출이 6억 원, 공사수입금 4억 원으로 기재되어 있는데, 2008년도에 발행한 세금계산서 내용에 실제 공사매출이 10억 원으로 확인되었다.

2009년도 손익계산서에 제품매출 수익이 26억 원, 공사수입금이 2억 원으로 기재되어 있는데, 2009년도 실제로 발행한 세금계산서에 실제 공사매출이 28억 원으로 확인되었다. 따라서 2007년, 2008년, 2009년 손익계산서상 제품매출로 기재된 금액은 청구인의 주장처럼 차후 대출을 위해 은행 등에 제출하는 용도로 사용하기 위해 실제 매출과 관계없이 제품매출로 기재한 것이다. 청구인의 사업자등록증상 업태가 '제조업'으로 기재되어 있고, 결산서 상 제품매출 명세가 확인되며, 청구인이 공단에 제출한 2010년 6월 14일 사업장 실태확인서에 청구인 회사는 2007년 11월 1일부터 제조업을 개시했다는 취지로 기재되어 있는 것 외에 청구인이 실제로 건설용 금속제품을 제작하여 판매했다고 볼 만한 명세가 확인되지 않는다.

PART 9

집단적 노사관계

01

부당노동행위,
판단기준은 무엇인가?

노동삼권은 헌법에서 보장된 국민의 기본권이다. 헌법에 따라 만들어진 노동조합법은 노동삼권과 부당노동행위에 관한 규정을 두고 있다. 사용자의 부당노동행위에 대해서는 노동위원회를 통해 부당노동행위 구제신청의 절차를 규정하고 있으며, 노동관청을 통한 부당노동행위에 대해 처벌을 할 수 있도록 하고 있다.

부당노동행위는 노동삼권을 침해하는 행위이다. 그 내용은 사용자와 사용자의 지위에 있는 자가 부당노동행위를 통하여 노동조합이나 조합원들에게 불이익을 주는 행위이다. 부당노동행위를 구성하는 3가지 요소는 다음과 같다. ①사용자 행위여야 하고, ②사용자 행위가 노동삼권의 침해행위에 해당하여야 하며, ③사용자 부당노동행위 의사가 있어야 한다.

1. 사용자 행위

부당노동행위는 사용자 행위 때문에 이루어진다. 노동조합법에서 사용자는 노동조합 가입대상에 제외되는 사업주, 사업 경영담당자, 그 사업의 근로자에 관한 사항에 대하여 사업주를 위하여 행동하는 자, 그리고 사용자 이익을 대표하여 행동하는 자를 말한다(노조법 제2조 제2호, 제4호).

여기서 '그 사업의 근로자에 관한 사항에 대하여 사업주를 위하여 행동하는 자'라 함은 근로자의 인사, 급여, 후생, 노무관리 등 근로 조건을 결정 또는 업무상의 명령이나 지휘 감독을 하는 등의 사항에 대하여 사업주로부터 일정한 권한과 책임을 부여받은 자를 말한다. 그리고 '항상 사용자 이익을 대표하여 행동하는 자'라 함은 ①근로자에 대한 인사, 급여, 징계, 감사, 노무관리 등 근로관계 결정에 직접 참여하거나 ②사용자 근로관계에 대한 계획과 방침에 관한 기밀 사항 업무를 취급할 권한이 있는 자를 말한다.

사용자 범위에 속하지 않는 근로자라 하더라도 사용자 지시에 따르거나 사용자의 묵시적 승인 아래 노동조합의 조직이나 운영을 방해하는 행위를 한 경우, 사용자 행위로 보아야 한다. 그러나 일반 근로자가 개인적으로 노동삼권을 침해하는 부당노동행위를 한 경우에는 이를 부당노동행위로 볼 수 없다.

2. 노동삼권 침해행위

①불이익 처분

근로자가 노동조합에 가입 또는 가입하려고 하였거나 노동조합을 조직하려고 하였거나 기타 노동조합 업무를 위한 정당한 행위를 한 것을 이유로 그 근로자를 해고하거나 그 근로자에게 불이익을 주는 행위이다(단결권 침해).

해고와 관련된 판례에서 "사용자가 근로자를 해고하면서 표면상의 해고 사유와는 달리 실질적으로 근로자가 노동조합 업무를 위한 정당한 행위를 한 것을 이유로 해고한 것으로 인정된 경우에는 부당노동행위로 보아야 한다. 근로자의 노동조합 업무를 위한 정당한 행위를 실질적인 해고 사유로 한 것인지 아닌지는 사용자 측이 내세우는 해고 사유와 근로자가 한 노동조합 사무를 위한 정당한 행위의 내용, 해고를 한 시기, 사용자와 노동조합과의 관계, 징계 재량의 남용 여부, 사용자의 부당노동행위 의사의 존재를 추정할 수 있는 제반 사정을 검토하여 종합적으로 판단하여야 한다."라고 판시하고 있다.

근로자가 정당한 단체행위에 참가한 것을 이유로 하거나 노동위원회에 대하여 사용자의 부당노동행위를 신고하거나 그에 관한 증언을 하거나 기타 행정관청에 증거를 제출한 것을 이유로 근로자를 해고하거나 근로자에게 불이익을 주는 행위이다(단체행동권 침해).

②반조합계약 작성

반조합계약은 단결권을 침해한다. 근로자가 어느 노동조합에 가입하지 아니할 것 또는 탈퇴할 것을 고용조건으로 하거나 특정한 노동조합의 조합원이 될 것을 고용조건으로 하는 행위이다. 단결권 행사방해는 근로자가 "어느 노동조합에 가입하지 아니할 것" 또는 "탈퇴할 것"을 고용조건으로 하는 경우이다.

여기서 어느 노동조합이라고 하면 복수노동조합 시대에 회사가 어용노조에 가입할 것을 고용조건으로 하는 경우라고 할 수 있다. 또한, 어느 노동조합에서 탈퇴할 것을 고용조건으로 한다는 것은 기존의 고용 관계에서 다수 노조의 힘을 무력화하려는 의도를 포함한 것이라 볼 수 있다.

단결 강제는 근로자가 특정한 노동조합에 가입할 것을 고용조건으로 하는 행위이다. 이는 사용자가 세력권 내에서 통제 가능한 노동조합을 다수 노조로 하여, 다수 노동조합을 어용노조로 만들려는 의도로 판단할 수 있다.

그러나, 유니언숍과 관련하여 노동조합이 당해 사업장에 종사하는 근로자의 3분의 2 이상을 조합원으로 하고 있을 때는 근로자가 그 노동조합의 조합원이 될 것을 고용조건으로 하는 단체협약을 체결하는 경우는 예외로 한다.

이 조항은 단결강제의 예외적인 사항으로 해당 사업장에 종사하는 근로자 3분의 2 이상을 노동조합이 대표하고 있어야 체결할 수 있다. 해당 사업장에 종사하는 근로자의 3분의 2 이상이 되지 않으면서 유니

언숍 조항을 체결한 것은 반조합계약으로 부당노동행위이다.

③단체교섭 거부

노동조합의 대표자 또는 노동조합으로부터 위임을 받은 자와 단체협약체결 및 기타 단체교섭을 정당한 이유 없이 거부하거나 게을리하는 행위이다(단체교섭권 침해).

노동조합의 궁극적인 설립목적은 단체협약을 통해서 근로 조건을 개선하는 것이다. 이러한 단체협약을 체결하기 위하여 노동조합은 사용자와 단체교섭을 통해서 근로 조건을 서면으로 확정해야 한다. 따라서 사용자가 노동조합의 대표자나 노동조합으로부터 위임을 받은 자와 단체협약체결 및 기타 단체교섭을 정당한 이유 없이 거부하거나 게을리하는 행위는 부당노동행위에 해당한다.

④노동조합을 지배하거나 개입하여 운영비 원조

근로자가 노동조합을 조직 또는 운영하는 것을 지배하거나 이에 개입하는 행위와 근로시간 면제 한도를 초과하여 급여를 지급하거나 노동조합의 운영비를 원조하는 행위이다(단결권 침해).

근로자가 노동조합을 조직 또는 운영하며 지배하거나 이에 개입하는 행위는 부당노동행위에 해당한다. 조합활동에 대한 사용자의 지배-개입은 실질적으로 사업주가 반조합적 발언이나 구체적인 행동을 통하여 노동조합의 조직이나 운영에 개입하여 지배하거나 노동조합의 자주적인 의사결정에 관여하는 것을 말한다.

사용자가 노동조합 운영비를 원조하는 행위는 부당노동행위이다. 다만, 근로자가 근로자의 후생자금 또는 경제상의 불행 그 밖에 재해

방지와 구제 등을 위한 기금 기부와 최소한의 규모 노동조합사무소 제공 및 그 밖에 노동조합의 자주적인 운영 또는 활동을 침해할 위험이 없는 범위에서 운영비 원조행위는 예외로 한다.

사용자가 근로자와 노동조합에 영향을 줄 수 있는 행위는 '연설, 사내 방송 등을 통해 의견을 표명하는 경우'와 '가정통신문-서신을 통해 의견을 표명하는 행위' 등이 있다. 이러한 사용자의 언론 표명이 노동조합활동을 억압하거나 강제하는 의사가 있다고 판단하는 경우, 조합활동에서 '지배-개입 의사'가 존재한다고 추정할 수 있다.

3. 부당노동행위 의사

부당노동행위를 판단하기 위해서는 사용자의 부당노동행위에 대한 분명한 의사를 가지고 행하여야 한다. 근로자의 정당한 조합활동을 이유로 의도적인 불이익 처분이 있어야 한다. 관련 판례에 따르면, "사용자 행위가 노동조합 및 노동관계 조정법에서 정한 부당노동행위 여부는 사용자의 부당노동행위 의사의 존재 여부를 추정할 수 있는 모든 사정을 전체적으로 심리 검토하여 종합적으로 판단하여야 한다."라고 판시했다(대법원 2005두4120).

02

사용자 언론 자유와 부당노동행위 관계

표현의 자유는 헌법상 보장된 민주주의의 기본적 권리이지만, 이를 남용했을 때는 제재를 받는다. 사용자는 소유권에 바탕을 둔 경영권을 가지고 자유롭게 사업을 영유할 수 있지만, 노동조합의 활동을 지배하거나 개입하려고 할 때는 부당노동행위로 처벌 또는 법적 구제의 대상이 된다.

근로자도 노동삼권을 행사하면서 사용자의 명예를 훼손하는 경우에는 형사, 민사, 징계의 책임을 진다. 이와 관련하여 헌법 제21조는 "모든 국민은 언론의 자유를 가진다. 그러나 언론은 타인의 명예나 권리 또는 공중도덕이나 사회윤리를 침해하여서는 안 된다. 언론이 타인의 명예나 권리를 침해한 때 피해자는 이에 대한 피해 배상을 청구할 수 있다."라고 규정하고 있다.

기업 실무에서는 헌법상 보장된 사용자의 표현 자유와 노동조합법상 보장된 근로자의 노동삼권을 침해하는 지배, 개입 금지규정과 충돌하는 경우가 많다. 이 경우 판단기준은 무엇인지, 실제 사례에서 어떻게 적용하는지 살펴보고자 한다.

1. 사용자 언론 자유

사용자도 표현의 자유를 보장하고 있지만, 근로자가 노동조합을 조직 또는 운영하는 것을 지배하거나 이에 개입하여서는 아니 된다. 여기서 사용자의 의견표명이 노동조합의 운영을 지배, 개입하려는 의도에서 나온 것인지가 문제가 된다.

이에 대해, 법원은 "사용자는 자신의 의견을 표명할 수 있는 자유를 가지고 있다. 사용자는 노동조합 활동에 대하여 단순히 비판적 견해를 밝히거나 근로자를 상대로 설명회 등을 개최하여 회사의 경영상황 및 정책방향지시 등 입장을 설명하고 이해를 구하는 행위를 할 수 있다.

이러한 행동을 하였다고 하여 사용자에게 노동조합 조직이나 운영 및 활동을 지배하거나 이에 개입하는 의사가 있다고 판단해서는 안 된다. 문제가 되는 것은 징계 등 불이익의 위협 또는 이익제공 약속 등이 포함되어 있는가이다. 그리고 다른 지배, 개입의 정황 등 노동조합의 자주성을 해칠 수 있는 요소가 연관되어 있는지다."라고 판시하고 있

다.(대법원 2013.1.10. 선고 2011도15497 판결)

사례 1 2011년 한국철도공사 측이 철도파업 직전에 근로자를 상대로 파업과 관련한 순회설명회를 개최하였다. 철도파업이 예정된 상황에서 한국철도공사의 전반적 현황과 파업이 회사에 미치는 영향을 설명하면서 파업 참여에 신중할 것을 호소·설득하는 등 사용자 관점에서 노동조합이 예정한 파업방침에 대해 비판적 견해를 밝히었다. 이는 사용자 측에 허용된 표현의 자유의 범위를 벗어나지 않았다.

사례 2 2006년 담임목사는 기독교 언론과 인터뷰를 하는 과정에서 종교인으로서 신앙적 관점에서 교회 등과 기독교 신자인 직원들 사이의 종교적 상호 관계를 강조하면서 교회 직원 등 노조 활동이 종교적 측면에서 볼 때 바람직하지 않다는 자신의 소신을 밝혔다. 이는 담임목사가 노동조합을 지배·개입할 의사로 그와 같이 발언했다고 보기는 어렵다.

사례 3 해고된 노조위원장의 생활비 등에 충당하기 위하여 노조 대의원대회에서 노조원의 조합비 임금공제액을 임금의 1%에서 1.5 %로 인상할 것을 결의하고 회사 측에 이의 공제를 요구하였다. 그러나 회사는 개별 노조원들의 동의서 제출을 요구하며 공제를 유보하자, 노조가 유인물을 통하여 회사를 비방하였다. 이에 회사 측이 노조의 주장을 해명하는 글을 써서 각 매장에 게시한 행위는 노조 활동을 지배·개입한 것이라고 볼 수 없다.

2. 사용자의 부당노동행위

사용자의 표현이 노동조합 운영을 지배, 개입하는지는 다음의 3가지 요소로 판단한다.

① 주체

사용자의 행위여야 한다. "사용자"라 함은 사업주, 사업의 경영담당자 또는 그 사업의 근로자에 관한 사항에 대하여 사업주를 위하여 행동하는 자이다.

② 노동삼권 침해 여부

사용자의 노동조합을 지배하거나 그 활동에 개입하는 행위가 있어야 한다. 다만, 노동삼권의 침해 결과를 요구하지는 않는다.

③ 지배, 개입 의사

객관적이고 종합적으로 볼 때 노동조합의 조직이나 활동을 지배하거나 이에 개입하려는 의사를 추정할 수 있으면 부당노동행위로 판단할 수 있다.

부당노동행위의 판단기준은 사용자의 반조합적 언동이 노동조합에 대한 의견이나 단순한 비판의 발언에 그칠 때, 사용자 표현의 자유로서 노동조합의 활동에 지배하거나 개입하는 것이 아니다.

그러나 사용자의 발언이 단순한 발언의 한계를 벗어나 근로자의 노동조합활동의 자유를 방해, 간섭하려는 의도에서 비롯된 것이라면 부당노동행위가 성립한다. 이에 대해 법원은 "사용자가 연설, 사내방송, 게시문, 서한 등을 통하여 의견을 표명하는 경우 그 표명된 의견 내용과 함께 그것이 행하여진 상황, 시점, 장소, 방법 및 그것이 노동조합의 운영이나 활동에 미치거나 미칠 수 있는 영향 등을 종합하여 노동조합의 조직이나 운영 및 활동을 지배하거나 이에 개입하는 의사가 인정된다면 노동조합 및 노동관계조정법 제81조 제4호에 규정한 '근로자가 노동조합을 조직 또는 운영하는 것을 지배하거나 이에 개입하는 행위'로서 부당노동행위가 성립하고, 또 그 지배 · 개입으로서의 부당노동행위의 성립에 반드시 근로자의 단결권 침해라는 결과의 발생까지 필요로 하는 것은 아니다."라고 판시하였다(대법원 2013.1.10. 선고 2011도15497 판결).

사례 1 대학교의 총장이 노동조합 설립을 주도하는 직원에게 전화해서 "노조는 만들지 마세요. 노조라는 게 우리 전체 직원에 의해서 직원들의 의견을 결집할 수 있어요? 노조라는 건 제3의 세력이 충돌을 일으켜요.", "노조는 만들지 말고, 직원 전체회의 기구를 만들 테니까 거기에서 소통하세요."라고 말하고, 같은 달 대회의실에서 전체 직원들을 상대로 "노조는 정당성을 만들기 위해 표현을 통해 온갖 혐의를 씌워 극한투쟁과 대립하는 싸움의 명분을 만든다. 노조를 절대 만들지 말아 달라"라는 취지로 말하였다. 이는 노동조합을 조직 또는 운영하는 것에 개입하는 행위이다.

사례 2 병원장은 2010년 10월 1일 자 이메일에서 "시설도, 장비도, 서비스도 딱히 내세울 것 없는 병원이 파업한다면 수많은 환자가 순식간에 우리에게서 등을 돌리고 말 것입니다. 그리고 그것은 회복되지 않을 수도 있습니다. 여러분들의 월급은 어디서 나오던가요? 환자가 없으면 나와 여러분의 월급도 나올 곳이 없습니다." 병원장은 2010년 10월 4일 자 이메일에서 쟁의행위 찬반투표를 자신에 대한 신임투표로 간주하고,

조합원이 파업을 선택하면 깨끗하게 병원장 자리에서 물러나겠다고 하였다. 이러한 의견표명은 쟁의행위 찬반투표에 관하여 단순히 개인적인 의견을 개진하는 수준을 넘어 조합원 개개인의 판단과 행동까지 영향을 미치게 할 의도에서 비롯된 것이라고 이해할 수 있다.

사례 3 사용자가 노조 결성 사실을 인지한 직후, 전 직원을 대상으로 지속적으로 반노동조합적 발언을 하였다. 사용자의 이러한 발언이 수 차례에 걸쳐 반복되었으며 그 내용이 향후 인사 등에 있어 불이익 내용이 포함되어 있으므로 사용자가 우월적 지위를 바탕으로 노조 활동을 지배·개입할 의도를 가지고 행하여진 발언으로 볼 수 있다. 사용자의 발언 이후, 노동조합 소속 조합원 12명이 노조 탈퇴서를 제출하는 등 조합원 수가 많이 감소하였다. 이러한 점을 고려할 때 이는 지배·개입의 부당노동행위에 해당한다.

표현의 자유는 타인의 권리를 침해하지 않는 범위에는 헌법상 보장한다. 즉, 이를 남용하는 경우에는 처벌, 민사상 손해배상, 징계처분의 대상이 될 수 있다. 노동삼권도 정당한 조합활동에 대해서만 민, 형사상 책임으로부터 면책된다.

그러나 노동조합과 조합원이 허위 사실에 기초하여 사용자의 명예를 훼손한 경우에는 그 법적인 책임을 져야 한다. 사용자의 노동삼권을 침해하는 행위도 부당노동행위로 처벌을 받거나 구제의 대상이 된다. 따라서 헌법상 보장된 권리라고 하더라도 이를 남용하는 경우에 책임 또한 따른다는 사실을 반드시 유념해야 할 것이다.

03

노동조합 파업시, 대체근로 금지제도

헌법 제33조는 근로자에게 근로 조건의 향상을 위한 근로 3권을 보장하고 있으며 이를 실질적으로 보장하기 위해 노동조합법을 제정했다. 노동조합과 근로자는 정당한 쟁의행위에 대해 민·형사상 면책조항 적용을 받고 인사상 불이익 취급도 받지 않는다.

노동조합은 근로 조건의 향상을 단체협약 체결을 통해서 확보하는데, 이 과정에서 사용자와 단체교섭으로 임금, 근로시간, 복지 등 더 나은 근로 조건을 요구한다. 이에 사용자는 인건비가 회사제품의 원가인상과 직결되기 때문에 노동조합의 요구를 거부한다.

노동조합의 요구를 관철하기 위해 집단으로 노무 제공을 거부하여 업무의 정상적인 운영을 저해하는 파업을 한다. 이에 맞서 사용자는 무노동 무임금으로 대응하여 파업에 참여한 근로자를 지치게 한다. 노사 간의 힘의 대결을 통해 절충한 합의문을 작성하고, 이것이 단체협약이다.

여기서 만약 사용자가 노동조합의 쟁의행위로 중단된 업무의 수행을 위하여 당해 사업과 관계없는 자를 채용 또는 대체하거나, 도급 또는 하도급을 줄 수 있다면 노동조합의 파업 효과는 현저히 줄어들어 더 파업을 계속할 수 없어 사용자에게 굴복한다.

이러한 단체행동권의 침해를 방지하기 위해 쟁의행위기간 중 쟁의행위로 중단한 업무수행을 위해 신규로 근로자를 채용하거나 외주를 줄 수 없다고 노동조합법은 명시하고 있다. 따라서 쟁의행위 중 대체근로 금지는 노사 간 힘의 균형을 유지하여 단체협약을 자율적으로 체결하도록 도와주기 위한 보호 법규이다.

쟁의행위 기간 중의 대체근로 제한규정의 취지는 헌법상 근로자의 쟁의권을 실질적으로 보장하기 위한 것이다. 사용자의 대체근로 제한은 노동조합의 단체행동권의 실효성을 담보하기 위해 취한 제도적 장치이자 무기 대등의 원칙을 실현하기 위하여 마련된 불가피한 조치라는 것이다.

노동조합 쟁의행위에 대해 사용자의 대항행위가 제한 없이 허용되는 경우에 노동조합 쟁의행위가 아무런 실효성을 거두지 못할 것이고, 이것은 노동조합의 단체행동권 행사의 본질적인 내용을 침해할 수 있으므로 쟁의행위 중, 당해 사업과 관계없는 자를 대체할 수 없도록 정한 것이다.

판례는 '사업'이라 함은 개인사업체 또는 독립된 법인격을 갖춘 회사 등과 같이 경영상의 일체를 이루면서 계속적, 유기적으로 운영하고 전체로서의 독립성을 갖춘 하나의 기업조직을 뜻한다고 일반적으로 해석하고 있다.

이에 대하여 대기업은 계열사 간에는 서로 다른 사업으로 인정한다. 그러나 특정 기업이 본사를 서울에 두고 공장이나 지점을 여러 곳에 둔 경우에 하나의 사업으로 본다.

"당해 사업과 관계없는 자"에 대하여 해당 사업과 관계있는 자에 대해서는 쟁의행위기간 중 업무의 대체가 가능하다는 뜻이다. 즉, 파업에 참여하지 않은 조합원, 비조합원, 당해 사업과 관계가 있는 다른 사업장에 근무하는 근로자는 업무 대체가 가능하다.

노동조합법 제43조 제1항은 "사용자는 쟁의행위기간 중 그 쟁의행위로 중단된 업무수행을 위하여 당해 사업과 관계없는 자를 채용할 수 없다."라고 규정하고 있다. 이 경우 판례에서 문제가 되는 경우로서 다음의 2가지가 있다.

①쟁의행위기간 중 쟁의행위 참가자들의 업무를 수행시킬 의도로 쟁의행위기간 전에 근로자들을 신규 채용한 경우이다. 이 경우 사용자의 의도가 쟁의행위기간에 쟁의행위로 중단된 업무에 대해 대체할 대체 인력이므로 이는 노동조합법 제43조를 위반한 것으로 판단하였다.

②자연감소 인원을 보충하기 위해 신규 채용한 경우이다. 자연감소 인원을 충원하였고, 이러한 인원이 차후 노동쟁의로 중단된 업무에 대체 인력으로 투입되었다고 하더라도 이는 사용자의 대체 인력을 목적으로 한 것이 아니므로 정당한 인사권 행사로 판단하였다.

대체근로 제한규정은 정당한 쟁의행위에 대해서만 해당한다고 본다. 노동조합법상 쟁의행위시 민형사상의 면책규정은 정당한 쟁의행위를 전제로 하므로, 정당성이 없는 쟁의행위에 대해서는 사용자가 대체근로를 이용하여 업무수행을 계속할 수 있다. 즉, 노동조합의 불법쟁의행위에 대해 사용자는 손실을 방지하기 위해 신규채용이나 대체근로를 할 수 있다.

그러나, 현실적으로 쟁의행위가 정당한 파업인지 불법 파업인지 법원의 판단을 받기 전에는 판단하기 어려운 경우가 많다. 사용자가 일방적으로 노동조합의 파업을 불법 쟁의행위로 판단하여 쟁의행위로 중단된 업무에 대해 당해 사업과 관계없는 자를 채용하거나 대체하여 투입하는 경우에 이는 노동조합의 단체행동권을 무력화할 수 있다. 그러므로 쟁의행위 정당성이 불분명한 경우에 대체근로는 원칙적으로 금지되어야 함이 원칙이고, 명백히 정당성이 없는 쟁의행위만 대체근로를 허용하도록 하여야 할 것이다.

쟁의행위 중의 대체근로의 제한규정은 헌법상 근로 3권을 실질적으로 보장하기 위한 것으로 사용자의 조업 자유와 실제적 조화를 이루어야 한다는 법 취지가 있다. 이 대체근로의 제한은 쟁의행위 중에 한하며, 당해 사업과 관계없는 자를 채용제한하는 것이고, 적법한 쟁의행위에 대해서만 해당한다.

이러한 쟁의행위에 기간에 업무대체 금지는 사용자의 영업 자유를 지나치게 구속하여 노동조합의 요구를 수용할 수밖에 없도록 만든다는 비판이 있지만, 현실적으로 업무대체를 허용하면 노동조합의 파업에 따른 효과가 미미하여 근로 3권의 행사 자체가 무의미하게 되므로 노동조합법 제43조의 대체근로 제한규정은(노사) 대등결정 원칙 실현을 위해 필요한 규정이라고 본다.

04

공공기관 노동이사제 도입

2022년 1월 11일 국회 본회의에서 '노동이사제 도입법'이 제정되었다. 이는 「공공기관 운영에 관한 법률」(이하 "공공기관 운영법")의 개정을 통해서 공기업과 준정부기관 등, 공공기관이 근로자대표의 추천이나 근로자 과반수 동의를 받은 비상임이사 1명을 이사회에 선임하도록 하였다.

기존의 지방자치제 내에서 조례로 노동이사제를 도입했으나, 노동이사제를 법제화한 것은 처음이다. 이번 공공기관운영법 개정을 통해서 공공기관에서 근로자 사외이사를 의무적으로 선임해야 한다는 내용은 사회 전체적으로 그 파급효과가 클 것으로 예상한다.

개정법은 부칙에 따라 공포일로부터 6개월 이후 시행되므로, 올해 하반기에는 모든 공공기관에서 노동이사제도의 도입이 본격화될 것으로 전망한다. 현재, 2021년도 공공기관으로 지정한 기관은 모두 351개이다. 공기업 37개, 준정부기관 96개, 기타공공기관 218개이다. 공공기관운영법에 따라 기획재정부는 주무 부처로서 여기에 소속된 공공기관의 경영을 평가하고 업무를 감독하고 있다.

이번에 도입된 노동이사제는 공기업과 준정부기관에만 의무로 적용하고, 기타 공공기관은 의무적용 대상에서 빠져 있다. 노동이사제는 근로자가 경영상 의사결정에 참여하는 제도이다.

근로자가 공공기관의 최고결정기관인 이사회 회의에 사외이사로 참석하여 중요 경영사항에 대해 보고를 받고, 심의하여 결정하는 주체자가 된다는 것이다. 기존의 이사회에서는 이사장(기관장)에 의해 일방적인 결정과 집행이 이루어져 왔다.

그러나 노동이사제 시행 이후부터는 근로자 이사가 그 해당 기관의 주요 이해당사자인 근로자를 대표하여 주요 논점에 대해 심도 있게 문제를 제기할 것으로 예상한다.

1. 공공기관의 노동이사제 도입 배경

①외국의 노동이사제 도입 현황

노동이사제는 유럽에서 발달했다. 유럽 31개국 19개국에서 채택하고 있고, 그 외 12개국은 채택하지 않고 있다. 이를 적용대상에 따라 구분해보면 노동이사제를 공공부문과 민간부문에 보편적으로 적용하는 국가, 공공부문에만 제한적으로 적용하는 국가, 미적용 국가로 구분할 수 있다.

독일, 프랑스, 스웨덴 등 13개 국가는 공공부문과 민간 부분 모두 노동이사제를 도입하고 있다. 아일랜드, 스페인, 포르투갈, 폴란드, 체코 그리스 등 6개국은 공공부문에만 노동이사제를 도입하고 있다. 유럽과 달리 영국, 미국, 캐나다, 일본 등 영미식 주주자본주의 체제 국가는 노동이사제를 채택하고 있지 않다.

노동이사제도가 국제적으로 큰 관심의 대상이 된 것은 2008년 비우량 주택담보대출 사태의 금융위기를 통해서이다. 노동이사제도의 근간이 되는 공동결정제도는 과도한 복지비용으로 인해 시대착오적인 것으로 생각했다.

그러나 독일은 다른 나라들과 달리 경제위기를 쉽게 극복하고 성장을 지속하였고 이에 대한 재평가가 이루어지기 시작했다. 공동결정제도가 대규모 노동자들의 해고를 막을 수 있고, 구매력을 유지함으로써 독일경제가 회복하는데 중요한 원동력이었다는 평가를 하면서 "독일모델"이 주목을 받았다.

②서울시 등 노동이사제 도입현황

노동이사제도는 박원순 전 서울시장이 지난 2016년 5월 노동자 대표 1~2명을 이사회에 참가하게 하는 노동이사제를 15개 투자 출연 기관에 도입하기로 하면서 시작되었다.

서울특별시는 2016년 지방자치단체 가운데 처음으로 관련 조례(서울특별시 근로자이사제 운용에 관한 조례)를 제정하여 서울시 투자-출연 기관에 노동이사제를 도입하였다. 이 조례는 근로자 정원 100명 이상 기관은 노동이사제를 의무도입, 100명 미만 기관은 이사회 의결로 노동이사제 도입을 규정하고 있다.

서울시는 지난 2017년부터 서울연구원에서 제1호 노동자 이사가 임명된 것을 시작으로 2020년 기준, 3년 만에 16개 기관에서 22명의 노동자 이사가 임명되어 활동하고 있다. 경기도는 이재명 지사 취임 이후인 2018년 11월 관련 조례제정을 시작으로 노동이사제를 도입하였다. 그 후 광주광역시, 인천광역시 등에서 시행하고 있다. 2020년 말 현재 총 49개 지방 공공기관에서 62명 노동이사를 임명하여 활동하고 있다.

③공공기관 노동이사제 도입에 대한 노사정 합의안 도출

2017년부터 도입된 서울특별시와 각 지방자치단체의 노동이사제가 안정적으로 정착함에 따라 노동이사제도의 긍정적인 역할을 공공기관으로 확대할 필요성이 대두되었다. 이러한 추세에 의해 경제사회노동위원회는 공공기관에 노동이사제 도입을 심도 있게 논의했다.

경제사회노동위원회 공공기관위원회는 2020년 11월 18일 '공공기관 노동이사제 도입'을 핵심으로 하는 「공공기관의 지속할 수 있는 발전을 위한 합의」를 발표하였다. 이어서 2021년 2월 19일 경제사회노동위원회는 본회의를 개최하여 공공기관 노동이사제 도입을 내용으로 하는 합의안을 최종 의결했다.

이 합의안을 근거로 하여 공공기관 운영법 개정안이 의원 안으로 입법화되게 되었다.

2. 공공기관 노동이사제 입법화 내용과 노동이사의 역할

2022년 1월 11일 국회 전체회의에서 통과된 공공기관 운영법 개정안에 따르면, 공공기관인 공기업과 준정부기관 등에 노동이사제 도입을 의무화하는 내용이다. 기타 공공기관은 의무적용 대상이 아니다.

노동이사의 신분은 비상임이사로 하고 3년 이상 재직자여야 한다. 노동이사는 1명이며, 2년 임기에 1년 단위로 연임할 수 있다. 근로자대표(근로자의 과반수로 조직된 노동조합이 있는 경우 그 노동조합의 대표자를 말한다.)의 추천이나 근로자 과반수 동의를 받은 사람이 선정되고 임원추천위원회의 추천으로 임명된다. 그 구체적인 내용은 시행령으로 정하기로 했다.

노동이사 신분을 비상임으로 둔 이유는 근로자 신분으로 노동이사를 하기 위하여, 라고 설명한다. 상임이사를 하려면 휴직을 하여야 하기 때문이다. 노동이사제를 운용 중인 해외사례나 우리나라 지자체에서도 노동이사는 모두 비상임이다. 자격요건을 3년 이상 재직자로 한 이유는 기관 경영에 소속 근로자의 현장경험 반영을 목적으로 하고 있다.

공공기관 운영법 제17조(이사회의 설치와 기능)에 따르면, 공공기관은 이사회를 설치하고 운영하면서 경영 전반에 대해 중요한 결정을 하여야 한다. 공공기관의 기관장은 이사장이고, 그 이사장은 이사회의 의장이다. 이사회는 이사장, 이사와 감사로 이루어지고, 그 기관의 주요 경영사항에 대해 의사결정을 하여야 한다.

특히, 기관장(이사장)은 이사회에 주요 경영상황과 회계, 전반적인 기관 운영에 대해 보고하여야 한다. 공공기관의 노동이사제 의무도입을 통해 공공기관은 근로자와 사용자 간 협력과 상생을 촉진하고, 경영 투명성과 공익성을 확보하여야 할 것이다. 이를 통해 질적인 공공서비스를 증진하는데 기여하여야 할 것이다.

05

복수노동조합과 교섭창구 단일화제도

2011년 7월 1일부터 복수노조가 전면 시행되었는데, 조합원의 과반수를 대표하는 다수 노조가 교섭 대표로서 권한을 가지는 것과 함께 공정대표의무를 부과하여 소수 노조에도 일정 부분 권한을 가질 수 있도록 하고 있다. 그뿐 아니라, 복수노조 제도에서는 노사관계에 크고 작은 긍정적 및 부정적 변화가 생겼는데, 긍정적 변화는 근로자의 단결선택권을 보장하여 근로자들의 성향에 맞는 노동조합을 설립할 수 있는 복수노조 시대가 되었다는 것이고, 부정적 변화는 교섭창구가 하나의 사업 또는 사업장 단위로 이루어지면서 산별노조가 약화하였고,

이러한 변화로 인하여 개별 사업 또는 사업장 단위의 친기업 노동조합이 설립되면서 기존의 사 측과 대립적인 관계를 유지하였던 강성노조가 소수 노조로 되면서 단체교섭권과 단체행동권을 상실하여 노조가 와해하는 경우가 많이 발생하였다는 것이다.

이러한 부정적인 면 때문에 교섭창구 단일화 제도의 위헌성에 대해 헌법소원을 내기도 하였는데, 이에 대해 헌법재판소는 복수노조의 교섭창구 단일화 절차에 대해 합헌결정을 하면서 다음과 같이 명시하였다. "노조법 제29조의2는 교섭창구 단일화 제도를 규정하고 있다. 이는 하나의 사업 또는 사업장에 2개 이상의 노동조합이 병존하는 경우 야기될 수 있는 현실적인 문제가 많다. 즉 ①복수의 노동조합이 각각 독자적인 교섭권을 행사할 수 있도록 하면 발생할 수 있는 노동조합과 노동조합 상호 간의 반목과 노동조합과 사용자 사이의 갈등, ②같은 사항에 대해 같은 내용의 교섭을 반복하는 데서 비롯되는 교섭 효율성의 저하와 교섭비용의 증가, ③복수의 단체협약이 체결되는 경우 같거나 유사한 내용의 근로를 제공하지만, 노동조합 소속에 따라 서로 다른 근로조건의 적용을 받는다. 이러한 불합리성 등의 문제를 효과적으로 해결하는 데 그 취지가 있다. 위와 같은 교섭창구단일화제도는 교섭 대표가 되지 못한 노동조합의 단체교섭권을 제한하는 것이므로 그 침해를 최소화하기 위한 장치가 필요하다. 그중 하나로 도입된 것이 공정대표의무이다. 이는 교섭 대표노동조합이 되지 못한 소수 노동조합을 보호하기 위해 사용자와 교섭 대표노동조합에 공정대표의무를 부과하여 교섭창구 단일화 절차에 참여한 노동조합 또는 그 조합원에

대한 차별을 금지하는 것이다"(헌법재판소 2012.4.24. 선고 2011헌마338)

교섭창구단일화제도

하나의 사업(장)에서 조직형태와 관계없이 근로자가 설립하거나 가입한 노동조합이 2개 이상이면 노동조합은 교섭 대표노동조합을 정하여 교섭을 요구하여야 한다. 교섭 대표노동조합의 대표자는 교섭을 요구한 모든 노동조합 또는 조합원을 위하여 사용자와 교섭하고 단체협약을 체결할 권한을 가진다. 노동조합은 해당 사업(장)에 단체협약이 있는 경우에는 그 유효기간 만료일 이전 3개월이 되는 날부터 사용자에게 교섭을 요구할 수 있다. 다만, 단체협약이 2개 이상 있는 경우에는 먼저 도래하는 단체협약의 유효기간 만료일 이전 3개월이 되는 날부터 사용자에게 교섭을 요구할 수 있다. 하나의 사업장에 단일노조가 있는 경우에도 교섭창구 단일화 절차를 거쳐야 하는지가 논란이 있을 수 있다. 명백하게 하나의 사업(장)에 단일노조만 존재한다면 노조법상 창구 단일화 절차 규정이 적용되지 않는다. 그러나 사용자가 해당 사업(장)에 노조가 1개만 있는 것으로 알고 있더라도 산업별·지역별 노조에 가입된 근로자가 있을 수 있으므로 교섭창구 단일화 절차를 거쳐 교섭 대표노동조합을 결정하여야 한다. 교섭 중에 복수노조가 설립되거나 기존노조가 단체협약을 체결한 이후라도 교섭 당시 복수노조가 존재하였던 것이 확인될 경우 문제가 발생할 수 있기 때문이다.

교섭창구 단일화 절차

교섭 대표노조의 결정은 단계적으로 이루어진다(노동조합법 제29조의 2). (1) 교섭 대표노동조합 결정절차에 참여한 모든 노동조합은 14일 이내에 자율적으로 교섭 대표노조를 정한다. (2) 이 기한 내(14일)에 자율적으로 교섭 대표노동조합을 정하지 못한 경우에는 교섭창구 단일화 절차에 참여한 노동조합의 전체 조합원의 과반수로 조직된 노동조합이 교섭 대표노동조합이 된다. (3) 과반수 노조가 없고 교섭 대표노동조합을 결정하지 못한 경우에는 교섭창구 단일화 절차에 참여한 모든 노동조합은 공동으로 교섭대표단을 구성하여 사용자와 교섭하여야 한다. 이때 공동교섭대표단에 참가할 수 있는 노동조합은 그 조합원 수가 교섭창구 단일화 절차에 참여한 노동조합의 전체 조합원 100분의 10 이상인 노동조합으로 한다. (4) 공동교섭대표단의 구성에 합의하지 못하면 노동위원회는 해당 노동조합의 신청에 따라 조합원 비율을 고려하여 이를 결정할 수 있다.

교섭창구 단일화 절차에 참여하지 않은 노동조합은, 첫째 단체교섭을 요구할 수 없다. 둘째 노동위원회에 노동쟁의 조정을 신청할 수 없다. 셋째 쟁의행위를 하면 그 정당성이 인정되지 않는다. 넷째 노동위원회에 교섭 대표노동조합의 공정대표의무 위반에 대해 시정을 신청할 수 없다.

공정대표 의무

교섭 대표노조와 사용자는 교섭창구 단일화 절차에 참여한 소수 노동조합과 그 조합원에 대한 불합리한 차별을 방지하기 위해 공정대표 의무를 진다. 공정대표의무란 교섭 대표노동조합과 사용자가 소수 노동조합과 그 조합원의 이익을 합리적인 이유 없이 차별하지 않고 공정하게 대표권을 행사할 의무를 말한다. 소수 노조는 교섭 대표노조와 사용자가 차별한 경우에 그 행위가 있은 날부터 3개월 이내에 노동위원회에 시정을 요청할 수 있고, 합리적인 이유 없는 차별이라고 인정되는 경우 노동위원회는 그 시정에 필요한 명령을 해야 한다(노조법 제29조의4). 판례에서도 "교섭 대표노동조합 전임자보다 교섭 대표노동조합이 아닌 노동조합 전임자의 근로시간 면제 시간을 현저히 적게 배분한 근로시간 면제 합의는 공정대표의무를 위반한 것이다"라고 판단하였다. (서울행정법원 2013.04.25 선고, 2012구합35498 판결)

복수노조를 허용하면서도 그 제한사항으로 교섭창구 단일화 제도를 도입하여 하나의 사업(장)에 하나의 단체협약이 적용되도록 하였다. 이를 통해서 복수노조 허용에 따른 중복 교섭 등 교섭질서의 혼란, 근로조건의 통일성 훼손, 노동조합 간의 과도한 세력다툼 및 분열과 같은 산업현장의 혼란을 방지하고 있다. 일부 사업장에서는 사 측과 대립적이고 투쟁적인 노동조합을 무력화하는 수단으로 교섭 대표노조 제도를 이용하고 있는 일도 있었는데, 이는 아직 복수노조 제도가 정착되지 않는 상황에서 발생한 예외적인 경우라 판단된다. 특히 소수 노동조합에도 정당하게 그 권리를 보호받을 수 있는 교섭 대표노조의 공정대표의무제도를 명확하게 적용한다면, 소수 노동조합도 그 조합원 숫자만큼의 권리를 보장받을 수 있다고 본다. 따라서 복수노조는 근로자들의 단결선택권을 보장하면서 근로자들의 다양한 참여를 통해 근로자들의 전반적인 이익을 도모할 수 있을 것이라 본다.